LA FABRICA EDITORIAL

PHE07

RAZONES PARA EL FUTURO
Alberto Anaut. Presidente de PHotoEspaña

Quiero decirlo –robando sus palabras a Gabriel Celaya– rotundamente y con urgencia: la fotografía es un arma cargada de futuro.

En los últimos diez años, las artes plásticas han vivido azotadas por una larga sucesión de oscuras tormentas y profundos maremotos, que en muchas ocasiones han dado por sentenciada tal o cual escuela y en otras han resucitado con urgencia presuntos cadáveres de la mano de algún escrito con carga de profundidad o de un premio con mayor o menor fortuna.

Desde PHotoEspaña hemos acompañado el desarrollo firme de la fotografía como un arte comprometido con su tiempo, abierto a los nuevos creadores y capaz de conquistar permanentemente nuevos públicos, tanto en el terreno de los coleccionistas como en el de los espectadores.

Impulsada por una ola de opinión favorable, la fotografía ha tenido el talento y la fortuna de evolucionar en varias direcciones acertadas: la que llevaba del *ghetto* a la moda, sin caer en la trampa de lo efímero; la que pasaba de la marginalidad dentro de las artes a la estrecha colaboración y a compartir caminos con el vídeo; la que salía del amateurismo para entrar directamente en el mercado del arte.

En sus diez primeros años, PHotoEspaña ha presentado más de seiscientas exposiciones, de las que la mitad formaban parte de la sección oficial. Dentro de este programa se han mostrado cerca de 200 grandes exposiciones individuales, que recogen no sólo los principales nombres, sino también las tendencias de mayor relevancia.

Este diccionario es una mirada a esos 200 nombres que han conformado la historia del Festival y la historia de la fotografía actual. Una completa relación de los argumentos que han convertido a la fotografía en la clave del arte actual. Un documento imprescindible que habla no solamente de lo que es hoy, sino del futuro de la fotografía, a través de sus principales protagonistas.

REASONS FOR THE FUTURE
Alberto Anaut. President, PHotoEspaña

Appropriating Gabriel Celaya's words, I want to say something very forcefully: photography is a weapon loaded with future.

Over the last ten years, the plastic arts have been buffeted by a long series of dark storms and strong tidal waves, which on some occasions have condemned one school or another to extinction and on others have urgently resuscitated those presumed dead thanks to some article concealing a depth charge or an award that may or may not have been appropriate.

In PHotoEspaña, we have accompanied photography's steady development as an art committed to its time, open to new creators and capable of continuously conquering new audiences, both among collectors and viewers.

Impelled by a wave of opinion in its favour, photography has had the talent and fortune to evolve in several correct directions: the direction that took it out of the ghetto and made it fashionable without being trapped in the ephemeral; the one that led from its marginalisation within the arts to a close collaboration with them and to sharing its path with video; and the one that left amateurism behind to directly enter the art market.

In its first ten years, PHotoEspaña has offered over six hundred exhibitions, half of them in the Official Section. Within this programme, it has presented about two hundred great solo exhibitions that have covered not only the major names in photography but also the most important trends.

This dictionary casts a look at these two hundred names comprising the history of the Festival and of contemporary photography. It is a complete list of the arguments that have made this medium the key to current art and also an essential document that, through the work of its leading artists, deals not only with photography's current reality but with its future.

FOTOGRAFÍA: ¿POR QUÉ LA LLAMAMOS AMOR CUANDO QUEREMOS DECIR SEXO?
Joan Fontcuberta

PHOTOGRAPHY: WHY CALL IT LOVE IF WE REALLY MEAN SEX?
Joan Fontcuberta

Congregada la comunidad fotográfica en las gradas del Théâtre Antique, avanzó el maestro hasta el centro de la escena, se detuvo unos segundos y, ante la expectación general, exclamó: "La fotografía es el fotoperiodismo; el resto es pintura." El profeta se llamaba Christian Boltanski y su sentencia contenía tanta provocación como proposición. Provocación porque al público *connaisseur* y militante del Festival de Arles no le gusta que le mareen la perdiz: dos y dos son cuatro, una Leica es una Leica y Cartier-Bresson reinará para siempre en el panteón de Daguerre. Allí el andamiaje de la historia, la estética y la mística fotográficas ni se tocan. Pero proposición también porque de esa declaración, interpretada adecuadamente, se desprenden sugerentes ideas que nos ayudan a entender la evolución reciente de la fotografía.

El reto de la invención de la fotografía fue asumido simultáneamente por la ciencia y el arte. Para los científicos se trataba de solventar un problema específico: la fijación estable de la imagen sobre soportes fotosensibles. Para los artistas, o sea, para los profesionales de la imagen, la cuestión no se reducía a encontrar respuestas a un acertijo óptico y químico, sino que se enmarcaba en una aspiración más ambiciosa: el dispositivo fotográfico debía sustituir a la más sofisticada de las "máquinas de dibujar" que desde el Renacimiento habían facilitado la descripción visual del mundo. La fotografía debía suplir las carencias de la mano en la producción de imágenes realistas, imágenes que restituyeran el parecido de lo real y que eran comúnmente empleadas en retener y transmitir información gráfica. El sistema fotográfico se basaba en la proyección de toda una escena sobre una superficie; la superficie devenía una pantalla que era a la vez unidad significante, en oposición a los sistemas precedentes de comunicación gráfica que se basaban en el punto y el trazo (el dibujo) o en la línea (la escritura). Un sistema técnico y generativo aparecía para suplantar los sistemas precedentes, que eran manuales y constructivos. El dibujo construye la imagen, la fotografía la genera. Esta diferencia radical instauró una revolución en el orden de la comunicación humana que institucionalizó la creencia de que ese nuevo *modus operandi* garantizaba que el resultado era un reflejo de la realidad, un reflejo inmaculado y virginal, la consecuencia tautológica de un "lápiz de la naturaleza". La teoría de la fotografía como huella nace justamente ahí. Y todavía más importante: también nace ahí la idea de que la imagen fotográfica está revestida esencialmente, imperativamente, fatalmente, de una naturaleza documental. Esencia, imperativo tecnológico y fatalidad se coligaban para infundir en esos depósitos de sales de plata la sensación de verdad.

The photographic community congregated in the seats of the Théâtre Antique watched the maestro advance toward centre stage, stand still a few seconds and then, facing widespread expectation, declare: "Photography is photojournalism; the rest is painting." This prophet was Christian Boltanski and his statement was as much a provocation as a proposal. It was a provocation because the connoisseur, militant audience at the Arles Festival does not like to split hairs: two plus two equals four, a Leica is a Leica, and Cartier-Bresson will always reign in the pantheon of Daguerre. The underpinnings of photographic history, aesthetics and mysticism are not discussed. And yet, it was also a proposal, because if this declaration is interpreted correctly, it offers evocative ideas that can help us understand photography's recent evolution.

The challenge inherent in the invention of photography was accepted by science and art alike. For scientists, it was a matter of solving a specific problem: the stable fixation of an image on photosensitive supports. For artists, or in other words for image professionals, the issue was not limited to finding the answers to an optical and chemical riddle, but also implied a more ambitious aspiration: the photographic device had to replace the most sophisticated "drawing machines" that had facilitated a visual description of the world since the Renaissance. Photography was meant to make up for the hand's shortcomings when producing realistic images, images that were to restore a likeness to reality and that were usually employed to retain and convey graphic information. The photographic system was based on the projection of an entire scene on a surface; the surface became a screen that in turn was a signifying unit in contrast to previous systems of graphic communication based on dots and strokes (drawing) or on lines (writing). A technical, generative system had appeared to replace the former manual and constructive systems. Drawing builds an image; photography generates it. This radical difference was the basis for a revolution in the order of human communication that institutionalised the belief that this new *modus operandi* guaranteed a result copying reality and providing its immaculate, virginal reflection, the tautological consequence of "nature's pencil". The theory of photography as a trace of reality was born right then. And what is even more important, the idea that the photographic image is essentially, imperatively and inevitably endowed with a documentary nature also saw the light. Essence, technological imperative and fate coincided to lend these silver salt deposits the sensation of truth.

La veracidad, pues, se desliga de la dimensión moral del discurso para recaer en la causalidad del nuevo sistema de configuración gráfica: ya no se trataba de un procesamiento lineal de unidades significativas sino que la escena se fija automáticamente proyectándose sobre toda una superficie a la vez. Esto proporcionaba la sensación de que la fotografía era la pura plasmación de los objetos, la trascripción de la realidad visual en la que parecían no caber intervenciones. Hoy sabemos que esto es falso: el fotógrafo gestiona la formación de la imagen pero mediante controles que afectan a toda la superficie por entero. Podemos enfocar, filtrar, contrastar, etcétera, pero esas acciones repercutirán en toda la imagen y no en un sólo grano de la emulsión fotosensible. De esa característica nace la sensación de transparencia documental y de evidencia que ha fundamentado todo el discurso realista de la fotografía.

No obstante, el panorama es más complejo. La perspectiva de casi dos siglos nos sitúa en una atalaya desde la que otear las tentativas habidas para apartarse de ese restringido programa. Se han dado ciertamente corrientes experimentales, abstractas o surreales que han enriquecido el patrimonio expresivo del medio. Pero desengañémonos, el saldo histórico de la fotografía sigue siendo lo documental. Y en la vanguardia de la fotografía documental se ubica el fotoperiodismo glosado por Boltanski. Cualquier intento, cualquier gesto que se apartase de ese núcleo documental desnaturalizaba el resultado convirtiéndolo en otra cosa: en una *fotografía-otra*.
En 1990 el Centro Georges Pompidou presentó una exposición titulada "*Passages de l'image*", comisariada por Raymond Bellour, Catherine David y Catherine Van Assche (la Fundación La Caixa la ofrecería en su sede barcelonesa al año siguiente). El argumento pretendía visualizar esos "pasajes de la imagen", esos tránsitos que se producían en la escena de la comunicación visual entre fotografía, cine, video e imagen de síntesis. Más que abogar por un arte multimedia, los comisarios parecían estar tomando el pulso a una situación en la que la imagen se encontraba en un punto de no-retorno respecto a las purezas preconizadas por la Modernidad. La hibridación sellaba la clave del futuro. Los medios se intoxican unos a otros y lo más interesante de esa intoxicación no es el mero trasvase tecnológico sino el conceptual. Por ejemplo, Chuck Close y Antonio López hacen fotografía con pinceles; lo que llega al público es técnicamente una pintura pero el concepto subyacente es fotográfico. Bill Viola hace pintura con el magnetoscopio; mismo

Veracity, therefore, became disassociated from the moral dimension of the discourse to fall back on the causality of this new system of graphic configuration. We were no longer dealing with a linear processing of significant units; the scene was now automatically fixed and projected on an entire surface. This caused the impression that photography was purely a record of objects, a transcription of visual reality that apparently left no room for any intervention. Today we know this is false: the photographer manages how the image is formed, although by using controls that affect the entire surface. We can focus, filter, contrast, etc., but these actions have an impact on the entire image and not just on one single grain of the photosensitive emulsion. This characteristic gave rise to a sensation of documentary transparency and evidence that has been the basis of all realist discourse on photography.

Nevertheless, the panorama is more complex. The perspective provided by almost two centuries places us in a watchtower from which we can survey the attempts made to escape such a limited agenda. It is true that certain experimental, abstract and surreal trends have enriched the medium's expressive heritage, but let's not deceive ourselves: photography's historical balance continues to be documentary. And the photojournalism mentioned by Boltanski is in the avant-garde of documentary photography. Any attempt, any gesture that turned away from this documentary core has denaturalised the result and made it into something else: a kind of *photographic other*. In 1990, the Centre Georges Pompidou presented an exhibition titled *Passages de l'image*, curated by Raymond Bellour, Catherine David and Catherine Van Assche (the La Caixa Foundation offered it in their Barcelona headquarters the following year). It sought to visualise the "passages of the image", the comings and goings produced in the field of visual communications between photography, cinema, video and synthesized images. More than defending multimedia art, the curators seemed to be sounding out a situation in which images had reached a point of no return in terms of the purity recommended by modernity. Hybridisation offered the key to the future. Media intoxicate each other and the most interesting aspect of this intoxication is not the mere technological transfer, but the conceptual one. For example, Chuck Close and Antonio López make photography with brushes; what reaches the public is technically a painting but the underlying concept is photographic. Bill Viola paints with his VCR for the same

razonamiento: lo que llega al público es técnicamente un video pero el concepto subyacente es pictórico. Bernd y Hilla Becher hacen escultura con la cámara. Y también con la cámara Perejaume y Vik Muñiz hacen pintura y dibujo respectivamente. De forma progresiva hemos alcanzado la feria de la confusión semiótica donde la identidad de la imagen ha quedado tremendamente en entredicho.

¿Qué razones pueden haber impulsado esos pasajes? Muchas y de diverso tipo, pero sin duda la cultura popular y la receptividad del público ocupan un lugar predominante. A principios de los sesenta John Baldessari abandonó la pintura para empezar a trabajar manipulando fotos recicladas de los *mass media*. Precursor de los apropicionistas que luego serían legión, Baldessari justificaba este paso diciendo: "Era como escribir en sánscrito en un mundo que habla en inglés. Pensé que estaba hablando a la pared, así que decidí que, ya que no tenía un público que respondiese, por qué no hablar en inglés, por qué no hablar claro"[1]. Resumen: pintar (o sea, mantenerse estrictamente en los cauces específicos de un medio) equivale a hablar en sánscrito en una comunidad anglófona.

Por tanto, ese fenómeno de hibridación no tiene porque contener intrínsecamente ingredientes apocalípticos sino beneficiosos. Notemos sin embargo que en el quehacer particular de los fotógrafos introduce una atractiva paradoja. La fotografía ha evolucionado a contracorriente de su propia esencia. Cada vez que disparamos una cámara damos un paso alejándonos de la fotografía definida según su acta de nacimiento, cada nuevo cliché impresionado diluye su especificidad. Y es que no puede ser de otro modo: la cámara es una máquina pero el fotógrafo no es un robot. El acto fotográfico somete al fotógrafo a una secuencia de decisiones que moviliza todas las esferas de la subjetividad. El fotógrafo es un personaje que piensa, siente, se emociona, interpreta y toma partido. Y que hace todo esto incluso sin darse cuenta. Aunque de una manera voluntaria se autoimpusiese un férreo código reproductivo, aunque el fotógrafo redujera su cometido a una voluntad de fotocopiar lo real, la misma asunción de ese código implicaría la acción de escoger. Por lo tanto, no hay remedio: la historia de la fotografía es la crónica de un proceso de transubstanciación, es el relato de cómo el documento se hace arte. O de cómo el documento se hace pintura, recuperando los términos de Boltanski.

reasons: what reaches the public is technically a video, but the underlying concept is pictorial. Bernd and Hilla Becher sculpt with their camera. And Perejaume and Vik Muñiz use their cameras to paint and draw respectively. We have progressively reached a realm of semiotic confusion in which the image's identity has been strongly called into question.

What may have motivated these passages? There have been many reasons of various kinds, but undoubtedly popular culture and public receptivity played a dominant role. At the beginning of the nineteen sixties, John Baldessari abandoned painting to begin working on the manipulation of recycled mass media photographs. A forerunner of the appropriationists who would later be legion, Baldessari justified this step by saying: "It was like writing in Sanskrit in a world that spoke English. I thought I was talking to the wall, so I decided that since I no longer had an audience that responded, why not speak in English, why not speak clearly?"[1] To summarise: to paint (in other words, to keep oneself strictly within the specific boundaries of a medium) is equivalent to expressing oneself in Sanskrit in an English-speaking community.

Therefore, this hybridisation phenomenon does not have to intrinsically contain apocalyptic ingredients, but may imply beneficial ones. It should be noted, however, that it introduces an attractive paradox in photographers' specific daily tasks. Photography has evolved by going against its own essence. Every time we take a photograph, we go one step farther from photography as described in its birth certificate; every new negative printed dilutes its specificity. And it can be no other way: the camera is a machine, but the photographer is not a robot. The photographic act subjects the photographer to a series of decisions that mobilise all subjective spheres. The photographer is a person who thinks, feels, gets excited, interprets and takes sides. And he does all this without realising it. And even if he should voluntarily impose on himself an ironclad code of duplication, even if photographers were to limit their duties to the desire to photocopy what is real, acceptance of this code would imply a choice. Therefore, it is hopeless: the history of photography is the chronicle of a transubstantiation process; it is the tale of how documents become art. Or how documents become painting, to use Boltanski's terminology.

1. Citado por Julián Rodríguez, *Perplejidades*, en "Espacios deshabitados", Consejería de Cultura, Junta de Extremadura, Cáceres, 2007.

1. Quoted by Julián Rodríguez, *Perplejidades*, in "Espacios deshabitados", Consejería de Cultura, Junta de Extremadura, Cáceres, 2007.

Parte del problema estriba en que no nos han contado bien la historia de la fotografía. La falta de verdaderos profesionales de la disciplina y la aplicación de estrafalarias metodologías ha concluido en peregrinas versiones del discurrir fotográfico. Una de las más extendidas establecía la alternancia entre una fotografía documental versus una fotografía autoral, como reinstaurando una dicotomía entre lo restrictivo y lo expansivo, o −si se me permite una pequeña trasgresión filosófica− entre lo estoico y lo epicúreo. La historiografía del sector nunca ha sabido resolver la articulación de las sucesivas oleadas pictorialistas en un relato integrado. Denostado por críticos e historiadores (tanto los que se han ocupado de la escena internacional como los que lo han hecho con la escena española), el Pictorialismo ha sido relegado al estatus de excrecencia estética e ideológica. Y mientras tanto, en el colofón de la verdadera corte del arte, la fotografía en su conjunto seguía ocupando un eslabón remoto, algo así como por detrás de los pajes, entre la mujer barbuda y el enano.

A partir de los años ochenta se vislumbran síntomas de cambio que nos permiten asistir a un florecimiento de la fotografía como manifestación cultural y artística. La vocación autoral encamina decididamente la fotografía. Por ese motivo, teóricos fundamentalistas se aprestan a recriminar que la fotografía ha vendido su alma al diablo para acceder al parnaso del arte. Y entre tanto irrumpen la tecnología digital y los programas de procesamiento de la imagen, que tan intensamente han afectado al paradigma original de la fotografía. En la última década −la que se corresponde con la vida de PhotoEspaña− hemos presenciado justamente la radicalización de ese cuestionamiento. El cambio tecnológico no ha hecho más que asestar el golpe definitivo a una dinámica que ya no tenía marcha atrás. Si conceptualmente la creación fotográfica evolucionaba adoptando el gesto artístico, con los soportes digitales, además, regresamos a la estructura icónica de la pintura y de la escritura. Los *pixels* que proporcionan la textura de la imagen electrónica funcionan estructuralmente como las pinceladas para el pintor: constituyen unidades de configuración sobre las que podemos operar particularmente. Podríamos convenir entonces que la fotografía analógica se *inscribe* y la fotografía digital se *escribe*. Inscripción y escritura señalan dos estadios de competencia epistemológica entre los que se debate la creación contemporánea: de la descripción al relato. Por eso en la fotografía actual se acusa una

Part of the problem is that the complete story of photography has never been well told. The lack of true professionals in the discipline and the application of outlandish methodologies have produced strange versions of photographic thought. One of the most prevalent theories establishes an alternation between documentary and signature photography, as if reinstating a dichotomy between the restrictive and the expansive or, if I am permitted a slight philosophical transgression, between Stoic and Epicurean ideals. The sector's historiography has never known how to organise successive pictorialist trends into an integrated account. Reviled by critics and historians (both by those dealing with the international scene and those focusing exclusively on Spain), pictorialism was relegated to the status of an aesthetic and ideological outgrowth. At the tail end of the true court of art, photography as a whole continued to occupy a remote position, one like that located behind the pages and between the bearded woman and the dwarf.

From the nineteen eighties onward, there were signs of change that allowed us to see photography flourish as a cultural and artistic manifestation. A vocation for identifying authors guided its course. For this reason, fundamentalist theoreticians blamed photography for selling its soul to the devil in order to enter the Parnassus of art. And, in the meantime, digital technology and image processing programmes appeared on the scene with a drastic impact on photography's original paradigm. During the last decade – that corresponding to PHotoEspaña's existence – we have seen a radicalisation of this issue. Technological change has done no more than strike the final blow to a process that could not be reversed. If photographic creation evolved conceptually by adopting an artistic mien, digital supports have made us return to the iconic structure of painting and writing. The pixels that provide texture to electronic images work structurally as brushstrokes do for the painter: they represent configuration units on which we can specifically manipulate. We can therefore agree that analogical photography is *inscribed* and digital photography is *written*. Inscriptions and writing represent two states of the epistemological competition that defines contemporary creation: from description to story. Therefore, a documentary crisis is currently found in photography as well as a tendency toward narration and discursive mechanisms. It has always

crisis del documentalismo y una proclividad a la narración y a lo discursivo. Siempre se ha dicho que la fotografía era "la escritura de la luz" pero cada vez más esa afirmación se aparta de lo metafórico para cumplirse literalmente.

En una película clásica de ciencia-ficción titulada *La invasión de los ladrones de cuerpos* (Don Siegel, 1956)[2] los alienígenas no aparecen como marcianitos verdes sino que tienen una exótica morfología vegetal; para sobrevivir en las condiciones ambientales de nuestro planeta deben introducirse en un cuerpo humano y suplantarlo. Las personas poseídas por esos "ultracuerpos" mantienen su aspecto físico externo pero cambian de personalidad: se vuelven anodinos, agarrotados, carentes de emoción... Parecen ellas pero ya no son las mismas. Pues no sería erróneo considerar una similar forma de parasitismo la que la llamada "fotografía digital" impone a la llamada "fotografía analógica". De hecho muchos puristas recriminan precisamente esos defectos a la fotografía digital: el exceso de control y la perfección tan al alcance de la mano, la ausencia de espontaneidad y la abolición del azar, constituyen en sí virtudes, pero que se convierten en factores desnaturalizadores cuya consecuencia son obras igualmente anodinas, agarrotadas y carentes de emoción.

Tal vez sea ese el peaje que haya que pagar para que la fotografía alcance su madurez definitiva como cultura de visión, culmine un ciclo y, como un efecto de darwinismo evolutivo que también atañe a los medios de comunicación, nos predisponga al inicio de un nuevo orden visual. Se ha hablado del advenimiento de la postfotografía, pero esa no es más que una categoría provisional. Ante el exorcismo imposible que le libere el alma de la prisión de un cuerpo ajeno, la fotografía digital sigue encorsetada en la fotografía analógica y eso representa el gran desquite del Pictorialismo. Porque en ese ajuste de cuentas con el destino se han cambiado las tornas: hoy toda foto es ineludiblemente pictorialista. El Pictorialismo digital inunda el mercado de la imagen.

En fin, cuando el referente se des-adhiere de la imagen (siguiendo las enseñanzas de Barthes), el realismo fotográfico se desvanece. Puede que quede el realismo como estilo, como la figuración ilusoria de la semejanza. Pero desaparece el realismo como compromiso con la realidad. Una fotografía sin esa clase de realismo deviene entonces una fotografía desconcertada, el producto de un medio que ha agotado su mandato histórico. La fotografía no desaparece como modelo de lo visual ni como

been said that photography is "writing in light" but now this statement has become farther and farther removed from metaphor and is beginning to be literal.

In the classic science fiction film titled *Invasion of the Body Snatchers* (Don Siegel, 1956)[2], aliens are not shown as green Martians; they have an exotic plant-like morphology. In order to survive in the earth's atmosphere, they must enter and take over a human body. People possessed by these "ultra bodies" keep their external physical appearance but undergo a personality change; they become dull, stiff, unemotional, etc. They look the same but they are no longer the same. Well, it wouldn't be wrong to consider the process which so-called "digital photography" imposes on so-called "analogical photography" as a similar form of parasitism. In fact, many purists recriminate digital photography precisely for these defects. Excess control, all-too-easy perfection, absence of spontaneity and the elimination of chance are in themselves virtues, but they become denaturalising factors, and consequently produce works that are also dull, stiff and unexciting.

This may be the price we have to pay for photography to finally mature as a visual culture, culminate a cycle and, like a Darwinian evolutionary effect that also involves the media, prepare us for the beginning of a new visual order. There has been talk of the advent of post-photography, but this is no more than a provisional category. Faced with the impossibility of finding an exorcist who can free its soul from the prison of a foreign body, digital photography continues to be trapped in analogical photography. This is pictorialism's great revenge, because by settling the score with fate, the tables have turned: today all photographs are unavoidably pictorialist. Digital pictorialism floods the image market.

In short, when the referent detaches itself from the image (following Barthes's teachings), photographic realism vanishes. Realism may remain as a style, an illusory representation of resemblance, but realism as a commitment to reality disappears. A photograph without this kind of realism then becomes a disconcerted photograph, the product of a medium that has outlived its historical mandate. Photography doesn't disappear as a visual model or a culture; it has simply gone through a process of "deindexation". Photography frees itself of memory; the object goes away; the index evaporates.

2. Está basada en una novela de Jack Finney y se han hecho dos *remakes*: *La invasión de los ultracuerpos* (Invasión of the Body Snatchers, 1978) de Philip Kaufman y *Usurpadores de cuerpos* (Body Snatchers, 1994) de Abel Ferrara.

2. This film was based on a novel by Jack Finney and two remakes followed the original: *Invasion of the Body Snatchers*, 1978 by Philip Kaufman and *Body Snatchers*, 1994, by Abel Ferrara.

cultura: simplemente ha sufrido un proceso de "desindexiliza-ción". La fotografía se libera de la memoria, el objeto se ausenta, el índice se evapora. La cuestión de representar la realidad deja paso a la construcción de sentido. Pero ¿es eso todavía fotografía? Surge por de pronto un problema de nomenclatura. La fotografía digital contiene poco de fotografía según sus patrones genealógicos. Convendría con mayor rigor denominarla "infografismo figurativo" o "pintura digital realista". La persistencia de la palabra "fotografía" distorsiona nuestras expectativas. A la espera de un ángel que acuda a anunciarnos cómo hemos de bautizarla correctamente ¿por qué la llamamos amor si queremos decir sexo?

Y entre tanto, seamos conscientes de atravesar una fase de transición en la que resultan lógicos los titubeos. Aunque esto no obsta para que, al margen de la convulsión que ha estado sacudiendo a la fotografía esta última década, la excelencia y el talento hayan significado los proyectos de numerosos autores. Sirvan de muestra unos pocos ejemplos. Edward Burtynsky trasciende los trabajos que exaltan las tipologías aplicadas a los vestigios industriales, que se inspiran en el espíritu clasificatorio enciclopedista del siglo XIX y que prevalecen como moda dominante en el arte actual. Su mirada de mundos degradados bebe en las fuentes turbulentas de la pintura romántica para destilar unas composiciones paisajísticas de extraordinaria fuerza dramática. La monumentalidad de su propósito creativo zanja dudas sobre la crisis del documentalismo fotográfico. En un registro completamente distinto, Alberto García Alix aparece como un fotógrafo pura sangre que no necesita teorías para convertir un exceso de vitalidad en imágenes prodigiosas. Podría haber sido un miembro rezagado de la generación *beat* o un *beatnik* adelantado de una generación por llegar. Sus encuadres rezuman la autenticidad de la vivencia mientras testimonian una retahíla de marginalidades en primera persona. Pertrechada de humor y sagacidad, la inteligencia visual de Martin Parr recorre el mundo a la caza de pequeños absurdos y paradojas fortuitas, que dejan al espectador en la incertidumbre entre la realidad y la ficción. Con una ironía aguda critica el consumo, el turismo masificado y el *kitsch*, a la par que experimenta con el tratamiento cromático y el encuadre, hasta enriquecer las fórmulas recurrentes de la fotografía documental. Vik Muniz es un ilusionista, un prestidigitador que en vez de sacar conejos blancos de una chistera extrae retratos del azúcar y reproducciones de obras maestras de la pintura en salsa de tomate. Con un ingenio fuera de lo

The question of representing reality gives way to building meaning. But is this still photography? Suddenly we have a problem of nomenclature. Digital photography contains little of photography according to genealogical standards. It would be more suitable to call it "figurative infographism" or "realistic digital painting". Continuing to use the word "photography" distorts our expectations. While we wait for an angel to come and tell us how baptise it correctly, why call it love if we really mean sex?

And until then, let us be aware that we are going through a transitional phase in which hesitation is logical. In spite of the upheavals that have affected photography over the last decade, excellence and talent have continued to characterise the projects of many artists. Here are just a few examples. Edward Burtynsky goes beyond the works exalting industrial typologies that are inspired by the encyclopaedic classifying spirit of the nineteenth century and currently form a dominant trend in the photographic art. His view of degraded worlds is inspired in the turbulent waters of Romantic painting and he distils landscape compositions with extraordinary dramatic strength. The monumentality of his creative proposal erases any doubts about a crisis in photographic documentarianism. On a completely different level, Alberto García Alix appears as a thoroughbred photographer who needs no theory to turn his excess vitality into prodigious images. He could well have been one of the last members of the beat generation or a precocious beatnik heralding the generation about to arrive. His compositions are filled with the authenticity of real life experience while providing first-person testimony to a series of marginal existences. Armed with humour and astuteness, Martín Parr's visual intelligence roams the world hunting down the small absurdities and fortuitous paradoxes that cause viewers to doubt between reality and fiction. With sharp irony, he criticises consumerism, mass tourism and *kitsch* while experimenting with chromatic techniques and framing to enhance the recurrent formulas of documentary photography. Vik Muniz is a magician, a conjuror, who instead of taking white rabbits out of a top hat produces photographs out of sugar and reproductions of painting masterpieces from tomato sauce. With unusual ingenuity, he provokes *trompe-l'oeil* and palimpsests in actions that bespeak a refined semiotic terrorism. It can be said of iconoclast Joachim Schmid that he represents the photographic community's critical conscience.

común provoca el *trompe-l'oeil* y el palimpsesto en acciones propias de un refinado terrorismo semiótico. Del iconoclasta, en fin, Joachim Schmid puede decirse que ocupa la posición de conciencia crítica de la comunidad fotográfica. También puede decirse que es un depredador de imágenes, un reciclador de desechos icónicos que demuestra tener la lucidez suficiente para interrogarse a través del galimatías caótico de la basura fotográfica y recomponer el rompecabezas de lo real.

Charles Baudelaire escribió sobre el pintor de la vida moderna, prescribiendo que debía ocuparse de "la circunstancia en todo aquello que sugiera lo eterno". Ahora tan sólo aguardamos que alguna pluma de similar calibre nos hable de todos estos fotógrafos, y de muchos más, como de los pintores de la vida posmoderma, capaces de registrar en cambio lo fugaz y lo mutable.

It can also be said that he is a predator of images, a recycler of iconic detritus who proves that he is lucid enough to question himself through the chaotic jumble of photographic rubbish and recompose the puzzle of what is real.

Charles Baudelaire wrote about the painter of modern life and recommended that he concern himself with the circumstance of everything suggesting the eternal. Now we can only wait for an author with similar talent to speak to us of all these photographers, and many more, as painters of post-modern life, capable of recording everything that is fleeting and changeable.

Diccionario de fotógrafos
A Dictionary of Photographers

Abbas

Abbas (Irán, 1944), miembro de la agencia Magnum, ha recorrido el mundo con su cámara. Se da a conocer entre 1970 y 1980 por sus fotografías de la Revolución Iraní pero durante esa época también publica en las revistas internacionales imágenes sobre los conflictos políticos y sociales de Biafra, Bangladesh, Vietnam, Oriente Medio, Chile o África del Sur. Se ha interesado también por las religiones tanto islámica como cristiana. *Visiones del Islam* es el resultado de un recorrido, desde 1987 a 1993, por las tierras en las que está presente la religión islámica. De Xinjiang a Marruecos, de Londres a Tombuctú, pasando por la Meca, ha fotografiado la vida cotidiana de los musulmanes, su espiritualidad y su mística, sus ritos de fe, así como el fenómeno político que representa el Islam.

"Mi fotografía es una reflexión que se concreta en la acción y lleva a la meditación", ha dicho Abbas, que define la fotografía como "escribir con luz". Ha publicado *El diario de Irán* en 2002, *Caras del cristianismo: una fotografía diaria* en 2000 e *Irán: la revolución confiscada* en 1980.

Abbas (Iran, 1944), a member of Magnum Photos, has travelled all over the world with his camera. He became well known between 1970 and 1980 for his photographs of the Iranian Revolution, however during the same period he also published in international magazines images of the political and social conflicts in Biafra, Bangladesh, Vietnam, the Middle East, Chile and South Africa. He has shown a great interest in both the Islamic and Christian religions. *Visiones del Islam* is the result of his travels from 1987 to 1993 to the territories in which Islam is present. From Xinjiang to Morocco, from London to Timbuktu, with a stop at Mecca, Abbas has photographed the daily life of Muslims, their spirituality and mysticism, their religious rites and the political phenomenon of Islam.

Abbas has declared, "My photography is a reflection that comes to life in action and leads to meditation" and he defines photography as "writing with light". He published *Iran Diary* in 2002, *Faces of Christianity: A Photographic Journey* in 2000 and *Iran: la Révolution Confisquée* in 1980.

Regreso a Irán, 1997.
© Abbas / Magnum Photos / Contacto

Mineros sudafricanos, 1978.
© Abbas / Magnum Photos / Contacto

Dennis Adams

Dennis Adams (Des Moines, Iowa, Estados Unidos, 1948) aborda los procesos de amnesia colectiva y exclusión social en el diseño y el uso de la arquitectura en el espacio público. En fotografías, instalaciones o intervenciones públicas, Adams dirige la atención al "espectáculo decadente del espacio urbano". Se interesa por las capas de historia y memoria que son reveladas en las calles de cualquier ciudad.

La serie de fotografías *Airborne* (2002) se centra en el diálogo entre la memoria histórica y las nuevas formas de tratar la actualidad. El proyecto nace a partir de la observación del cielo de Manhattan tras el 11 de septiembre de 2001. El fotógrafo retrata periódicos y bolsas de basura que sobrevuelan la ciudad, plasmando la devastadora sensación de vacío presente en la "Zona Cero". En estas imágenes se pueden leer unos titulares de los periódicos del momento cargados de significado: "Payback" (Venganza), "He is No Terrorist" (No es un terrorista), "Traitor" (Traidor) o "The End" (El final).

Adams ha realizado numerosas instalaciones en museos europeos y estadounidenses, además de proyectos de arte público en Utrecht y Rotterdam (Países Bajos), Baltimore (Estados Unidos) o París (Francia). Actualmente combina su labor docente en los más prestigiosos centros académicos con intervenciones de arte público en Miami y Nueva York (Estados Unidos). Sus conferencias y publicaciones han potenciado decisivamente el debate sobre la relación entre arte y contexto urbano y su obra está presente en numerosas colecciones públicas y privadas de arte contemporáneo, ya que es uno de los principales autores del nuevo arte político internacional.

Dennis Adams (Des Moines, Iowa, United States, 1948) addresses the processes of collective amnesia and social exclusion in the design and use of architecture in public space. With photographs, installations and public interventions, Adams calls our attention to what he considers the decadent spectacle of urban space. He is interested in the layers of history and memory revealed in the streets of any city.

The *Airborne* (2002) series of photographs focuses on a dialogue between historical memory and the new ways of treating current affairs. The project occurred to him upon observing the sky over Manhattan after September 11, 2001. He photographed the newspapers and garbage bags flying over the city, recording the devastating feeling of emptiness present in Ground Zero. Newspaper headlines loaded with meaning can be seen in these images: "Payback", "He is No Terrorist", "Traitor" and "The End".

Adams has created many installations in European and American museums in addition to public art projects in Utrecht and Rotterdam (Netherlands), Baltimore (United States) and Paris (France). Currently, he combines his teaching responsibilities in the most prestigious academic centres with public art interventions in Miami and New York (United States). His lectures and publications have decisively enhanced the debate on the relationship between art and the urban context and his work is present in many public and private contemporary art collections since he is one of the major artists in the new international political art.

PHE04
Airbone
Real Jardín Botánico

Lo siento, 2002.
Traidor, 2001.
© Dennis Adams. Cortesía Kent Gallery (Nueva York).

¡Ya basta!, 2001.
© Dennis Adams. Cortesía Kent Gallery (Nueva York).

Helena Almeida

Helena Almeida (Lisboa, Portugal, 1934) comienza a interesarse por la pintura abstracta a mediados de los años sesenta. Su investigación en este ámbito la lleva a construir montajes en tres dimensiones que la acercan al arte objetual con una actitud más conceptual. A partir de los años setenta, "harta de la pintura", comienza a apoyarse en otras disciplinas: fotografía, escenografía y *performance*.

El punto de partida de toda su obra es su cuerpo. "La obra es mi cuerpo, mi cuerpo es mi obra", ha dicho en alguna ocasión. A partir de aquí genera espacios e imágenes. Son recurrentes las fotografías en blanco y negro de partes de su cuerpo alteradas por manchas de pintura de color, colores que son mensajes: el azul simboliza espacio, el blanco pureza, el negro densidad y el rojo drama.

Su obra ha sido expuesta en numerosas ocasiones en Portugal, Bélgica, Francia, Italia, Inglaterra, Japón o Suiza. Además su trabajo está presente en la colección de la Fundación ARCO, el MNCARS de Madrid, el CGAC de Santiago de Compostela o el MEIAC de Badajoz.

Helena Almeida (Lisbon, Portugal, 1934) began to be interested in abstract painting in the mid-nineteen sixties. Her research in this sphere led her to build three-dimensional montages that brought her closer to object art with a more conceptual attitude. From the seventies onward, now "fed up with painting", she began to find support in other disciplines: photography, set design and performance art.

Her body is the starting point for all of her work. "My work is my body and my body, my work," she has said on one occasion. Based on it she generates spaces and images. She has many photographs in black and white of parts of her body altered with spots of coloured paint and the colours are messages: blue symbolises space, white purity, black density and red drama.

Her work has been exhibited repeatedly in Portugal, Belgium, France, Italy, England, Japan and Switzerland. It is also found in the Fundación ARCO collection, the Reina Sofía Museum (MNCARS) in Madrid, the CGAC in Santiago de Compostela and the MEIAC in Badajoz.

Seducir, 2002.
© Helena Almeida.

Seducir (#9), 2002.
© Helena Almeida.

La ola, 1967.
© Helena Almeida.

Diseño Habitado, 1977.
© Helena Almeida.

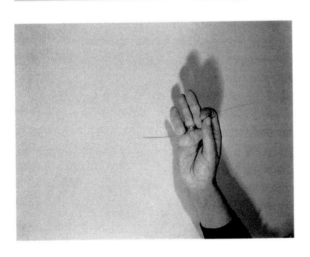 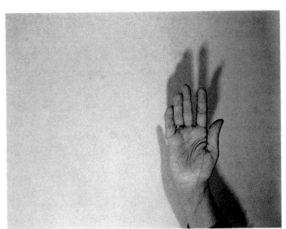

Pintura Habitada, 1975.
© Helena Almeida.

El vestido español, 1983.
© Helena Almeida.

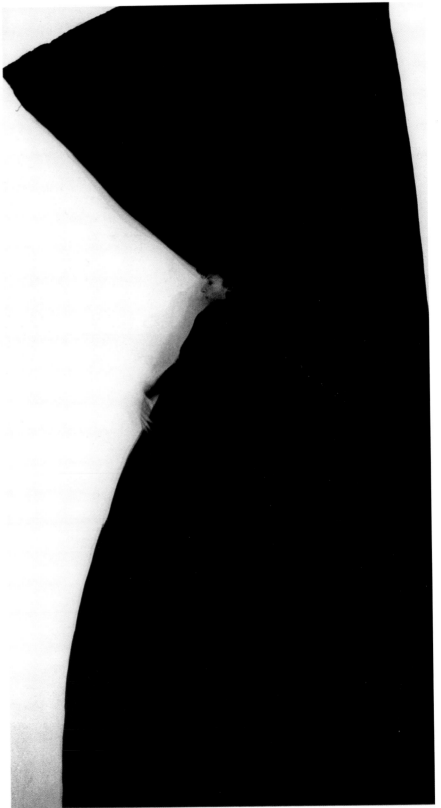

Pedro Álvarez

Pedro Álvarez (Bilbao, 1972) ha sido galardonado con el Premio Descubrimientos PHotoEspaña en 2003 además de con otros prestigiosos premios como el Highly Commended en The Independent / American Express. Su trabajo *Escapistas* gira en torno al tema del surf pero a través de fotos íntimas, casi oscuras, muy alejadas de los estereotipos alegres y coloristas habitualmente asociados al ambiente en que se desarrolla esta actividad.

Álvarez describe el surf proyectando las emociones sentidas por los aficionados a este deporte, y nos muestra la dureza de los inviernos de frío, roca, mar y soledad. Destacan los rostros agotados por el esfuerzo y satisfechos por el disfrute de la libertad. Las playas han sido tomadas al anochecer, en el momento de luz en que se confunde lo real con lo imaginario y la vivencia del entorno se convierte en protagonista. Una dialéctica entre sueño y realidad, entre calma y tensión.

Pedro Álvarez, licenciado en Fotografía por el Black Pool and The Fylde College de Reino Unido, ha recibido el premio al mejor portfolio de estudiante de Reino Unido. Ha trabajado como ayudante de fotógrafos como Naday Kander, Dave Stewart, Lee Jenkins o Jean François Carly entre otros.

Pedro Álvarez (Bilbao, 1972) was awarded the PHotoEspaña Descubrimientos Prize in 2003 and has received other prestigious awards such as a Highly Commended from The Independent/ American Express. His work *Escapistas* deals with surfing, however his intimate, almost dark photographs are very different from the gay, colourist stereotypes usually associated with the atmosphere surrounding this activity.

Álvarez describes surfing by projecting the emotions felt by enthusiasts of this sport. He shows us the harshness of the cold winters, rocks, ocean and loneliness. He highlights faces that are exhausted yet satisfied with having enjoyed their freedom. Beaches are photographed at nightfall, at that moment of light when the real and the imaginary can be confused and the experience of the surroundings becomes the protagonist. This shows the dialectic between dreams and reality, calmness and tension.

Pedro Álvarez, a graduate in Photography from Blackpool and The Fylde College in the United Kingdom, received the prize for the best portfolio belonging to a UK student. He has worked as an assistant to photographers such as Naday Kander, Dave Stewart, Lee Jenkins and Jean François Carly, among others.

PHE04
Escapistas
Museo Municipal de Arte
Contemporáneo de Madrid

Sin título #3, 2003. Serie "Escapistas".
Sin título #14, 2002. Serie "Escapistas".
© Pedro Álvarez.

Sin título #2, 2002. Serie "Escapistas".
© Pedro Álvarez.

Genín Andrada

Genín Andrada (Cáceres, 1963) recorre el mundo con su cámara renunciando a las formas más convencionales de retratarlo. Entre sus series más conocidas se encuentra *Sida, entre el dolor y la esperanza*, realizado durante 1994 en blanco y negro. Este fue un trabajo valiente en un periodo de alarma social en el que los enfermos se hallaban aislados en los hospitales. También destaca *Costa da morte*, una investigación intimista que inicia en el año 2000 y trata de retratar la riqueza de una cultura que se desarrolla en torno al mar. Pero quizá la serie más representativa sea *Las rutas del Nuevo Mundo*, un trabajo realizado a través de seis viajes distintos a Latinoamérica para seguir en cada uno de ellos los pasos de uno de los grandes conquistadores españoles. Andrada recorre las rutas que llevaron a estos aventureros a los primeros asentamientos de lo que se llamó "El Nuevo Mundo". A través de estos viajes el fotógrafo vive lo cotidiano de aquellas tierras prescindiendo de los tópicos de lo exótico, y consigue recoger y transmitir la energía que allí se respira.

Andrada, que ha recibido el Premio París Photo en 1997, trabaja como fotógrafo para revistas como *EPS, Newsweek* o *The New York Times*. Además su obra se encuentra en las colecciones del MNCARS, el Museo Extremeño e Iberoamericano de Arte Contemporáneo de Badajoz o en el Fond National d'Art Contemporain de Francia. Además ha expuesto en Le Carrousel du Louvre de París, en la Bienal de Córdoba o en la colectiva La Scene Watteau de Francia junto a fotógrafos como Richard Avedon, Henri Cartier-Bresson o Robert Mapplethorpe.

Genín Andrada (Cáceres, Spain, 1963) travels the world with his camera, eschewing the more conventional forms of depicting it. His best-known series include the black-and-white *Sida, entre el dolor y la esperanza* (AIDS, Between Pain and Hope), from 1994. This was a very brave work at a time of widespread panic over the disease, when those suffering from it were isolated in hospitals. Another highlight is *Costa da morte* (Coast of Death), an intimate exploration begun in 2000 which aims to show the richness of a culture revolving around the sea.

However, his most representative series is, perhaps, *Las rutas del Nuevo Mundo* (The Routes of the New World), created over the course of six different journeys to Latin America to follow, on each one, the paths blazed by the great Spanish conquistadors. Andrada travelled the routes that led these adventurers to the first settlements in what came to be called "The New World". Through these journeys, the photographer experienced the everyday life of those lands, avoiding the clichés of exoticism in order to record and transmit the energy in the air.

Andrada, who won the Paris Photo Award in 1997, works for such publications as Spain's *El País, Newsweek,* and *The New York Times*. His work is featured in such collections as that of the MNCARS, the Museo Extremeño e Iberoamericano de Arte Contemporáneo in Badajoz (Spain), and France's Fond National d'Art Contemporain. Moreover, he has shown at Le Carrousel du Louvre, Paris; the Cordoba Biennale, and at a group show in the Parisian La Scene Watteau, along with such photographers as Richard Avedon, Henri Cartier-Bresson, and Robert Mapplethorpe.

PHE00
Las rutas del Nuevo Mundo
Real Jardín Botánico

Zapatitos blancos, 1996. Tlaxcala, México. Ruta de Hernán Cortes 1519.
© Genín Andrada.

Porteador, 1997. Santo Domingo, República Dominicana. Segundo viaje de Colón 1493.
© Genín Andrada.

Hombre con bici, 1997. Solola,
Guatemala. Ruta de Pedro de Alvarado.
Brindis, 1996. Estado de Tlaxcala,
México. Ruta de Hernán Cortes 1519.
© Genín Andrada.

Claudia Andújar

Claudia Andújar (Neuchâtel, Suiza, 1931) pasó su infancia en Rumanía y Hungría, hasta que en 1956 emigró a Brasil. Un primer trabajo de documentación de la vida de los indios carajá la llevó a desarrollar su carrera como fotoperiodista publicando su trabajo en revistas como *Life*, *Look*, *Fortune* o *Realidade* entre otras.

La documentación de la vida de los indios yanomami es su proyecto más conocido. La artista compartió largas temporadas con estos habitantes de la selva amazónica del Brasil, compaginando su trabajo como fotógrafa con actividades en defensa de los derechos territoriales de esta tribu. Sus imágenes ofrecen un retrato de la complicada vida espiritual y mágica del mundo yanomami.

En ocasiones, la obra de Andújar puede ser muy crítica con la manera que tiene Occidente de ver a estos habitantes de la selva. De esta manera, en 2006 participó en la Bienal de São Paulo con una serie de retratos de yanomamis que aparecen identificados con un número colgado del cuello por los médicos participantes en una campaña de vacunación. Cuestiona así el propósito humanitario a través de un método muy poco humano de identificación. Su trabajo sobre esta tribu ha recorrido el mundo y está recogido en las colecciones del MoMA de Nueva York (Estados Unidos) o del Amsterdam Art Museum (Países Bajos).

Claudia Andújar (Neuchâtel, Switzerland, 1931) spent her childhood in Romania and Hungary, emigrating to Brazil in 1956. An early job documenting the life of the Caraja Indians led her into a career as a photojournalist, and her work was published in such magazines as *Life*, *Look*, *Fortune* and *Realidade*.

Her best-known project involved documenting the lives of the Yanomami Indians. The artist spent long periods living with these inhabitants of Brazil's Amazon rain forest, combining her work as a photographer with activities in defence of the tribe's territorial rights. Her images offer a portrait of the complicated spiritual and magical life of the Yanomami's world.

Sometimes, Andújar's work can be very critical of the way the West sees these jungle dwellers. In 2006, she participated in the Sao Paulo Biennale with a series of portraits of Yanomamis, all identified by the numbers hung around their necks by doctors taking part in a vaccination campaign. Thus, she questions its humanitarian intentions by using a method of identification that is not very human. Her work on this tribe has toured the world, and is included in the collections of New York's MoMA and the Amsterdam Art Museum.

PHE99
Yanomami
Museo de la Ciudad

Yanomami. © Claudia Andújar.

Alexander Apóstol

Alexander Apóstol (Caracas, Venezuela, 1969) toma fotografías de su Venezuela natal que más tarde manipula digitalmente. Está especialmente interesado en el fracaso de la supuesta modernización latinoamericana y en cómo se manifiesta en el paisaje urbano. Esto es, la arquitectura venezolana de los años cuarenta y sesenta, resultado del *boom* económico producido por la explotación de las reservas petrolíferas. En *Residente Pulido / Fontainebleau*, el objeto urbano se presenta como un ambiguo monolito sólido y vacío. Su naturaleza equívoca se evidencia a partir de una textura de porcelana brillante y con pequeñas grietas que confirman su fragilidad, su fachada decorativa. También los títulos de las imágenes, procedentes de famosas casas de porcelana, esconden otra geografía literal y ficticia y narran la historia de una utopía gloriosa sobre estructuras anodinas, ya en ruinas. Nombres irónicos que apuntalan la idea de un paisaje del deterioro.

Apóstol ha participado en exposiciones individuales en la Counter Gallery de Londres (Reino Unido) o en la Annet Gelink Gallery de Ámsterdam (Países Bajos) y en colectivas como la 27 Bienal de São Paulo (Brasil) o la Trienal de Turín (Italia). Además su obra está recogida en varias publicaciones.

Alexander Apóstol (Caracas, Venezuela, 1969) takes photographs of his native Venezuela, which he then manipulates digitally. He is especially interested in the failure of Latin America's supposed modernisation, and how this is manifested in the urban landscape — that is, Venezuelan architecture from the 1940s to the 1960s, a result of the boom produced by exploiting the country's oil reserves.

In *Residente Pulido / Fontainebleau* (Polished Resident/Fontainebleau), the urban subject is presented as a solid, empty, ambiguous monolith. Its equivocal nature can be seen through its shiny porcelain texture, with tiny cracks confirming its fragility, its decorative façade. The titles of the images, proceeding from famous porcelain manufacturers, also hide another literal and fictitious geography, narrating the history of a glorious utopia built upon anodyne structures, now in ruins. Ironic names, which point towards the idea of a deteriorating landscape.

Apóstol has participated in solo shows at the Counter Gallery in London and the Annet Gelink Gallery in Amsterdam, and group shows such as the 27th Sao Paulo Biennale and the Turin Triennale, in Italy. Moreover, his work has been featured in several publications.

Yann Arthus-Bertrand

En 1995 Yann Arthus-Bertrand (París, Francia, 1946), que hasta entonces había publicado sus fotografías en revistas como *Geo*, *Life* o *National Geographic*, emprendió un proyecto con el que llevaba soñando mucho tiempo: fotografiar la tierra desde el cielo para dar a conocer el estado de nuestro planeta en el umbral del año 2000. El resultado de este trabajo, que le ha llevado a recorrer millones de kilómetros, es una serie de imágenes espectaculares que muestran la belleza de la naturaleza, el trabajo creativo del hombre y las diversas transformaciones que ha experimentado el medio ambiente.

"Tan sólo intento contar historias y ser testigo de mi época", dice este naturalista de oficio que halló su vocación por la fotografía mientras estudiaba una familia de leones en Kenia. "Descubrí cómo podía contar y explicar cosas que eran imposibles de transmitir por escrito", explica.

Vida y obra se unen en el trabajo de Arthus-Bertrand que ha publicado ya sesenta libros y coopera en trabajos educativos para concienciar al público sobre medidas de desarrollo sostenible. *La Tierra vista desde el cielo* es el gran proyecto de Yann y se pudo ver por primera vez en París en el Museo de Luxemburgo. Desde entonces la exhibición ha viajado por todo el mundo atrayendo a más de cien millones de visitantes.

In 1995, Yann Arthus-Bertrand (Paris, 1946) – who had previously published his work in magazines such as *Geo*, *Life* or *National Geographic* – set out to fulfil a longstanding dream: to photograph the earth from above, in an attempt to call attention to the state of our planet, on the eve of the 21st century. The result of this project, which involved travelling millions of kilometres around the globe, is a series of spectacular images that show us the beauty of nature, the creative work of mankind, and the various transformations that the environment has undergone.

"I only want to tell stories and be a witness of my era," says Arthus-Bertrand, a naturalist by profession who found his photographic vocation while he was studying a family of lions in Kenya. "I discovered I could tell and explain things that were impossible to convey in writing".

His life and work are brought together in his oeuvre, and he has published some sixty books, as well as cooperating in educational projects aimed at encouraging public awareness about methods of sustainable development. Yann's major project, *The Earth from Above*, was first seen in Paris at the Musée du Luxembourg. Since then, the exhibition has toured the world, and has been seen by more than one hundred million people.

PHE00
La Tierra vista desde el cielo
Centro Cultural de la Villa

Ciudad de Icoh Pannyyi, Bahía
de Phangnga, Isla de Phuket, Tailandia.
Glaciar Berito Moreno,
Santa Cruz, Argentina.
Fardos de algodón, Thonakaha,
Korhogo,Costa de Marfil.

Caravanas de dromedarios en las
proximidades de Nuakchott, Mauritania.
Icebergs a la altura de la tierra
de Adelaida, Antártida, Polo Sur.
© Yann Arthus-Bertrand.

Renaud Auguste-Dormeuil

El trabajo de Renaud Auguste-Dormeuil (Neuilly-sur-Seine, Francia, 1968) se mueve entre el activismo, el arte de acción y la fotografía. En todos los casos reflexiona sobre el ambiente de paranoia que se vive en las sociedades occidentales, detectando los sistemas y lugares de vigilancia y elaborando una serie de cartografías de estos espacios. Así, entre 1998 y 2001 estudió los sistemas de seguridad de algunos museos franceses e introdujo en sus audioguías meticulosas descripciones del número de guardas de seguridad, los emplazamientos de las cámaras de vigilancia, la presencia de puertas escondidas, los rayos infrarrojos o los sistemas de seguridad de las obras.

En *Broadcast Hotels (Hoteles de transmisión)* toma por objeto de estudio los acontecimientos internacionales que la televisión muestra con imágenes difundidas en tiempo real a todo el planeta por "enviados especiales", equipados para realizar transmisiones por satélite. Estas emisiones normalmente parten de los grandes hoteles en los que estos periodistas se agrupan por medidas de seguridad. Unos lugares que se convierten en espacios mediáticos protegidos, desde cuyos balcones se retransmiten las imágenes captadas "en directo" que difunden los telediarios. Auguste-Dormeuil propone una guía con diferentes hoteles internacionales de diez capitales europeas y muestra en formato panorámico las vistas que ofrecen sus terrazas con una lista precisa de posiciones en las que se pueden colocar las cámaras.

La obra de Renaud Auguste-Dormeuil se ha podido ver en el Palais de Tokio (París, Francia) en 2006 o en la Sala Montcada de Barcelona en 2005. También ha realizado *performances* y vídeos como *Fin de représentation 1* (30') o *Watch Your Back* (9'). En Francia, el Centre Pompidou (París, Francia) y el Centre de Création Contemporaine (Tours, Francia) acogen obra suya.

The work of Renaud Auguste-Dormeuil (Neuilly-sur-Seine, France, 1968) is part activism, part action art and part photography. In all these cases, he reflects on the atmosphere of paranoia in which Western society lives, detecting surveillance systems and their location, and preparing a series of maps for such locations. Between 1998 and 2001, he studied the security systems of certain French museums and introduced into their audio guides detailed descriptions of the number of security guards, the location of surveillance cameras, the presence of hidden doors and infra-red beams, or the security systems for artworks.

In *Broadcast Hotels*, he studies the international events shown on television in real time, and broadcast worldwide by "special correspondents" equipped to make satellite broadcasts. These broadcasts are usually made from the large hotels in which journalists converge for security reasons. These places become protected media venues, from whose balconies "live" images are broadcast on daily news programmes. Auguste-Doremeuil provides a guided tour of various international hotels in ten European capital cities, showing the panoramic view from their terraces and a list of the precise positions where cameras can be set up.

Renaud Auguste-Dormeuil's work was seen in the Palais de Tokyo, Paris, in 2006 or the Sala Montcada in Barcelona, in 2005. He has also created performances and video-art such as *Fin de représentation 1* (30') or *Watch Your Back* (9'). In France, the Pompidou Centre in Paris and the Centre de Création Contemporaine in Tours, both hold work by the photographer.

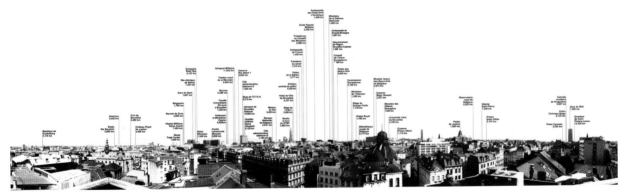

Atín Aya

Atín Aya (Sevilla, 1955), que estudió Filosofía y Ciencias de la Educación y Psicología, ha trabajado como fotógrafo en la agencia Cover y en varios medios de comunicación. A través de series de larga y cuidadosa elaboración, Aya retrata la vida de los hombres y mujeres que habitan un determinado espacio geográfico. Tal es el caso de su serie *Sevillanos* que retrata los habitantes de su ciudad natal.

Desde 1991 hasta 1996, Aya se dedica a fotografiar las marismas del Guadalquivir y sus habitantes. "Me quedé sobrecogido por el escenario, por la inmensidad de aquel paisaje inhóspito, desolador, con unos atardeceres espectaculares", ha dicho en alguna ocasión. Unos hombres y mujeres que viven aislados en medio de las marismas igual que hace un siglo, compartiendo una vida durísima de supervivencia. Una serie de retratos, realistas hasta resultar fantásticos, en los que no hay ni ironía ni regodeos estéticos, sino una especie de minimalismo andaluz de negros vestidos y casas blancas luminosas perfectamente integradas con el paisaje. *Marismas del Guadalquivir* es su obra más reconocida y ha sido premiada con la Beca Foto-Press de la Fundación la Caixa.

After studying Philosophy, Educational Science and Psychology, Atín Aya (Seville, 1955) turned to photography in 1981 and since then has worked for the Cover agency and various newspapers and magazines. Aya specializes in projects that take place over an extended period of time and in which he carefully portrays the lives of men and women in a given location. His series *Sevillanos*, in which he portrays the people of his home town, is an example of this.

Aya's best-known work, a photo essay that won the Caixa Saving Bank Foundation's Foto-Press Award, is *Marismas del Guadalquivir*. From 1991 to 1996, he spent his time photographing the inhabitants of the marshlands of the Guadalquivir river estuary. "I was overwhelmed by the scenery and by the vastness of that inhospitable, desolate landscape and its spectacular sunsets," he has said on more than one occasion. The inhabitants he portrays live an isolated, hand-to-mouth existence in the middle of the marshlands, just the way they did a century ago. This series of portraits has a realism that borders on the fantastic. The photographs are devoid of irony and unfussy in the extreme, showing instead a kind of Andalusian minimalism consisting of black dresses and bright white houses, all blending perfectly into the landscape.

PHE00
Marismas del Guadalquivir
Centro Cultural Conde Duque

Sin título.
© Atín Aya.

Diego Barajas

Diego Barajas (Bogotá, Colombia, 1975), entre la fotografía y la arquitectura, está interesado en el proceso
de formación de la identidad colectiva en la actual y
despersonalizada sociedad global. De esta forma,
analiza los nuevos espacios públicos que se crean en
las ciudades frente a la desaparición de la plaza o la
calle como lugar de encuentro. Sitios a la manera de
improvisadas peluquerías, supermercados o kioscos
donde los ciudadanos acuden para compartir su identidad y sus problemas.

La instalación *Dispersión. Estudio sobre la movilidad
global y dinámicas de un urbanismo de ficción* forma
parte de una investigación llevada a cabo por el artista sobre el fenómeno de la inmigración. Se trata de un
espacio donde las paredes de espejos se abren para
mostrar imágenes realizadas por el artista, que se re-
piten infinitamente, y que evocan viajes imaginarios a
cualquiera de los múltiples países de los usuarios de
los locutorios.

Diego Barajas ha participado en eventos internacionales como la Bienal Iberoamericana de Arquitectura
de Lima (Perú) en 2003 y en el Congreso Archilab
2004 de Orleáns (Francia) y ha expuesto en varias instituciones como el Center for Contemporany Art en
Rótterdam (Países Bajos).

Diego Barajas (Bogotá, Colombia, 1975), whose work
spans photography and architecture, is interested in
the process of forming a collective identity in today's
depersonalised global society. He analyses the new
public spaces created in cities after the disappearance of plazas or streets as meeting places. These
venues resemble improvised hairdresser's shops,
supermarkets or newsstands, where city residents go
to share their identity and problems.

The *Dispersion: A Study of Global Mobility and the
Dynamics of a Fictional Urbanism* installation is part
of the artist's research on the phenomenon of immi-
gration. It is a space where mirrored walls open out to
show images made by the artist that are endlessly
repeated and evoke imaginary trips to any one of the
many countries that are the homes of call shop users.

Diego Barajas has participated in international events
such as the Bienal Iberoamericana de Arquitectura in
Lima (Peru) in 2003 and Archilab 2004 in Orleáns
(France), and his work has been exhibited in various
institutions such as the Center for Contemporany Art
in Rotterdam (Netherlands).

PHE05
*Dispersión. Estudio sobre movilidad global y dinámicas
de un urbanismo de ficción*
Casa de América

2 am.
4 pm.
12 am.
De la serie "Belhuis vs. Celullar Phone".

Lillian Bassman

Desde el momento en que Lillian Bassman (Nueva York, Estados Unidos, 1917) entra a formar parte de la dirección artística de la revista *Harper's Bazaar,* en 1942, persigue la esencia de una feminidad atractiva, secreta y sofisticada. El gesto, el aspecto, el porte, la expresión pasajera plena de animación, de distinción o de gravedad, expresan la fugacidad de un momento preciso y armonioso. Su gran dominio en la utilización de procedimientos inhabituales como el *flou* vaporoso, tiraje mediante una exposición selectiva, acentúan un enfoque sutil y singular y suponen la introducción de una nueva y sofisticada estética en la fotografía impresa.

Entre 1940 y 1960, Bassman estuvo en la cresta del mundo de la moda, trabajando como directora de arte con jóvenes fotógrafos como Richard Avedon, Robert Frank, L. Faurer, Arnold Newman y P. Himmel y también como fotógrafa. Empezó a hacer fotografías con Brodovitch; eran imágenes difusas, caprichosas, con un vocabulario de gestos muy personales, y un aspecto inquietante. Pronto comenzó a recibir encargos y, además de su trabajo editorial, realizó campañas de publicidad para clientes como Chanel y Balenciaga.

En los setenta, su interés por la búsqueda de formas puras choca con los cambios estéticos que se producían en la moda. Su creciente desencanto la llevó a abandonar la fotografía comercial. En un intento de liberarse del pasado, se deshizo de cuarenta años de negativos y de copias. Pero treinta años más tarde, se encontró una bolsa olvidada, repleta de imágenes. En la actualidad, la obra de Lillian Bassman está siendo recuperada con exposiciones en museos y galerías en Nueva York, París, Londres, Milán o Moscú.

From the moment Lillian Bassman (New York, United States, 1917) joined the artistic management staff of *Harper's Bazaar* magazine in 1942, she pursued the essence of an attractive, secretive and sophisticated femininity. Gestures, appearance, carriage, fleeting expressions filled with animation, distinction or seriousness, depict the ephemeral nature of a precise, harmonious moment. Her mastery of the use of unusual processes such as printing through gauze and using selective exposure times accentuate her subtle and unique approach and herald the introduction of a new and sophisticated aesthetic in printed photography.

From 1940 to 1960, Bassman rode the crest of the fashion wave, working as an art director with young photographers, including Richard Avedon, Robert Frank, L. Faurer, Arnold Newman and P. Himmel, and as a photographer herself. She began to take pictures with Brodovitch; they were diffuse, whimsical images with a vocabulary of very personal gestures and a disturbing edge. Soon she began to receive commissions and in addition to her work in publishing, she prepared advertising campaigns for clients like Chanel and Balenciaga.

In the nineteen seventies, her interest in the search for pure forms clashed with the aesthetic changes taking place in fashion. Her growing disenchantment caused her to abandon commercial photography. In an attempt to free herself from the past, she discarded forty years of negatives and prints, however a forgotten bagful of images was found thirty years later. Lillian Bassman's work is currently being recovered and shown in exhibitions at museums and galleries in New York, Paris, London, Milan and Moscow.

PHE02
Real Jardín Botánico

Barbara Mullen con un sombrero Dior, Ritz, Paris. *Harper's Bazaar*, 1949.

Annelise Seubert, París, *New York Times Magazine*, 1996.
Cortesía Howard Greenber Gallery, NYC.

(págs. 44-45)
Con casi nada, *Junior Bazaar*, 1948.
Evelyn Tripp, *New York Harper's Bazaar*, 1954.
Cortesía Howard Greenber Gallery, NYC.

B

43

Peter Beard

Peter Beard (Nueva York, Estados Unidos, 1938) es una figura especial en el mundo de la fotografía. Utiliza el medio con la actitud de un aficionado, concediéndose la máxima libertad de expresión. Desde 1961, en que conoce y lee la obra de Karen Blixen, *Memorias de África*, su existencia está unida al continente africano y a los animales. Su vida es su arte; ambos se entrecruzan y se expresan a través de las páginas de sus abigarrados diarios, que rellena desde los once años. Una manera adolescente de detener y transmitir las emociones sin ningún prejuicio respecto al contenido: fotos, palabras, materiales de todo tipo, piedras y pieles de animales, sangre y hojas, recortes de periódicos occidentales y dibujos indígenas. Todo mezclado gracias a un extraordinario talento para el ritmo gráfico y un apasionado compromiso con las cuestiones medioambientales.

Una sensibilidad difícilmente reconocible en su rol público, ligado a la vida mundana neoyorquina. Sin embargo estas contradicciones resultan ser la sal de sus obras. Quizá si no descendiera de una familia acomodada (bisnieto de J. J. Hill, constructor de la línea férrea Northern Pacific) y si no contara entre sus íntimos a personajes como Francis Bacon, Mick Jagger, Andy Warhol o Jacqueline Onassis, probablemente no habría tenido la osadía de mostrar, a través de sus obras, los vicios, los sueños, los miedos y las emociones con tal ausencia de pudor.

Beard ha publicado libros como *The End of the Game (El final del juego)*, *Eyelids of the Morning: The Mingeled Destines of Crocodiles and Men (Párpados de la mañana: los destinos unidos de los cocodrilos y los hombres)* o *Peter Beard*. También ha colaborado con Andy Warhol, Truman Capote o Francis Bacon. Su exposición más célebre ha tenido lugar en el Centro Internacional de Fotografía de Nueva York (Estados Unidos) en 1977 y, tras ser aplastado por un elefante, el Centro Nacional de Fotografía de París (Francia) llevó a cabo su primera gran retrospectiva, que ha itinerado por Berlín, Londres, Toronto, Madrid, Milán, Tokio y Viena.

Peter Beard (New York, USA, 1938) is a special figure within the world of photography. He approaches the medium with an amateur's outlook, which allows his expression a totally free rein. Since 1961, when he became acquainted with Karen Blixen's work *Out of Africa*, his life has been bound to Africa and its wildlife. His life is his art; the two are interwoven and find their expression in the multicoloured pages of his collage diaries, which he has kept since the age of eleven. His way of capturing and communicating emotions is youthful, regardless of the content. Photos, words, materials of all types, stones and animal skins, blood and leaves, cuttings from western newspapers and Kikuyu drawings are all mixed together thanks to his extraordinary feeling for graphic rhythm and his passionate commitment to environmental issues. This sensitivity is not so easily noticeable in his public role, which is tied up with the more mundane business of New York life. But these contradictions are actually what provide the spark for his work. Possibly, if he were not a descendent of a wealthy family (he is the great-grandson of J.J. Hill, founder of the Great Northern Railway) and if he did not have celebrities such as Francis Bacon, Mick Jagger, Andy Warhol or Jacqueline Onassis in his intimate circle of friends, he wouldn't have dared to show the vices, dreams, fears and emotions that he expresses so unreservedly in his work.

Beard has published several books on his African experiences, such as *The End of the Game, Eyelids of the Morning: The Mingled Destines of Crocodiles and Men* and *Peter Beard*. He has also collaborated with Andy Warhol, Truman Capote and Francis Bacon. His first landmark exhibition was held at the International Centre of Photography, in New York, in 1977. In 1996, shortly after he was trampled by an elephant, the Centre National de la Photographie in Paris opened the first major retrospective show of his work, and other exhibitions have since followed in Berlin, London, Toronto, Madrid, Milan, Tokyo and Vienna.

"...one particular night the brutes seized a man from the Tsavo Railway station and brought him close to my camp to devour. I could plainly hear them crunching the bones, and the sound of their dreadful purring filled the air — they had indulged in the man-eaters' habit of licking the skin off so as to get the fresh blood. On two half-eaten bodies which I subsequently rescued, the skin was gone in places, and the flesh looked dry as if it had been sucked."

(From J. H. Patterson's 1898 diary; hunting the man-eaters of Tsavo) from the End of the Game
Peter Beard
1986

Toro Eland y elefante en la Tiva Lugga
cerca de Kathamula, Tsavo Este, 1965.
© Peter Beard. Usado con permiso
del autor.

Girafa solitaria, 1960.
© Peter Beard. Usado con permiso
del autor.

...from the mogul emperor Jahangir
writing in Persian about giraffes and zebras:
"It is as if the painter of fate,
with a strange brush, had left it
on the page of the world."

Kenya giraffe on the Taru desert June 1960
for The End of the Game; Last Word from Paradise
Peter Beard Box 4111
Nairobi, Kenya

Bernd y Hilla Becher

El amplio trabajo fotográfico de los alemanes Bernd y Hilla Becher (Siegen,1931 y Postdam, 1934) muestra los símbolos del desarrollo industrial que ha hecho crecer a muchas de nuestras ciudades. Depósitos de agua, pozos mineros, altos hornos, etc., es decir, todo tipo de edificios industriales han sido objeto de sus fotografías a lo largo de más de cuarenta años.

En blanco y negro, ubicando siempre el edificio en el centro de la imagen, los Becher aíslan la estructura de su entorno y logran un punto de vista privilegiado. Además eliminan del negativo cualquier signo de presencia humana que pueda distraer al espectador y elevan el objeto a la categoría de arte. Bien sea Francia, Bélgica o Alemania la ubicación exacta de las fotografías es, en realidad, indiferente.

La obra de los Becher ha sido crucial para el reconocimiento de la fotografía en el arte moderno. Se han convertido en unos de los artistas más importantes del momento y se les considera los padres de una corriente documental alemana, entre cuyos miembros destacan Andreas Gursky, Thomas Ruff y Thomas Struth. En 1999 representaron a Alemania en la Bienal de Venecia (Italia) y su trabajo se ha mostrado repetidamente en la Documenta de Kassel (Alemania).

The extensive oeuvre of German photographers Bernd and Hilla Becher (Siegen,1931 and Postdam, 1934) shows the symbols of the industrial development that has made many of our cities grow. Water towers, mineheads, blast furnaces and all kinds of industrial buildings have been the subject of their photographs for over forty years.

Using black-and-white film and always placing the building in the centre of the image, the Bechers isolate the structure from its surroundings and find a privileged viewpoint. Furthermore, they eliminate from the negative any sign of human presence that might distract the viewer. They turn the object into a work of art. The exact location of the photographs, whether it be France, Belgium or Germany, is unimportant.

The Bechers' work has been of vital importance for the recognition of photography in modern art. They are among today's most eminent artists and are considered the founders of a German documentary trend whose outstanding members include Andreas Gursky, Thomas Ruff and Thomas Struth. They represented Germany in 1999 at the Venice Biennale (Italy) and their work has been shown repeatedly at the Documenta in Kassel (Germany).

Depósitos de agua, 1999.
© Bernd y Hilla Becher.

Torres de extracción, 1989.
© Bernd y Hilla Becher.

Raúl Belinchón

Raúl Belinchón (Valencia, 1975) mezcla la fotografía de reportaje con la documentación de espacios como salas desocupadas, lugares de paso subterráneos o la propia ciudad. Así, en sus primeras series ha documentado la vida de un *stripper* masculino, el *backstage* del mundo del culturismo o la vida de Franco Mattione, uno de los centuriones que animan las ruinas del coliseo de Roma.

De esta fotografía más personalista, parece haber girado hacia el documentalismo más estructuralista como en su serie *Patio de butacas*, en las que retrata teatros o cines vacíos, con esos aforos completos de ausencias. En *José y familia*, Belinchón documenta la vida de un gitano, retratos en los que la pobreza y la dignidad juegan al escondite.

La obra de Belinchón se ha podido ver en Berlín, Milán, Bolonia, Turín, Roma, Madrid, San Sebastián o Valencia y ha sido recogida en numerosas publicaciones como *Sensación de Vivir* en 2003. Colabora asiduamente con diversos medios como *El País Semanal* o *Blanco y Negro* entre otros. Además su obra está presente en colecciones como la del MNCARS, Injuve, Ministerio de Cultura o Comunidad de Madrid.

Raúl Belinchón (Valencia, 1975) blends reportage photography with the documentation of spaces such as empty halls, subterranean passageways and the city itself. In his first series, he has documented the life of a male stripper, the backstage of the culturist world and the life of Franco Mattione, one of the centurions who animate the ruins of the Rome Coliseum. He seems to have turned from this more personal photography to the most structuralist documentarianism as in his series *Patio de butacas*, where he portrays empty theatres or cinemas, with seats filled with absences. In *José y familia*, Belinchón documents the life of a gypsy in photographs where poverty and dignity play hide and seek.

Belinchón's work has been shown in Berlin, Milan, Bologna, Turin, Rome, Madrid, San Sebastian and Valencia and included in numerous publications such as *Sensación de Vivir* in 2003. He contributes regularly to various media such as the *El País Semanal* weekly and *Blanco y Negro*, among others. His work is also present in many collections, including those of the Reina Sofía Museum (MNCARS), Injuve, the Ministry of Culture and the Community of Madrid.

PHE01
José y familia
EFTI

Sin título, 1998.
De la serie "José y familia".

Clemente Bernad

Clemente Bernad (Pamplona, 1963) busca temas que le llevan a implicarse con los valores y derechos de todos; reflejo del alma y del cuerpo. Su obra, tanto en blanco y negro como en color, pretende poner interrogantes en las cabezas de los espectadores. Cuestiones que él no quiere responder, dejando al espectador la capacidad de discernir lo verdadero de lo ilusorio. Las historias que elige contar son siempre dolorosas. Los *Ritos Funerarios* del País Vasco, la vida de los campesinos temporeros de Andalucía; o retratos de la vida de las mujeres saharauis, pueblo en el exilio desde hace treinta años. También ha pasado por su objetivo la cárcel de Carabanchel, Chiapas, familiares de prisioneros turcos en huelga de hambre o el desastre del petrolero *Prestige*.
Licenciado en Bellas Artes por la Universidad de Barcelona en la especialidad de Fotografía y Vídeo ha sido ayudante del fotógrafo Koldo Chamorro entre 1985 y 1991. Desde 1986 trabaja como fotoperiodista en distintos medios de comunicación y es miembro de la agencia italiana Contrasto. Su obra se ha podido ver en los *RIP* de Arles (Francia), la *Photokina* de Colonia (Alemania) o *Visa pour l'image* de Perpignan (Francia).

Clemente Bernad (Pamplona, 1963) always searches for subject matter that involves the universal issues of values and rights, and his work reflects both body and soul. His photo essays, both in black and white and in colour, aim to plant questions in the mind of the observer - questions that he himself does not wish to answer, leaving it up to the viewer to discern between reality and illusion.
The stories that he chooses to tell are always painful, such as his series on funeral rites in the Basque Country, the lives of agricultural day-labourers in Andalusia, or his portrayals of women from the Saharawi community in the western Sahara, who have been refugees for the last thirty years. As well as this, he has portrayed the inmates of the Carabanchel prison, in Madrid, the Chiapas region in Mexico, family members of hunger-striking prisoners in Turkey and the ecological disaster that followed after the *Prestige* oil tanker sank off the coast of Galicia.
A graduate in photography, cinema and video from Barcelona University, Bernad worked as assistant to Koldo Chamorro from 1985 to 1991. Since 1986 he has worked as a photojournalist for various publications and is a member of the Italian agency Contrasto.
His work has been shown in major festivals such as Cologne's *Photokina*, the Rencontres internationales de la photographie in Arles and Visa pour l'image in Perpignan, both in France.

PHE00
Pequeña guía para descreídos
La Fábrica

Nuevo Belén, Chiapas, 1995.
Oventik, Chiapas, 1996.

Oventik, Chiapas, 1996.

Suky Best

Suky Best (Londres, Reino Unido, 1962) es una artista
que se desenvuelve con soltura en diversos formatos
como la fotografía, el texto impreso, el vídeo o la animación. Los proyectos que ha desarrollado hasta la
actualidad están asociados al uso de las tecnologías
digitales y se caracterizan por su destreza para inmortalizar instantes llenos de paz y de simbología que
describen cómo dividimos el espacio y medimos el
tiempo para ubicarnos en el mundo.
The Return of the Native (El retorno de lo autóctono)
es la recreación de una ilusión llevada a cabo por medio de la tecnología. A través de animaciones digitales, la artista reintroduce en el bosque inglés de East
Anglian Fenland insectos y pájaros que una vez habi-
taron en la zona. De esta forma quiere poner de manifiesto la reducción en cantidad y diversidad que han
sufrido los animales en esta área durante los últimos
cincuenta años. Con este desajuste, la fotógrafa inglesa consigue transmitir un sentimiento de pérdida y
añoranza por lo que ya no está.
La obra de Best ha recorrido Europa y se ha visto en
Estados Unidos y América Central. En 2003 participó
en la XXIII Bienal Internacional de Artes Gráficas de
Eslovenia, ha publicado numerosos libros y mantiene
estrechos vínculos con las escenas artísticas más
vinculadas a las nuevas tecnologías.

Suky Best (London, UK, 1962) is an artist who is
equally at home in such diverse media as
photography, printed text, video, and animation.
The projects that she has carried out to date are
associated with the use of digital technologies,
and are characterised by their ability to immortalise
moments imbued with peace and symbolisms that
depict how we divide space and measure time in
order to find our place in the world.
The Return of the Native is the recreation of an
illusion, crafted through technology. Using digital
animation, the artist reintroduces into England's East
Anglian Fenlands a number of insects and birds that
once lived in the area. In this way, she wants to
makes manifest the reduction in numbers and
diversity suffered by the fauna of this area over the
past fifty years. By highlighting this imbalance, the
English photographer manages to convey a feeling
of loss and longing for what is no more.
Best's work has toured Europe and been shown in
the USA and Central America. In 2003 she participated
in the 23rd International Graphic Arts Biennale of
Slovenia. She has published many books, and
maintains close ties to the new technology art scene.

PHE06
El retorno de lo autóctono
Hotel NH Nacional

Fotogramas de *El retorno de lo autóctono*,
2005.
© Suky Best. Película y vídeo Umbrella,
el artista y el autor, 2005.

Bae Bien-U

Bae Bien-U (Yosu, Corea del Sur, 1950) es un fotógrafo autodidacta fuertemente influido por su formación en Bellas Artes. En sus fotografías, Bien-U no trata de captar la realidad sino la esencia, el alma de las cosas que observa, de ahí que nos inviten a la contemplación e incluso a la meditación.

Siempre atraído por el paisaje, comienza a fotografiar a comienzo de los años setenta, pero es a partir de 1985 cuando se empieza a concentrar en los bosques de pinos, que constituyen una de las principales fuentes de inspiración del fotógrafo. En estas imágenes pueden llegar a convertirse en auténticas criaturas que unen cielo y tierra, o incluso representar a individuos y grupos sociales. Los bosques de pinos han sido un tema recurrente en el arte coreano y Bae Bien-U ve en ellos cierta encarnación del espíritu colectivo de su pueblo, que ha resistido numerosas invasiones. Las fotografías de Bae Bien-U representan el deseo del artista de reafirmar la presencia de la naturaleza en un mundo cada vez más definido por los cambios tecnológicos, y llevan al espectador hasta un tiempo en el que el medio ambiente aún no ha sido castigado por la industrialización. En su trabajo, que ha sido visto en Tahití, Nueva York, Japón, París o Londres, podemos encontrar conexiones con la tradición pictórica oriental y al mismo tiempo una evocación del espíritu romántico europeo.

Bae Bien-U (Yosu, South Korea, 1950) is a self-taught photographer who is heavily influenced by his Fine Arts training. Bien-U tries to capture the essence, or soul, rather than reality of what he sees. This is why his photographs seem to invite us to contemplate, or even to meditate.

He has always been attracted to landscape. He began to take photographs in the early seventies, but it was from 1985 onwards that he began to concentrate on pine forests, one of his main sources of inspiration. In some of these shots, the forests seem to turn into living creatures, uniting the sky and the earth, or even portraying individuals and social groups. Pine forests have always been a recurrent theme in Korean art, and Bae Bien-U sees them as a kind of incarnation of the collective spirit of his people, who have managed to fight off numerous invasions.

Bae Bien-U's photographs show the artist's desire to reinstate nature in a world that is becoming more and more defined by technological changes. The pictures take the viewer back to a time when the environment had not yet been damaged by industrialization. In his work, which has been shown in Tahiti, New York, Japan, Paris or London, we can see the connection with traditional Oriental painting, while, at the same time, they evoke the European Romantic spirit.

PHE06
Museo Thyssen-Bornemisza

Sin título, de la serie "Pinos", 1992.
Cortesía del artista y de Gana Art Gallery, Seúl.

Isidro Blasco

La obra de Isidro Blasco (Madrid, 1962) se caracteriza por la exploración de las confluencias entre la escultura, la arquitectura y la fotografía. El artista reflexiona sobre el espacio y la posibilidad de generar nuevas realidades emocionales asociadas a su entorno más cercano como las calles por las que pasa, los estudios en los que trabaja o las casas en las que vive. Fija estos lugares íntimos con un proceso que tiene dos fases: primero toma las fotografías en una sucesión de fotogramas y después las ensambla sobre estructuras de madera reconstruyendo los lugares a partir de la reunión de estos fragmentos fotográficos. Así, en *Thinking About That Place* reproduce parte de su apartamento de artista en Nueva York. El resultado es a la vez familiar y extraño, ya que propone un espacio similar al original, aunque definido por nuevas reglas de representación. Las variaciones en la percepción del espacio, nuestra particular manera de mirar el entorno y la problemática de materializar el espacio y el vacío son los temas centrales de esta propuesta.

En sus trabajos más recientes, Blasco amplía su área de trabajo hacia el espacio urbano que rodea los lugares interiores de sus trabajos anteriores, a los que añade manifestaciones cinematográficas de desastres inminentes. Aviones, tornados y humo que atraviesan los escenarios de su ciudad, Nueva York, visualizando los temores del artista desde septiembre de 2001. Isidro Blasco, que vive esa ciudad desde 1996, ha expuesto su obra en el CAB (Burgos), el Museo Patio Herreriano (Valladolid), en el Charlottenborg Exhibition Hall (Copenhague, Dinamarca) o en P.S.1 (Nueva York, Estados Unidos).

A constant in the work of Isidro Blasco (Madrid, 1962) is its exploration of the confluences between sculpture, architecture, and photography. The artist reflects on space, and its possibility to generate new emotional realities associated with his immediate surroundings, such as the streets he walks the studios where he works, or the houses where he lives.

He depicts these intimate places via a two-phase process: first, he takes a quick succession of photographs, and then he assembles them on wooden structures reconstructing those places by joining together these photographic fragments. Thus, in *Thinking About That Place* he reproduces part of his apartment in New York. The result is both familiar and strange, since it presents a space similar to the original, but defined by new rules of representation. The variations in spatial perception, in our particular way of looking at our surroundings, and the problematic of materialising space and emptiness, are the central themes.

In his most recent work, Blasco has expanded his area of interest to the urban space that surrounds the interiors of his previous pieces, to which he adds cinematic depictions of imminent disasters: aeroplanes, tornados, and smoke hurling through the settings of his adopted city, New York, visualising the artist's fears since September 11, 2001. Blasco, who has lived there since 1996, has shown his work at the CAB (Burgos, Spain), the Museo Patio Herreriano (Valladolid, Spain), Charlottenborg Exhibition Hall (Copenhagen) and P.S.1 (New York).

PHE04
Pensando en aquel lugar
MNCARS

Serie "Pensando en aquel lugar", 2004.

Jaume Blassi

Jaume Blassi (Barcelona, 1948) se inicia en la fotografía en 1964 de la mano del pintor Salvador Brú. Desde entonces ha realizado un constante trabajo en el que destacan sus retratos de la cultura andina de Colombia, Ecuador, Perú, Bolivia, Chile y Argentina. Fiel al blanco y negro y a la fotografía de paisaje, en sus retratos encuadra a sus personajes en los entornos que los rodean dotándoles de una plasticidad similar.
Proyecto Andes documenta las gentes de esta región suramericana, sus paisajes, sus dioses, sus mitos... La idea básica de Blassi es dejar un testimonio fotográfico de todas las tribus existentes en esa imponente columna montañosa, legar a la posteridad una forma de vivir en un área determinada, donde aún funcionan estructuras sociales y formas de hacer y de creer que provienen de una cultura precolombina. Blassi colabora habitualmente con revistas de viajes como *National Geographic* y su trabajo está presente en las colecciones de instituciones como The Metropolitan Museum of Art de Nueva York (Estados Unidos) o la Bibliothèque Nationale de París (Francia).

Jaume Blassi (Barcelona, 1948) began to take photographs in 1964 at the suggestion of the painter Salvador Brú. He has continued ever since then, and his shots of the Andean culture in Colombia, Ecuador, Peru, Bolivia, Chile and Argentina are outstanding. Faithful to black-and-white film and landscape photography, his portraits frame his subjects within their environment, endowing them with similar plasticity.
Proyecto Andes documents the people in this South American region and their landscapes, gods, myths, etc. Blassi's main aim is to leave a photographic testimony of all the tribes existing in this impressive mountain range, thus bequeathing to posterity the lifestyle in this specific area still characterised by the social structures, beliefs and ways of life inherited from a pre-Columbian culture.
Blassi is a regular contributor to travel magazines like *National Geographic*, and his work is found in the collections of institutions such as the Metropolitan Museum of Art in New York (United States) and the Bibliothèque Nationale in Paris (France).

PHE03
Proyecto Andes
Centro Cultural de la Villa

Ramón Gil, indio wiwa. Sierra Nevada de Santa Marta, Colombia, 1997.
© Jaume Blassi.

Marcos, indio tarabuqueño. Bolivia, 1990.
© Jaume Blassi.

Daniel Blaufuks

Daniel Blaufuks (Lisboa, Portugal, 1963) utiliza la fotografía como un modo de captar y reconvertir simultáneamente la realidad percibida. Tocando varios géneros y categorías fotográficas, combina la recolección de imágenes de significados simbólicos con otras de ficción. De esta manera construye, en la mayoría de los casos, un relato en torno a su propia intimidad poniendo de manifiesto la cercanía entre la realidad y la ficción, entre lo público y lo privado.

Collected Short Stories (2000-2002) ofrece, como conjuntos, pares de imágenes convertidas en una sola narración. A partir de la combinación de colores, luces, figuras y vacíos el espectador recibe toda una serie de tensiones expresivas. En los dípticos aparecen tanto personajes como escenarios urbanos referidos a encuentros cotidianos, narraciones literarias y cinematográficas captadas en instantes fugaces que obligan a imaginar la ficción que los acompaña.

Daniel Blaufuks, galardonado con el BES Photo Award en 2006, ha expuesto su trabajo en el Museo de Chiado (Lisboa, Portugal), en Elga Wimmer PCC (Nueva York, Estados Unidos), o en Combo, Centro Cultural de Lagos (Portugal). Asimismo, ha dirigido varias películas y vídeos, como *Under Strange Skyes* y *Reserved Landscapes*. La Fundación Byrd Hoffman (Nueva York, Estados Unidos), el Centro de Arte Moderna da Fundaçao Calouste Gulbenkian (Lisboa, Portugal) o el CGAC (Santiago de Compostela) cuentan con obra suya.

Daniel Blaufuks (Lisbon, 1963) uses photography as a way of capturing and simultaneously reconverting perceived reality. Touching on various photographic genres and categories, he combines the compilation of images having symbolic meaning with other, fictional ones. In the majority of cases, this constructs a story revolving around his own private life, underscoring the fine line between reality and fiction, and public and the private.

Collected Short Stories (2000-2002) offers pairs of images transformed into a single narration. Based on a combination of colours, lights, figures, and empty spaces, the viewer takes in a series of expressive tensions. The diptychs show both characters and urban scenes referring to everyday encounters, literary and cinematic narrations captured in fleeting moments that force us to imagine the fiction that goes along with them.

Daniel Blaufuks, winner of the BES Photo Award in 2006, has shown his work at the Museu do Chiado (Lisbon), Elga Wimmer PCC (New York), and at Combo, a cultural centre in Lagos, Portugal. Moreover, he has directed various films and videos, such as *Under Strange Skies* and *Reserved Landscapes*. The Byrd Hoffman Foundation (New York), the Fundaçao Calouste Gulbenkian Centre for Modern Art (Lisbon) and the CGAC (Santiago de Compostela, Spain) all have his art in their collections.

PHE04
Colección de relatos
RENFE

Una casa móvil, 2000-2002.
© Daniel Blaufuks.

El final de la fiesta, 2000-2002.
© Daniel Blaufuks

Karl Blossfeldt

Karl Blossfeldt (Schielo, Alemania, 1865 - Berlín, Alemania, 1932) fue el primer fotógrafo en plasmar la belleza del entorno natural siguiendo procesos científicos. Sus imágenes presentan una flora sin propiedades esenciales, sin color, sin olor y sin características táctiles. Las plantas quedan reducidas a formas geométricas, a estructuras y matices de gris, que revelan detalles gráficos presentes en la naturaleza y que hasta entonces no se habían tenido en cuenta. Sus obras no sólo sorprenden visualmente, sino que también agradan desde un punto de vista estético.

Este artista clásico, que ha ejercido una gran influencia en la escuela de la nueva objetividad aún hoy patente, trabajaba buscando nuevo material pedagógico para el dibujo de plantas, recogiendo muestras que a continuación disecaba y fotografiaba. Cuando en 1928 publicó su libro *Urformen der Kunst* (*Formas originales del arte*), el material que había recopilado salió del contexto científico para llegar a manos del gran público, que se quedó fascinado con las maravillas formales que se escondían en las plantas. *Urformen der Kunst,* que se convertiría en uno de los libros de fotografía más reeditado, supuso un nuevo modo de mirar la naturaleza como un entorno en el que la belleza está presente, pero sólo si se sabe apreciar y retratar. Su paso por PHotoEspaña en 2006 supuso la primera exposición de su obra en España.

Karl Blossfeldt (Schielo, Germany, 1865 – Berlín, Germany, 1932) was the first photographer to portray the beauty of nature using scientific procedures. His pictures show plants deprived of their essential properties of colour, smell or feel. Plants are reduced to geometric shapes, structures, and shades of grey, revealing graphic details that are present in nature but which, until then, had never been taken into account. His work is not only surprising visually but also from the aesthetic point of view.

This classical artist, who had a great influence on the New Objectivity movement that is still going strong today, was trying to find new material for teaching students to draw plants. He collected samples which he then dried and photographed. When, in 1928, he published his book *Urformen der Kunst* (*Art Forms in Nature*), his material broke through the confines of science and fell into the hands of the general public, who were fascinated by the marvellous shapes hidden in plants.

Urformen der Kunst – which was to become one of the most frequently republished photography books ever – showed a new way of looking at nature as an environment in which beauty was present, as long as one knew how to appreciate and portray it.

The PHotoEspaña 2006 exhibition was the first time his work had been shown in Spain.

PHE06
Centro Cultural Conde Duque

Delphinium, Rittersporn.
Stiftung Moritzburg, Halle

Sin título. Stiftung Moritzburg, Halle

(págs. 70-71)
Sambucus Holunder. Stiftung Moritzburg, Halle.
Sin título. Stiftung Moritzburg, Halle.
Colección de fotografías en préstamos permanente de Fotokino Verlag, Leipzig. © Karl Blossfeldt. Archiv Ann un Jürgen Wilde, Zülpich, 2006.

Marcelo Brodsky

En la obra de Marcelo Brodsky (Buenos Aires, Argentina, 1954) predomina el afán de indagar en la memoria de un país y una época: la de la dictadura militar argentina entre 1976 y 1984 y de los terribles acontecimientos que tuvieron lugar en ese periodo. Así, en 1997 editó y expuso por primera vez el ensayo *Buena Memoria* compuesto por fotografías, vídeos y textos que recogen la evolución personal y colectiva de un curso de alumnos del Colegio Nacional de Buenos Aires, marcado por la desaparición de dos de sus miembros a manos del terrorismo de estado.

Brodsky, marcado por la desaparición de su propio hermano durante la dictadura militar, trata de comunicar a las nuevas generaciones la experiencia del terrorismo de estado en Argentina de una manera diferente, basándose en la emoción y la experiencia sensible para que esa transmisión genere un conocimiento profundo y real basado en el diálogo generacional. En otras series como *Tiñe de rojo las Fuentes!* recoge protestas contra la guerra de Irak o en *Los Condenados de la tierra* documenta una de las prácticas habituales durante las dictaduras: enterrar libros. Marcelo Brodsky se formó como fotógrafo durante su exilio en Barcelona en los años ochenta. La muestra *Buena Memoria* se ha expuesto entre 1997 y 2005 en noventa ocasiones en veinte países. También ha expuesto otras de sus series en el Centro Cultural de España en Montevideo (Uruguay), o en la Universidad de Salamanca.

Marcelo Brodsky (Buenos Aires, Argentina, 1954), always had the urge to delve into the memory of a nation and a period in history: the Argentinian military dictatorship that lasted from 1976 to 1984, and the appalling events that took place there. So in 1997, he published and exhibited for the first time his photo-essay, *Buena Memoria*. The series comprised photos, videos and texts that depicted the personal and collective evolution of a class of pupils from the Buenos Aires National School, who were marked by the disappearance of two of their classmates at the hands of state terrorism.

Brodsky, who suffered the loss of his own brother during the military dictatorship sets out to convey to younger generations his experience of state terrorism in Argentina. He does this in a fresh way, based on emotion and the experience of feelings, his purpose being to generate a deep, real awareness, based on dialogue between generations. In his other series such as *Tiñe de rojo las Fuentes!* (Dye the Fountains Red!), he shows the protests against the war in Iraq. In *Los Condenados de la tierra* (The Earth's Condemned), he documents one of the standard practices during dictatorships: the burial of books. Marcelo Brodsky trained as a photographer during his exile in Barcelona in the 1980s. The series *Buena Memoria* was shown on ninety occasions in twenty different countries, between 1997 and 2005. Other series have featured at the Centro Cultural de España, in Montevideo, Uruguay, and at the University of Salamanca.

PHE99
Buena memoria
Casa de América

Puente de la Memoria.

Primer año, Sexta División, 1967.

Elina Brotherus

Las fotografías de Elina Brotherus (Helsinki, Finlandia, 1972) tienen su origen en una tradición contemporánea de mujeres artistas. Trabaja sobre sí misma, acerca de los acontecimientos pequeños y grandes de su vida. Pero aunque el autorretrato ocupa un lugar central en su obra, Brotherus no interpreta papeles, no escenifica situaciones, sino que, como ella misma ha declarado, se contenta con vivir su vida tratando de obtener algo auténtico y real con sus imágenes. Desarrolla una forma propia de explorar su mundo social al igual que muchas otras fotógrafas nórdicas de la escena artística en los años noventa, eligiendo una vía fotográfica particularmente incisiva que escruta personalmente y de manera crítica la sociedad escandinava. Brotherus se mira, se observa, se estudia y nos desvela en cada autorretrato un nuevo aspecto de su personalidad. Su experiencia muestra que cuanto más se observa una cosa, más compleja se revela. Elina Brotherus comenzó a dedicarse a la fotografía en 1995 mientras estudiaba Ciencias Naturales en la universidad. Desde 1998 ha participado regularmente en varias exposiciones individuales como *The New Painting* en L'Espace Photographique Contretype de París en 2003 o en colectivas como *Espaces* en la Maison Européenne de la Photographie de París en 1999 o *Quinze en Europe* en el Museo de Arte Moderno y Contemporáneo de Niza (Francia) en 2000.

The photography of Elina Brotherus (Helsinki, 1972) has its origins in a contemporary tradition of women artists. She works on herself, on the big and little events of her life. However, although self portraits play a central role in her work, Brotherus does not play roles, nor set up situations; rather, as she herself has said, she is happy to live her life, trying to get something authentic and real out of her images. She develops her own way of exploring her social world, like many other Nordic women photographers from the 1990s scene, choosing a particularly incisive form of photography which examines Scandinavian society personally and critically. Brotherus looks at herself, observes herself, and reveals to us, in each self portrait, a new aspect of her personality. Her experience shows that the more one observes a thing, the more complex it turns out to be. Elina Brotherus began to work in photography in 1995, when she was studying Natural Sciences at university. Since 1998, she has regularly put on a number of solo shows, such as *The New Painting* at L'Espace Photographique Contretype in Paris in 2003, or group exhibitions including *Espaces* at the la Maison Européenne de la Photographie in Paris in 1999, or *Quinze en Europe* at the Museum of Modern and Contemporary Art in Nice (France) in 2000.

PHE02
Trabajos fotográficos, 1997-2001
Real Jardín Botánico

Epílogo, 1999.
Cortesía gb agency, París.

El traje de boda de mi padre. Del tríptico "El vestido de boda de mi madre, el traje de boda de mi padre, el vestido del funeral de mi madre". 1997. © Elina Brotherus.

Nancy Burson

Nancy Burson (Saint Louis, Estados Unidos, 1948) ha llevado a cabo durante treinta años una profunda exploración del rostro humano, su belleza, su mutabilidad y su innegable poder para fijar nuestra atención. Adelantándose en muchos casos a los cambios tecnológicos, a lo largo de su carrera Burson ha utilizado una sorprendente variedad de materiales y técnicas: fotografías tradicionales en blanco y negro y en color, producción de imágenes alteradas por ordenador en diversos medios, fotolitografías sobre seda, fotografías de gelatina de plata impresas sobre aluminio, *polaroids* de gran formato o daguerrotipos.

También instalaciones interactivas como *Age Machine* (*La máquina de la edad*), que permite a los espectadores ver cómo su rostro puede ser veinticinco años más tarde, o *Anomaly Machine* (*La máquina de las anomalías*) mediante la cual el espectador sufre en su cara algún tipo de deformidad. En *Composite Machine* (*La máquina combinatoria*) los participantes pueden combinar sus caras con las de gente famosa como Cher, Paul McCartney o Jane Fonda, entre otros. Burson es conocida como pionera en la técnica del *morphing* con la que se han desarrollado numerosas aplicaciones como la de localizar a niños perdidos. Ha colaborado con campañas como *There's No Gene For Race* (*No hay genes para la raza*) o con *Focus on Peace*, una serie de pósters y carteles de conmemoración del primer aniversario del 11-S. Además ha publicado cuatro libros de fotografía y trabaja dando clases en todo el mundo.

For thirty years, Nancy Burson (Saint Louis, United States, 1948) has made an in-depth exploration of the human face, its beauty, mutability and undeniable power to attract our attention. Often anticipating technological innovations, Burson has used a surprising variety of materials and techniques throughout her career: traditional black-and-white and colour photographs, the production of computer-altered images in various media, photolithographs on silk, silver gelatine photographs printed on aluminium, large-format polaroids and daguerreotypes.

She has also made interactive installations such as the *Age Machine*, which enables viewers to see what their faces will look like twenty-five years later or the *Anomaly Machine* with which the viewer suffers some type of facial deformity. In the *Composite Machine* participants can combine their faces with those of famous people like Cher, Paul McCartney, Jane Fonda, etc. Burson is known as a pioneer in the morphing technique based on which many applications have been developed including one designed to locate missing children. She has collaborated in campaigns such as *There's No Gene For Race* and *Focus on Peace*, a series of posters and signs commemorating the first anniversary of 9/11. She has also published four photography books and gives classes all over the world.

PHE03
Ver y creer: el arte de Nancy Burson
Centro Cultural Conde Duque

Sin título, 1988. © Nancy Burson.

(págs. 80-81)
Sin título, 1995. © Nancy Burson.
Sin título, 1990. © Nancy Burson.
Cortesía Grey Art Gallery, Universidad de Nueva York.

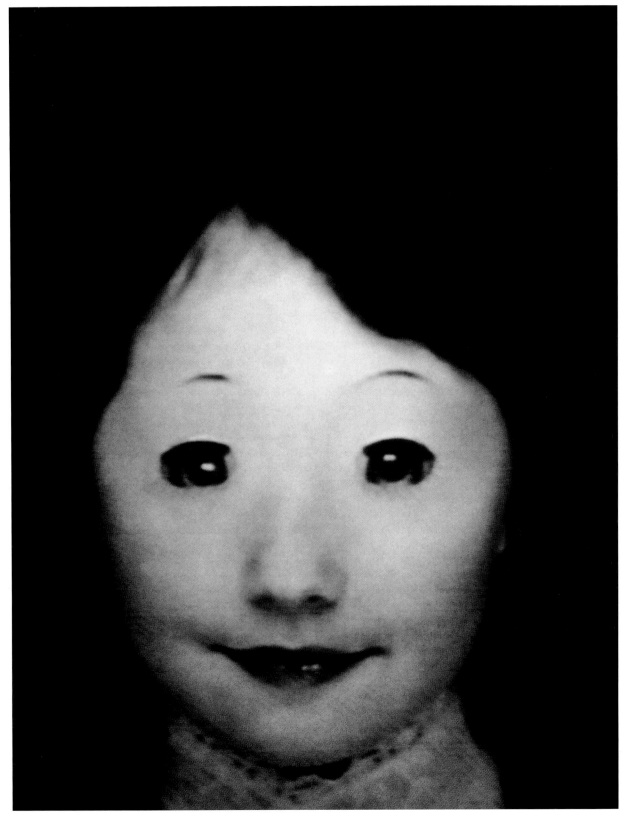

Edward Burtynsky

El trabajo de Edward Burtynsky (Toronto, Canadá, 1955) es un estudio del paisaje alterado por la civilización posindustrial. Sus imágenes de refinerías, canteras, minas o campos de reciclaje contienen numerosos detalles y un significado abierto: representan la transformación de nuestro planeta como consecuencia de la explotación económica.
De ellas se desprende una lectura política pesimista pero cargada de seducción y contenido estético. Metáforas del dilema de nuestra existencia moderna, buscan establecer un diálogo entre la atracción y la repulsión, la seducción y el miedo. "Estamos conducidos por el deseo de vivir bien, no obstante sabemos, consciente o inconscientemente, que el mundo sufre por nuestro éxito", dice Burtynsky.
Edward Burtynsky es el fotógrafo medioambiental por excelencia. Tiene una profusa trayectoria artística y ha expuesto en algunos de los museos más importantes de Canadá y Estados Unidos, como el Brooklyn Museum que en 2005 le dedicó una muestra individual. Además se han publicado numerosos catálogos de su obra, así como un libro de sus exposiciones.

This work by Edward Burtynsky (Toronto, Canada, 1955) is a study of landscape changed by post-industrial civilisation. His pictures of refineries, quarries, mines or recycling plants contain numerous details and a clear meaning: they represent the transformation of our planet as the result of financial exploitation. While they are seductive and full of aesthetic content, they convey a pessimistic political message.
Metaphors of the dilemma of our modern existence, they seek to establish a connection between attraction and repulsion, seduction and fear. In Burtynsky's words: "we are led by our desire to live well, but we are aware, either consciously or unconsciously, that the world is suffering from our success."
Edward Burtynsky is the environmental photographer *par excellence*. His artistic career is prolific, and his work has been shown at leading museums in Canada and the United States, such as the Brooklyn Museum, where in 2005 he had a solo exhibition. Numerous catalogues of his work have been published, as well as a book of his exhibitions.

PHE06
Madre Tierra
Centro Cultural de la Villa

Residuos de niquel No. 33, Sudbury, Ontario, 1996.
Residuos de niquel No. 31, Sudbury, Ontario, 1996.

Inco - Pozo de una mina abandonada No. 13, Crean Hill Mine, Sudbury, Ontario, 1984.

Cortesía de Charles Cowles Gallery, Nueva York; Roberto Koch Gallery, San Francisco; Nicholas Metivier, Toronto; Galería Toni Tàpies, Barcelona.
© Edward Burtynsky.

Presa # 6, Proyecto "Three Gorges Dam",
Yangtze River, 2005.

Rock of Ages No. 15, Sección Activa,
Cantera E. L. Smith, Barre, Vermont, 1992.

Cortesía de Charles Cowles Gallery,
Nueva York, Robert Koch Gallery,
San Francisco y Nicholas Retivier, Toronto.
© Edward Burtynsky.

Harry Callahan

Harry Callahan (Detroit, Estados Unidos, 1912-1999) comenzó a hacer fotos en 1938 y, tras asistir a algunas conferencias de Ansel Adams, decidió consagrarse por completo a la fotografía a partir de 1941. Sin embargo, sus primeros paisajes, tomados con una cámara de gran formato, nada tienen que ver con las composiciones grandiosas de Adams.

Despojadas, incluso minimalistas, porque a menudo se reducen a signos gráficos, sus fotografías se organizan en torno a tres grandes series: paisajes, vistas urbanas y retratos de Eleanor, la que fue su mujer a partir de 1936, fuente de inspiración de la mayoría de sus obras.

Trabajando en el laboratorio fotográfico de General Motors entre 1944 y 1945 experimenta con el color, pero este no parece responder a sus imperativos de simplicidad y de austeridad. Es una línea que se refleja en sus títulos, que no suministran ninguna explicación, indicando únicamente el lugar y la fecha de cada toma.

Callahan realiza su obra con serenidad, paralelamente a las clases que imparte en el Institute of Design de Chicago, Estados Unidos (1946-1961). Sus encuentros con Aaron Siskind y Edward Steichen son para él determinantes. Steichen le anima a exponer sus fotografías en el MoMA en 1949, donde también se realizó una retrospectiva de su trabajo en 1978. Su obra está presente en las colecciones del Eastman House Museum of Photography and Film y en el Museo Metropolitano de Nueva York, la Universidad de Harvard, en Estados Unidos, o el Museo de Bellas Artes de Santa Fe, México.

Harry Callahan (Detroit, United States, 1912-1999) started taking photographs in 1938. After attending several lectures by Ansel Adams, he took the decision to become a professional photographer in 1941. His early landscapes, however, which were taken on a large format camera, have nothing in common with Adams' grandiose compositions. Stripped bare – minimalist even, as they are often reduced to graphic symbols – his photographs embrace three major themes: landscapes, urban views and portraits of Eleanor, who became his wife in 1936 and was the source of inspiration for most of his work.

Whilst working in the General Motors photographic laboratory from 1944 to 1945, he began to experiment with colour but found that it did not respond to his self-imposed demands for simplicity and austerity. This simplicity is reflected in his titles, which give away nothing and only indicate the place and date on which each photograph was taken.

Callahan got on with his work quietly, while at the same time giving classes at the Institute of Design in Chicago, where he worked from 1946 to 1961. His meetings with Aaron Siskind and Edward Steichen would prove to be decisive for him. Steichen encouraged him to exhibit his work at MoMA in 1949. A retrospective show of his work would later be held there, in 1978. His work is also to be found in various collections, among them the Eastman House Museum of Photography and Film in New York, the New York Metropolitan Museum, the University of Harvard and the Museo de Bellas Artes de Santa Fe, in Mexico.

PHE00
Fundación la Caixa

Chicago, 1950.
Cortesía Pace / MacGill Gallery,
Nueva York. © Harry Callahan.

Eleanor, Chicago, 1949.
Cortesía Pace / MacGill Gallery,
Nueva York. © Harry Callahan.

Eleanor, Chicago, 1952.
Cortesía Pace / MacGill Gallery,
Nueva York. © Harry Callahan.

Chicago, 1950.
Cortesía Pace / MacGill Gallery,
Nueva York. © Harry Callahan.

Javier Campano

Javier Campano (Madrid, 1950) se inició en la fotografía en 1975 ligado a la revista *Nueva Lente,* publicación que pretendía romper con la tradición de la década anterior, acercándose al arte conceptual y buscando aproximaciones subjetivas a los motivos recogidos por la cámara. La trayectoria de Campano está ligada a la de otros artistas del Madrid de finales de los setenta y principios de los ochenta como Ouka Lele o Alberto García-Alix.

Los grandes protagonistas de la fotografía de Campano son la ciudad y los interiores urbanos en los que siempre existe un recuerdo del ambiente vivido. Sus imágenes se caracterizan por la sucesión de planos compuestos a veces geométricamente, en construcciones que parecen casuales. Raras veces aparecen figuras, aunque son frecuentes las sombras o reflejos de personas –con frecuencia del propio artista–, y alusiones humanas a través de sombreros, maniquíes u objetos olvidados en habitaciones de hotel. Una excepción en esta línea de trabajo son los retratos íntimos a sus amigos artistas como Almodóvar, Adolfo Arrieta o Miguel Ángel Campano. La obra de Javier Campano está presente en las colecciones del MNCARS, la Fundación Telefónica o la Universidad de Valencia. Algunos de sus principales trabajos han sido fruto de encargos como el de la exposición del IVAM dedicada a la arquitectura racionalista valenciana o los cinco libros sobre ciudades portuguesas editados por Prosegur. Entre su participación en exposiciones colectivas destaca *Revista Poesía 1978-2003,* Biblioteca Nacional (Madrid), *Interior Doméstico,* Doméstico 03 (Madrid), o la muestra itinerante *Pieza a Pieza* del Instituto Cervantes.

Javier Campano (Madrid, 1950) broke into the photography world in 1975 via the magazine *Nueva Lente,* which aimed to break with the tradition of the previous decade, getting closer to conceptual art and seeking subjective approaches to the motives depicted by the camera. Campano's career is linked to those of other Madrid artists from the late 1970s and early 80s, such as Ouka Lele and Alberto García-Alix. The major protagonists of Campano's photography are the city and urban interiors, where there is always an evocation of the ambience experienced there. His typical images are a succession of shots, sometimes composed geometrically, in apparently casual constructions. Rarely are there figures, although there are often shadows or reflections of people – often of the artist himself – and human allusions through hats, mannequins, or objects forgotten in hotel rooms. Exceptions in his body of work are the intimate portraits of such artist friends as Almodóvar, Adolfo Arrieta, and Miguel Ángel Campano.

The work of Javier Campano is present in the collections of the MNCARS and Fundación Telefónica in Madrid, and the University of Valencia. Some of his major pieces have resulted from commissions, such as his exhibition at Valencia's IVAM, devoted to Rationalist Valencian architecture, or his five books on Portuguese cities, published by Prosegur. He has also been featured in such group shows as *Revista Poesía 1978-2003,* Biblioteca Nacional (Madrid); *Interior Doméstico* (Domestic Interior), Doméstico 03 (Madrid); and the travelling show *Pieza a Pieza* (Piece by Piece) sponsored by the Cervantes Institute.

PHE04
Hotel Mediodía
MNCARS

San Francisco, 1983.
© Javier Campano.

Madrid, 1995.
© Javier Campano

José Antonio Carrera

José Antonio Carrera (Madrid, 1957) explora los lugares más remotos del planeta rescatando imágenes de
gran elegancia que contrastan con la violencia y miseria que reina en la mayoría de los países de África,
América o Asia que él retrata. Esta misma elegancia
podemos encontrarla en sus retratos de ciudades
como Nueva York dando lugar a una obra que rompe
las supuestas fronteras que existen entre las distintas
culturas del planeta.
Encuentros en el escenario africano nos muestra la
realidad de dos pueblos africanos muy diferentes
como son las poblaciones que habitan en el lago
Turkana y Etiopía. La fuerza de las imágenes y los
remotos paisajes que Carrera retrata nos invitan
a reflexionar acerca de la historia de la humanidad, la
relación de los retratados con la naturaleza y los problemas a los que se enfrentan en su vida cotidiana.
Carrera ha expuesto individualmente en el Círculo
de Bellas Artes, la Casa de América y colectivamente
en el Museo del Agua de Lisboa (Portugal), en ARCO
(Madrid) o la Feria de Frankfurt (Alemania).

José Antonio Carrera (Madrid, 1957) explores the
remotest places on the globe, taking highly elegant
photographs that contrast with the violence and
poverty reigning in most of the African, Latin
American, and Asian countries that he depicts.
This same elegance can be seen in his portraits
of cities like New York, creating a body of work that
breaks the supposed barriers between the different
cultures on the planet.
Encuentros en el escenario africano (Encounters on
the African Scene) shows us the reality of two very
different African peoples, those inhabiting the shores
of Lake Turkana and Ethiopia. The power of these
images and the remote landscapes that Carrera
depicts invite us to reflect on the history of humanity,
the relationship between the people he photographs
and nature, and the problems that they face in their
everyday lives.
Carrera has held solo shows at the Círculo de Bellas
Artes and la Casa de América in Madrid, and group
exhibitions at the Museu do Água in Lisbon, ARCO
(Madrid), and the Frankfurt Art Fair (Germany).

PHE99
Encuentros en el escenario africano: poblaciones de Etiopía y Turkana
Museo de la Ciudad

Agahali. Níger, 2000.
Natcharro. Mursi. Mago Park,
Etiopía, 2000.

Waré. Yendouma. País Dogón.
Malí, 2001.

1_

Ana Casas Broda

Ana Casas Broda (Granada, 1965) utiliza la fotografía como un ejercicio de memoria, "para registrarlo todo antes de que la memoria lo transforme", según ella mismo ha dicho. Una documentación de hechos familiares, autobiográficos, emotivos, que atañen directamente a la autora pero que resultan universales.

En su trabajo más elaborado, *Álbum*, Casas Broda narra a través de textos, fotografías y vídeos la historia de cuatro generaciones de mujeres de su familia. Un trabajo de obsesiva recopilación y documentación llevado a cabo durante doce años. Sus propios diarios, autorretratos y diarios y fotografías de su abuela unidos a recreaciones fotográficas hechas años después por ella misma en esos mismos lugares. De esta manera la fotógrafa va construyendo un mosaico de historias familiares en las que ubica su propia trayectoria vital.

De madre austriaca y padre español, Ana Casas Broda vive en México desde 1974. Estudió en la UNAM, la Escuela Activa de Fotografía y la Casa de las Imágenes de México. Entre 1985 y 1989 formó parte del grupo de fotógrafos Taller de los Lunes. Ha trabajado en el Círculo de Bellas Artes de Madrid entre 1990 y 1993, y en 1994 inicia el programa de talleres del Centro de la Imagen que coordina hasta 1998. Ha expuesto en diferentes países y su libro *Álbum* fue publicado en el año 2000.

Ana Casas Broda (Granada, 1965) uses photography as a memory exercise, in her words "to record everything before memory transforms it." She documents family, autobiographical and moving events that, although they directly concern the author, are also universal.

In her most elaborated work, *Álbum*, Casas Broda narrates the story of four generations of women in her family using texts, photographs and videos. This task, which involved obsessive collecting and documenting, was performed over twelve years using her own diaries and self-portraits, as well as her grandmother's diaries and photographs together with the photographic recreations the artist made in the same places years later. In this way, the photographer has built a mosaic of family stories on which she bases her own living experience.

Born of an Austrian mother and Spanish father, Ana Casas Broda has lived in Mexico since 1974. She studied at the National Autonomous University of Mexico (UNAM), the Escuela Activa de Fotografía and the Casa de las Imágenes, also in Mexico. From 1985 to 1989, she was a member of the photographic group "Taller de los Lunes". She worked in Madrid's Círculo de Bellas Artes between 1990 and 1993 and in 1994 began the workshop programme at the Centro de la Imagen which she coordinated until 1998. She has shown her work in several countries and her book *Álbum* was published in 2000.

PHE02
Álbum
Casa de América

Viena, 1988.

Abrazo. Viena, 1992

Naia del Castillo

Naia del Castillo (Bilbao, 1975) se define a sí misma
como escultora, aunque su obra se mueve entre esta
disciplina y la fotografía. Del Castillo está especialmente interesada en aquellos "personajes atrapados
en lo cotidiano", en los que lo doméstico es analizado
desde un nuevo punto de vista.

La autora retrata a la mujer, a veces como una diosa,
a veces como una esclava de la rutina social, creando
a su alrededor una elaborada escenografía a través
de objetos preciosistas que ella misma construye.
Cuestiona de esta manera los arquetipos femeninos,
así como la relación de cada individuo con su entorno
inmediato. Otro de sus grandes argumentos es la seducción, que hace evidente a través de confusas su-
gerencias sexuales.

La obra de Naia del Castillo está presente en colecciones como la del Ayuntamiento de Bilbao, la Fundación
Caja Madrid, el Injuve, la Comunidad de Madrid y Bancaixa de Valencia, entre otros. Ha expuesto individualmente en la Galería De Santos de Houston (Estados
Unidos), o en Artium de Vitoria, y ha participado en ferias como Paris Photo en 2005.

Naia del Castillo (Bilbao, 1975) defines herself as a
sculptor, although her work moves between this
discipline and photography. Del Castillo is especially
interested in those "characters trapped by everyday
life", and these pieces analyse home life from a new
viewpoint.

The artist depicts women, sometimes like goddesses,
sometimes like slaves of social routine, creating
around them an elaborate mise-en-scène through
meticulously crafted objects that she makes herself.
Thus, she questions feminine archetypes, as well as
individuals' relationship with their immediate
surroundings. Another of her major themes is
seduction, which is thrust into the foreground through
hazy sexual suggestiveness.

Naia del Castillo's work is present in collections like
that of the City of Bilbao, Fundación Caja Madrid, the
Injuve, the Madrid Regional Administration, or
Valencia's Bancaixa. She has held solo shows at De
Santos Gallery in Houston (Texas, USA), or Artium
(Vitoria, Spain), and has participated in such art fairs
as Paris Photo, in 2005.

PHE04
Consejería de Cultura y Deportes

Espacio doméstico-silla, 2000.
© Naia del Castillo.

Cortejo, 2002.
© Naia del Castillo.

Rafael Castro Ordóñez

Rafael Castro Ordóñez (Madrid, 1830-1865) se formó como pintor en la Academia de Bellas Artes de San Fernando, llegando incluso a participar en varias de las exposiciones de Bellas Artes que se celebraron en Madrid, entre ellas la de 1858 y la de 1860, donde ganó una mención honorífica.

Como muchos coetáneos suyos, cambió la pintura por la fotografía. En 1862, tras la renuncia de Rafael Fernández Moratín, fue elegido como miembro de la Comisión Científica del Pacífico con el cargo de fotó-grafo-dibujante, algo muy novedoso para la época. Tanto la preparación del material que llevaría en el viaje como su propia instrucción en los fundamentos de la técnica corrió a cargo de uno de los más impor-tantes fotógrafos del momento: Charles Clifford.

Esta famosa expedición partió de Cádiz en agosto de 1862 y recorrió países como Argentina, Chile, Perú y Ecuador, de los que Castro tomó cerca de trescientas fotografías que se conservan en el archivo del Museo Nacional de Ciencias Naturales y que se exponen ocasionalmente. Castro también colaboró en las páginas de la revista *El Museo Universal*, donde enviaba sus crónicas acompañadas de dibujos y de fotografías que posteriormente fueron publicadas en forma de grabados.

Rafael Castro Ordóñez (Madrid, 1830-1865), trained as a painter at the Academia de Bellas Artes de San Fernando, and took part in several of the Fine Arts exhibitions held in Madrid, including the 1858 and 1860 editions, in which he was awarded honourable mentions.

Like many of his contemporaries, he swapped painting for photography. In 1862, following the resignation of Rafael Fernández Moratín, he was elected as a member of the Comisión Científica del Pacífico (Pacific Science Committee), and appointed photographer and draughtsman, a position that was a new at the time. One of the leading photographers of the period, Charles Clifford, was given the task of preparing the material to be taken on the voyage, and of teaching Castro basic techniques.

This famous expedition set sail form Cadiz in August, 1862, and travelled to Argentina, Chile, Peru and Ecuador, amongst others. Castro took almost three hundred photographs, which are kept at the Spanish National Science Museum and are occasionally put on display. Castro also collaborated with the magazine *El Museo Universal*, to which he sent his articles, illustrated with drawings and photographs which were later published as engravings.

PHE99
Expedición del Pacífico. 1862-1865
Museo de Antropología

Vista de Valparaíso. Chile.
Escena costumbrista de Quillota, Chile.

Vendedora. Bahía. Brasil.

Juan Manuel Castro Prieto

Juan Manuel Castro Prieto (Madrid, 1958), licenciado en Ciencias Económicas, empezó a tomar fotografías en 1977, y en 1989 comenzó otra de las facetas que más reconocimiento le han dado, la de positivador de blanco y negro. A él le encargan copias de fotógrafos como Cristina García Rodero, Chema Madoz o Alberto García-Alix.

En abril de 1990 el madrileño viaja por primera vez a Perú y, tras terminar su trabajo con las placas de vidrio de Chambi, reserva unos días para ver de cerca un pedazo del país que desde su infancia había sido el sujeto de sus fantasías viajeras. El valle sagrado de los Incas y Machu Picchu fueron sus primeros contactos con los vestigios de una civilización mítica en la que el autor se ha sumergido hasta convertirse en un apasionado experto. Conciliar fantasía y realidad es el reto de este vasto proyecto de poderosa impronta autobiográfica.

Galardonado con premios como el de la Junta de Extremadura en 1990 y 1993, o el Premio Hoffman en 1992, ha expuesto individualmente en el Círculo de Bellas Artes, el Instituto Gaudí de Lima (Perú) o el Palacio Marqués de Dos Aguas de Valencia. Su obra está presente en las colecciones del Instituto Municipal de Arte Contemporáneo de Reus, la Junta de Extremadura o la Diputación Provincial de Granada.

Juan Manuel Castro Prieto (Madrid, 1958), is a graduate in Economics who began taking pictures in 1977. In 1989 he embarked upon one of the facets of his work that has made him most famous: as a black-and-white photographic print-maker. Photographers such as Cristina García Rodero, Chema Madoz and Alberto García Alix order their copies from him.

In April 1990, he travelled to Peru for the first time. After finishing his work on Martin Chambi's glass plates, he spent a few days taking a close look at a part of the country that had been the subject of many of his own travel fantasies – the sacred valley of the Incas and Machu Picchu. Here, he encountered for the first time the remains of a mythical civilization in which he became thoroughly immersed, making him an enthusiastic expert on the subject. Reconciling fantasy and reality is the challenge in this vast, and deeply autobiographical, project.

Castro Prieto has won numerous awards, including the Extremadura Regional Government prize, in 1990 and 1993, or the Hoffman Award in 1992. He has had solo exhibitions in Círculo de Bellas Artes in Madrid, the Instituto Gaudí in Lima, Peru, or the Palacio Marqués de Dos Aguas in Valencia. His work features in the collections of the Instituto Municipal de Arte Contemporáneo in Reus, the Extremadura Regional Government, or the Granada Provincial Council.

PHE01
Viaje al sol, Perú, 1990-2000
Centro Cultural de la Villa

Pareja. Perú, 2000

Hombre de Callacancha. Perú, 2000.

Francesc Català-Roca

Alejadas del estilo pictorialista de la década anterior, las imágenes en blanco y negro de Francesc Català-Roca (Valls, Tarragona, 1922-1998) evocan la nostalgia de los tiempos perdidos. Instantáneas que se han convertido con el paso de los años en representaciones entrañables de la vida de posguerra con un ritmo y una estética muy diferentes a la actual.

El autor practica una mirada franca e irónica, sin amaneramientos, mostrando escenas urbanas, edificios emblemáticos, habitantes, medios de transporte, calles y plazas. El diseño de los carteles callejeros y los rótulos de las tiendas, la ropa y los peinados de las mujeres, los sombreros de los hombres o los coches reflejan los gustos de una época, medio siglo atrás, que ya forma parte de la historia de España. Francesc Català-Roca es un autor imprescindible para entender la historia del documentalismo en España. Su obra ha quedado plasmada en los soportes más variados: carteles, cine, guías de viajes, libros de fotografía, diarios... Ha recibido numerosos premios y reconocimientos, entre ellos el Premio Nacional de Artes Plásticas y la Medalla de Oro al Mérito Artístico del Ayuntamiento de Barcelona. Numerosas exposiciones han dado a conocer su obra en Europa, Asia y América. En el año 2000 la Fundación Joan Miró de Barcelona le dedicó una amplia retrospectiva.

Differing from the pictorialist style of the preceding decade, black-and-white images by Francesc Català-Roca (Valls, Tarragona, 1922-1998) evoke nostalgia for time past. Over the years, his shots have become endearing representations of post-war life with a rhythm and aesthetic very distinct from those found today.

The artist's gaze is frank, ironic and free of mannerisms, and he shows us urban scenes, emblematic buildings, people, modes of transportation, streets and plazas. The design of street and shop signs, women's clothing and hairstyles, men's hats and the automobiles all reflect the tastes of a period a half-century ago that is now part of Spain's history. Francesc Català-Roca is an artist essential to an understanding of the history of Spanish documentarianism. His work has been recorded in the most varied media: posters, cinema, travel guides, photography books, newspapers, etc. He received numerous awards and distinctions, including the National Plastic Arts Prize and the Gold Medal for Artistic Merit from the City Council of Barcelona. Many exhibitions have disseminated his work in Europe, Asia and North and South America, and the Joan Miró Foundation in Barcelona held a broad retrospective on him in 2000.

PHE03
Barcelona Madrid años cincuenta
MNCARS

Joan Sutherland en el Liceo.
Barcelona, 1962.

Descanso en el Liceo. 1953.

Albadalejo del Cuende, 1954.

Publicidad en la calle. Calatrava, 1968.

Tony Catany

Toni Catany (Llucmajor, Mallorca, 1942), Premio Nacional de Fotografía 2001, inició sus estudios de Química pero pronto los abandonó para dedicarse a la fotografía. Sorprendió ya en 1979 con sus primeros trabajos hechos con la antigua técnica del calotipo. En sus imágenes de naturalezas muertas en color, que le hicieron rápidamente reconocible, incorporaba telas bordadas, juguetes, mariposas o frutas podridas como símbolo de melancolía dentro de composiciones florales.

Estos bodegones y los desnudos serán una constante en la obra de Catany que se caracteriza por su aplicada investigación técnica. Con esta temática reducida Catany ha sido capaz de ilustrar varias facetas de su personalidad y plasmar la gran influencia de algunos maestros de la historia del arte, de la literatura o de la música.

Tony Catany publica en 1968 sus primeros reportajes sobre Israel y Egipto en la revista *Destino*, y sobre Baleares en el diario *La Vanguardia*. Desde su primera exposición en 1972, ha realizado más de cien muestras individuales y otras tantas colectivas en todo el mundo. Autor de una monografía sobre Tomàs Montserrat, entre sus libros figuran *Natures mortes* (1987, Mejor Libro en la Primavera Fotográfica de 1988), *La meva Mediterrània* (1991, premiado en los Rencontres Internationales de la Photographie de Arles y por la Generalitat de Catalunya), *Somniar déus* y *Obscura memòria* (ambos de 1994).

Toni Catany (Llucmajor, Majorca, Spain, 1942), winner of Spain's 1991 National Photography Award, first began studying Chemistry at university, but soon dropped out to devote himself to photography. By 1979, he was surprising the art scene with his first pieces made with the antique calotype process. In his colour still lifes, which gave him a quickly recognisable style, he incorporated embroidered fabrics, toys, butterflies, or rotten fruit as a symbol of melancholy within floral compositions.

These early still lifes and nudes would become a constant in Catany's work, characterised by its use of applied technical research. Using limited themes, Catany has been able to illustrate various facets of his personality, and reflect the great influence of several masters from the history of art, literature, and music.

In 1968, Tony Catany published his first reports on Israel and Egypt in *Destino* magazine, and on the Balearic Islands in the newspaper *La Vanguardia*. Since his first show in 1972, he has had more than one hundred solo and group exhibitions around the world. The author of a monograph on Tomàs Montserrat, his books include *Natures mortes* (1987, Best Book at the Spring Photography Festival in 1988), *La meva Mediterrània* (1991, which won the Rencontres Internationales de la Photographie prize in Arles, and another award from the Catalan Regional Administration), *Somniar dues,* and *Obscura memòria* (both from 1994).

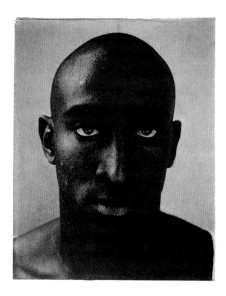

PHE02
La Fábrica

Alexis, Cuba, 1997.

Cardenal, 2001.

Art Chantry

A mediados de los años setenta en Seattle comienzan a surgir bandas *punk*, todo un circuito de salas de conciertos y una serie de carteles y anuncios en paredes y postes telefónicos como único medio de comunicación dentro del más puro estilo "Hazlo tú mismo". Este es el caldo de cultivo en el que se desarrolla la totalidad de la obra de Art Chantry (Seattle, Estados Unidos, 1954).

Su estilo es un tipo de *collage* controlado pero irreverente, realizado con fotografías robadas, texturas poco refinadas e impresión imperfecta. Ejemplo de ello son los que realizó para Bathhouse Theater: rostros rasgados para mostrar dientes mecánicos, ojos demoníacos o manchas de sangre. "La diferencia entre un buen y un mal diseño es su capacidad para hablar con las herramientas disponibles y, desde luego, no tiene nada que ver con el buen gusto", ha dicho en alguna ocasión.

Trabajador incansable y tremendamente imaginativo, ha hecho más de tres mil carteles, quinientas carpetas de discos y CD, cinco mil logos e incontables páginas y portadas para la revista *The Rocket*, camisetas, libros, folletos, *flyers*... Su trabajo ha sido expuesto individualmente en The Seattle Art Museum, P.S.1. de Nueva York (Estados Unidos), Museum of Modern Art de la misma ciudad o en la librería del Congreso de Estados Unidos en Washington DC.

The mid-nineteen seventies in Seattle (United States) witnessed the appearance of punk rock bands and an entire circuit of concert halls that used a series of posters and advertisements on walls and telephone poles as their only communication medium in the purest "Do It Yourself" style. All of the work of Art Chantry (Seattle, United States, 1954) developed within this medium.

His style is a kind of controlled but irreverent collage comprising robbed photographs, poorly refined textures and imperfect printing. The ones he made for the Bathhouse Theater are a good example: split open faces that show mechanical teeth, demonic eyes or spots of blood. He has said that the difference between a good and a bad design is the ability to speak with the available tools and has nothing to do with good taste.

An untiring worker and tremendously imaginative artist, he has made over three thousand posters, five hundred album covers, five thousand logos, innumerable pages and covers for the magazine *The Rocket*, T-shirts, books, pamphlets and flyers, etc. His work has been displayed individually in the United States at the Seattle Art Museum, P.S.1. in New York, the Museum of Modern Art in the same city and in the United States Library of Congress in Washington DC.

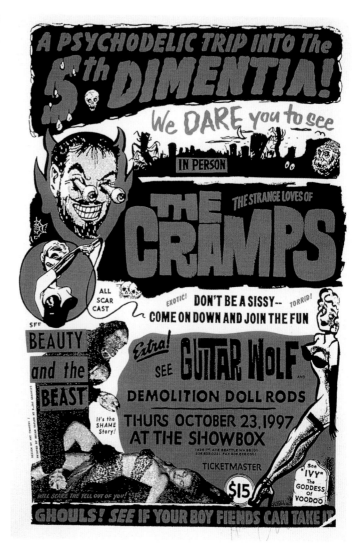

PHE05
Basura instantánea: el lenguaje de Art Chantry
Museo de Santa Cruz, Toledo

Valery & Natasha Cherkashin

La audaz postura y la brillante imaginería del trabajo de la pareja Cherkashin, formada por Valery (Járkov, Ucrania, 1948) y Natasha (Damasco, Siria), les ha creado su fama como artistas excepcionales que basan su trabajo en la forma fotográfica. El arte de los Cherkashin simboliza el giro de su época, la pérdida del mito imperial creado en la cultura anterior que, aunque ha perdido su carácter sacro, conserva todo su atractivo para la conciencia artística.

Recurriendo a la tradición de las vanguardias rusas y a las corrientes actuales del arte, los Cherkashin conciben sus exposiciones para cada espacio específico. Estas muestras incluyen trabajos fotográficos y periódicos convertidos en objetos. Los periódicos, inseparables de nuestra cultura, devienen en composiciones abstractas, ramos de flores y figuras humanas. Las imágenes fotográficas incorporan tipografías, sonidos, líneas y ritmo. A partir de 2002, los Cherkashin también empiezan a incluir imágenes digitales y vídeo.

Sus obras han sido expuestas en Moscú (Rusia), Alemania, Reino Unido y Estados Unidos. Además, su trabajo es parte de colecciones como la del Art Institute of Chicago, Philadelphia Museum of Art, San Francisco Museum of Modern Art (Estados Unidos) o el Centro Internacional de Fotografía de Tokio (Japón).

The daring approach and brilliant imagery of the Cherkashins – Valery (Járkov, Ukraine, 1948) and Natasha (Damascus, Syria) – has earned them a reputation as exceptional artists who use photography as the basis for their work. Their artwork symbolizes the changeover that has taken place: the loss of an imperial myth created by the previous culture, which, while it is no longer sacred, still holds its appeal for the artistic mind.

A combination of the traditional Russian avant-garde and contemporary art trends, the Cherkashins' exhibitions are site-specific. This display features photographs and newspapers that have been turned into objects. Newspapers – an inseparable feature of our culture today – become abstract compositions, bunches of flowers, human figures... The photographs contain lettering, sounds, lines and rhythms. Since 2002, the Cherkashins also began using digital images and video.

Their work has been shown in Moscow, in Germany, the United Kingdom and the United States, and features in the collections of the Art Institute of Chicago, Philadelphia Museum of Art, San Francisco Museum of Modern Art, and the International Centre of Photography, in Tokyo.

PHE00
Espejismos del Imperio
Torre Caja Madrid

Capitol. Niños de América, 1996.
Nueva York. Manzanas grandes, 1998.
© Valery y Natasha Cherkashin.

La mariposa del subterráneo de 3, 1992.
Retirada de Gorbachov, 1991.
Espejo de Nueva York, 1995.
© Valery y Natasha Cherkashin.

Luis Contreras

Luis Contreras (Valencia, 1959) es un artista de la repetición. Su trabajo se basa en la reiteración icónica de imágenes clave (relojes, cuchillos, coches, rostros o palabras y expresiones rotuladas), tomadas siempre de la televisión. La variación irregular de las imágenes que emplea en sus obras, está concebida como un paralelismo evidente de la fragmentación de la estructura televisiva, pero también para imponer un ritmo frenético a la estructura final de su trabajo y, por supuesto, a la mirada del espectador que las percibe. La realización de estas series de fotografías interconectadas, pero sin un centro efectivo, da lugar a una cierta poética del fragmento. Contreras juega con los mismos elementos que el espectador televisivo cuando se deja llevar por el vértigo del *zapping*, pero conduciendo el resultado a una reflexión personal, de cierto calado ético, acerca del dolor, la muerte, el suicidio, la religión o la felicidad.

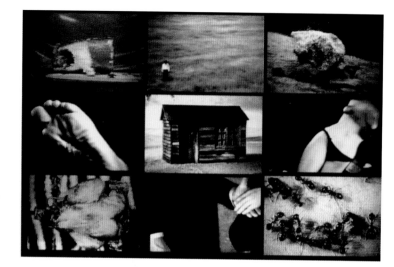

The work of Luis Contreras (Valencia, 1959), is based on the repetition of iconic images such as clocks, knives, cars, faces or written words and expressions, which are always sourced from TV. The irregular variety of images he uses is clearly designed to be seen as a parallel to the fragmented nature of television; but it also gives a frantic rhythm to the final structure of his work and, of course, to the eyes of the viewer.
These series of photographs, which are interconnected but with no actual centre, create a kind of poetry of fragmentation. Contreras plays with the same elements as a television viewer getting carried away with the zapper, but the result leads to a personal ethical reflection on pain, death, suicide, religion or happiness.

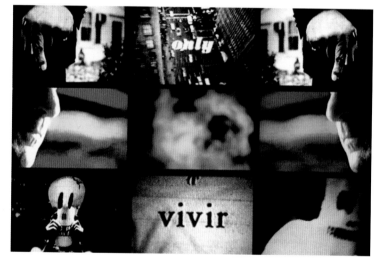

PHE99
Telemadrid

Alrededor.
Sólo vivir.

El edificio.
La huella del deseo.

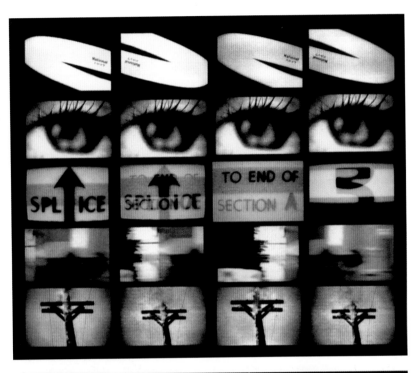

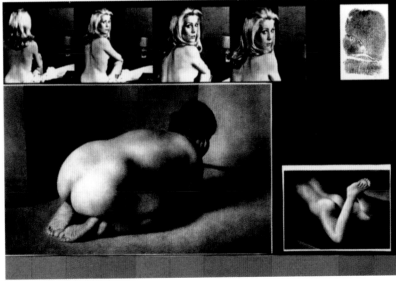

Anton Corbijn

"Voy en busca de la persona que se esconde bajo el rostro." Así explica el fotógrafo holandés Anton Corbijn (Strijen, Países Bajos, 1955) su particular punto de vista tras la cámara. Corbijn se muda a Londres en 1979 en plena explosión *punk* y es allí donde descubre su interés por captar en imágenes el pálpito del circuito musical. Desde entonces, las fotos de Anton Corbijn han crecido íntimamente ligadas a los mejores himnos del *rock* internacional. Corbijn tiende a dejar a un lado la fotografía de *glamour* tradicional dándole a su trabajo un toque más natural, usando frecuentemente el blanco y negro. Ante su objetivo han posado personajes como Frank Sinatra, David Bowie, Johnny Cash, Bono, Clint Eastwood, Pavarotti o el español José Mercé. Después de convertirse en un importante fotógrafo, Corbijn también ha realizado vídeos musicales y en 2006 dirigió la película *Control* sobre la vida del cantante de Joy Division, Ian Curtis.

La obra de Corbijn está íntimamente asociada a la imagen del *rock and roll* y ha inspirado muchas de las imágenes que se han tomado en este entorno. En 2005 se lanzó una colección en DVD de los vídeos musicales de Corbijn. Ha participado en muchas exposiciones individuales y colectivas sobre todo en Europa, pero también en Estados Unidos. Además su obra está recogida en numerosas publicaciones.

"I look for the person hiding behind the face". This is how Dutch photographer Anton Corbijn (Strijen, Holland, 1955), describes his personal approach behind the camera. Corbijn moved to London in 1979, in the middle of the punk rock explosion, and it was there that he discovered his interest in capturing shots of the beating pulse of the music scene. Ever since, Anton Corbijn's pictures have been closely linked to the great international rock anthems. Corbijn tends not to take the usual glamour shots. He gives his work a more natural look, frequently shooting in black and white. The stars who have posed for him include Frank Sinatra, David Bowie, Johnny Cash, Bono, Clint Eastwood, Pavarotti, or Spanish flamenco artist José Mercé. After making a name for himself as a photographer, Corbijn went on to produce music videos, and in 2006 he directed *Control*, a film about the life of Ian Curtis, the vocalist of Joy Division.

Corbijn's work is closely linked to the image of rock 'n' roll, and has been the inspiration for much of the photography involving that world. In 2005, a DVD collection of Corbijn's work was launched. He has had numerous solo and group exhibitions, particularly in Spain, but also in the United States, and his work features in many magazines and publications.

PHE01
Anton Corbijn, la mirada de Rolling Stone
Centro Cultural Casa de Vacas

Luciano Pavarotti, Turín, 1996.
© Anton Corbijn.

Bono, Nueva York, 1992.
David Bowie, Londres, 1993.
Clint Eastwood, Cannes, 1994.
Manos de John Lee Hooker, L.A., 1994.
© Anton Corbijn.

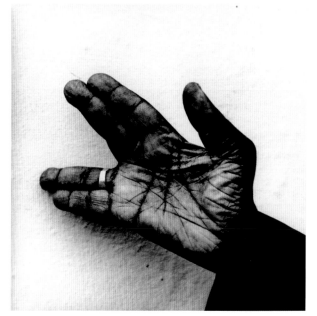

Soledad Córdoba

A través de secuencias fotográficas, Soledad
Córdoba (Avilés, Asturias, 1977) crea un amplio conjunto de acciones que, a modo de historias, dan lugar
a un espacio onírico, psíquico, en el que se desarrolla
toda la acción. La protagonista de estas series es, la
mayoría de las veces, la propia autora, dando vida a
un ser genérico que se desenvuelve en este espacio
inventado.
Este personaje es agredido por diferentes elementos
externos que representan los miedos, las experiencias o los ciclos vitales. Un ataque o invasión que
provoca una reacción a través de la protección de su
ser, que aparece envuelto en crisálidas, telas, fila-
mentos... a modo de segunda piel, que protege lo frágil de la identidad. Son reflexiones sobre la adaptación del espacio emocional al mundo exterior.
El trabajo de Soledad Córdoba, licenciada en Bellas
Artes, ha sido premiado en certámenes como el
Premio de Fotografía *El Cultural* de *El Mundo* o
Jóvenes Creadores del Ayuntamiento de Madrid,
ambas en 2001.

Through her photographic sequences, Soledad
Córdoba (Avilés, Spain, 1977) creates a wide range of
actions which, like stories, give way to a dreamlike,
psychological space, where all of the action occurs.
The protagonists of these series is, usually, the artist
herself, giving life to a generic being, who moves
about this invented space.
This character is attacked by different external
elements which represent fears, experiences, or life
cycles. An attack or invasion that provokes a reaction
of protecting her being, which appears wrapped in a
chrysalis, fabrics, filaments – like a second skin,
protecting the fragility of identity. These are
reflections on adapting emotional space to the
outside world.
The work of Soledad Córdoba, who has a degree in
Fine Arts, has received such awards as the Spanish
daily *El Mundo's* photography prize, or the City of
Madrid's Young Creators Award, both in 2001.

PHE02
Círculo de Bellas Artes

De la serie "Mi 1", 1999

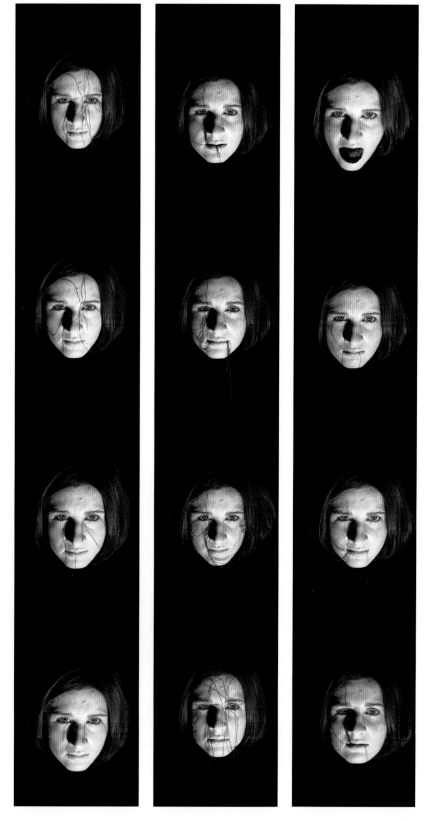

Matías Costa

Matías Costa (Buenos Aires, Argentina, 1973), dos veces ganador del World Press Photo, introduce dentro de la fotografía documental española una mirada que va más allá del viejo cliché de la España negra y que es heredera de la tradición del foto-ensayo. Algunas de sus series más conmovedoras son *Las puertas de Europa*, un retrato de la aventura y el drama que sufren cada día miles de personas para llegar a las costas europeas, o *Porno Star*, un recorrido por la vida de Michelle, una joven húngara de veintiún años que está en la cima del cine porno, una profesión que atrae cada vez a más chicas de Europa del este.

En *El país de los niños perdidos*, Costa transmite la situación de 200.000 niños que perdieron a sus familias durante el genocidio de Ruanda. Entre abril y julio de 1994 más de 500.000 personas (tutsis y hutus moderados) fueron asesinadas por masas de gente que obedecían las órdenes del gobierno hutu. Costa retrató la vida de todas estas víctimas reales del conflicto.

Matías Costa, miembro del colectivo de fotografía contemporánea español Nophoto y de la agencia francesa VU, trabaja como fotógrafo en medios como *El País* o *El Mundo*. Sus series a largo plazo también son habitualmente publicadas en medios como *The New York Times* o *Geo*. Su obra está presente en colecciones de arte de varios países donde expone habitualmente su trabajo.

Two-time World Press Photo award-winner Matías Costa (Buenos Aires, Argentina, 1973), brings a fresh gaze into Spanish documentary photography, going beyond the old clichés of Black Spain, and inheriting the legacy of traditional photo-essay. Among his most moving series are *Las puertas de Europa*, (Gateway to Europe), which depicts the dramatic adventure undergone by thousands of people who attempt to reach the coasts of Europe each day; or *Porno Star*, which takes a look at the life of Michelle, a 21-year-old Romanian woman who is at the top of her career as a porn star, a profession that attracts a growing number of young women from Eastern Europe.

In *El país de los niños perdidos*, (The Land of Lost Children), Costa shows us the situation of 200,000 children who lost their families during the Rwanda genocide. Between April and July 1994, over 500,000 Tutsis and moderate Hutus were murdered by crowds of people who were following the orders of the Hutu government. Costa depicted the lives of these real victims of the conflict.

Matías Costa is a member of the Spanish contemporary photography collective, *Nophoto*, and the French agency VU. He works as a press photographer for Spanish newspapers *El País* and *El Mundo*. His long-term series are regularly published by media such as *The New York Times* and *Geo*, and his work features in collections in several countries in which he regularly exhibits.

PHE99
El país de los niños perdidos. Ruanda: 5 años después del horror
Centro Cultural de la Villa

De la serie "El país de los niños perdidos (1ª parte)", 1998.

Mario Cravo Neto

Mario Cravo Neto (Salvador de Bahía, Brasil, 1947) construye imágenes en blanco y negro de la gente y las culturas de Bahía. Personajes que posan acompañados de objetos como pájaros, máscaras, globos o caparazones de tortuga y que producen un resultado plagado de iconografía simbólica, situando las imágenes de Cravo Neto entre lo real y lo ficticio. "Entre el sueño y la realidad existe una relación del hombre con la naturaleza, la cultura y la religiosidad", dice el fotógrafo. "Hay ciertos elementos en mi trabajo que pueden parecer ritualizaciones religiosas de la cultura portuguesa y afro-brasileña, pero en el fondo se trata de una poética mística intrínsecamente relacionada con el dislocamiento del sujeto."

Cravo Neto se autorretrata a través de otras personas. Su personal visión del mundo refleja una especie de vértigo y tensión entre él mismo como autor y el modelo. "Frente al abismo sólo existen los sentidos que lo interpretan, son caminos que el artista ofrece a los otros hombres, con la intención de dar vida a través del arte", concluye el brasileño.

Cravo Neto, de padre escultor, se inició en esta disciplina a los diecisiete años para más tarde decantarse por la fotografía. En 1980 fue declarado Mejor Fotógrafo del Año por la Sociedad Brasileña de Artes Fotográficas y su obra se ha podido ver en exposiciones individuales en el Museo de Arte Moderno de Bahía, la Bienal Internacional de São Paulo, Brasil, la Witkin Gallery de Nueva York o el Museo de Fotografía de San Diego (Estados Unidos).

Mario Cravo Neto (Salvador de Bahía, Brazil, 1947) creates black-and-white images of the peoples and cultures of his home state of Bahía. Characters who pose accompanied by objects such as birds, masks, globes, or turtle shells, producing results shot through with symbolic iconography, situating Cravo Neto's images on the cusp of the real and the fictitious. "Between dreams and reality, lies the relationship of mankind with nature, culture, and religiosity," says the photographer. "There are certain elements in my work that could look like the religious rituals of Portuguese or Afro-Brazilian culture, but in the end it is a mystical poetry intrinsically wound up with the dislocation of the subject."

Cravo Neto creates his own self portrait using other people. His personal vision of the world reflects a sense of vertigo and tension between himself as an artist and the model. "Faced with the abyss, the only things that exist are the senses that interpret them; these are the pathways that the artist offers to his fellow men, with the intention of giving lives through art," concludes the Brazilian photographer.

The son of a sculptor, Cravo Neto first began studying his father's medium at 17, before later switching to photography. In 1980 he was named Best Photographer of the Year by the Brazilian Society of Photographic Arts. His work has been the subject of solo shows at the Bahía Museum of Modern Art, the São Paulo Biennale, the Witkin Gallery of New York, and the Museum of Photography in San Diego (California, USA).

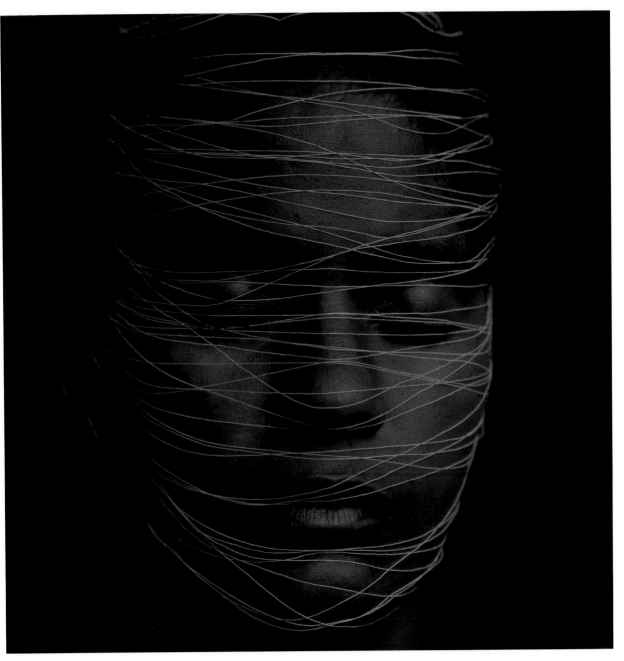

De la serie "Lar".

Juan de la Cruz Megías

Juan de la Cruz Megías (Cabeza de Torres, Murcia, 1959) recibió su primera cámara con once años y se convirtió en el reportero familiar. A los catorce años ya hizo su primera boda como fotógrafo y con diecinueve montó su propio estudio fotográfico. En ese plató, de forma autodidacta, aprendió fotografía haciendo tomas de bodas, retratos, publicidad y fotos de arquitectura.

Megías dispara sobre la memoria. Documenta una parte esencial de Las Torres de Cotilla, La Azacaya, La Arboleda, Nonduermas, Cabezo de Torres, La Albatalía..., lugares de Murcia en los que las bodas constituyen, más aún si cabe que en las grandes ciudades, verdaderos acontecimientos sociales. El brillo y la posición de un traje extendido sobre el paisaje, la obscena ternura de un cuerpo a medio vestir entre la faja y la peineta, o ese juego de posiciones, de jerarquías, reproches, orgullo o pequeñas codicias que van descomponiéndose y reajustándose a la vida a medida que avanza la noche.

En 1999 Juan de la Cruz Megías expone por primera vez en la galería H2O de Barcelona y desde entonces ha expuesto en otros lugares de España y participado en numerosos talleres. Trabaja como fotógrafo "todo terreno", como él mismo se define; esto es, haciendo retratos, bodegones, arquitectura y bodas.

Juan de la Cruz Megías (Cabeza de Torres, Spain, 1959) was given his first camera at the age of eleven, and became the family reporter. At nineteen, he set up his own photo studio, where he taught himself photography, taking wedding pictures, portraits, and publicity shots.

Megías shoots memories. He documents an essential feature of Las Torres de Cotilla, La Azacaya, La Arboleda, Nonduermas, Cabezo de Torres, La Albatalía, and other small towns in the Murcia province of Spain, where weddings are even greater social occasions than in big cities. The shine and position of a wedding dress laid out before a landscape, a tenderly obscene semi-dressed body, halfway between the girdle and the tortoiseshell head-comb, or the way seating arrangements, hierarchy, reproach, pride, and minor greed gradually break down and readjust as the night goes on.

Juan de la Cruz Megías's work was shown for the first time in 1999, at the H2O gallery in Barcelona, and since then he has exhibited in other parts of Spain as well as participating in a large number of workshops. As a photographer, he considers himself an "all rounder", taking portraits, still lifes, architectural photographs and wedding pictures.

PHE01
Bodas 1979-1999
Centro Cultural Conde Duque

Gabriel Cualladó

Gabriel Cualladó (Masanasa, Valencia, 1925-2003) se hizo fotógrafo "por afición", como a él mismo le gustaba contar. Su obra representa la transición de la fotografía española entre los años cincuenta y las generaciones posteriores. Cualladó tuvo que abandonar su pueblo natal muy joven para trabajar con su tío en una pequeña empresa de transportes en Madrid. Fue entonces cuando comenzó a realizar fotografías en las que captó la vida cotidiana de la gran ciudad. La primera fotografía que tomó fue de su hijo, una temática que marcaría su estilo sencillo y su temática cotidiana. De esta manera en sus ensayos, como él le prefería denominar a sus series, retrata la vida de muchas familias rompiendo con el panorama de la fotografía española de la época y añadiendo al discurso de la fotografía una gran carga poética. Gabriel Cualladó participó en 1978 en la exposición colectiva sobre artistas contemporáneos españoles, presentada en los Encuentros Internacionales de Arles (Francia). Este fue el principio del reconocimiento internacional de este fotógrafo, miembro de la Real Sociedad Fotográfica, que en la actualidad está considerado uno de los protagonistas de la fotografía española contemporánea.

Gabriel Cualladó (Masanasa, Valencia, 1925-2003) became a photographer "for a hobby", as he used to say. His work represents Spanish photography's transition from the nineteen fifties to subsequent generations. Cualladó had to abandon his hometown at an early age to work with his uncle in a small transportation company in Madrid. It was then that he began to take photographs, capturing daily life in the metropolis.
The first photograph he took was of his son, a theme that was to mark his simple style and everyday subject matter. In his "trials", as he preferred to call his series, he portrayed life in many families and broke with the Spanish photography prevailing at the time, adding strong poetical content to photographic discourse
In 1978 Gabriel Cualladó participated in the group exhibition on contemporary Spanish artists held at the International Encounters in Arles (France). This was the beginning of international recognition for this photographer, who was a member of the Royal Photographic Society and is currently considered one of Spain's leading contemporary photographers.

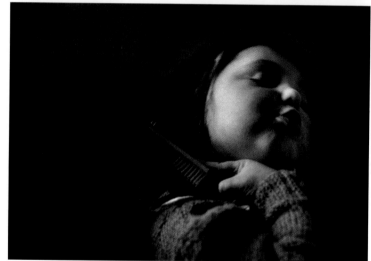

PHE05
Fundación Astroc

Autorretrato con camiseta, 1958.
Serie "Cualladó. Puntos de vista".
Niña peinándose, Madrid, 1958.

Niños movidos (Pueblos de Castilla), 1958.

La Albufera, Valencia, 1985.

Nena en el camino. Sobrepiedra,
Asturias, 1957.

Bruce Davidson

Bruce Davidson (Illinois, Estados Unidos, 1933) es un maestro de la composición. Sabe cómo utilizar la luz y las sombras colocando al sujeto que fotografía de una manera evocativa. A lo largo de su carrera ha abordado temas como los derechos civiles, la vida en Harlem o el metro.

En *Central Park*, Davidson retrata el oasis más emblemático de Nueva York mostrando la misma destreza a la hora de retratar los animales que habitan el espacio, una boda, un paisaje, un patinador o alguno de los vagabundos que buscan refugio en el parque.

Con tan sólo veintidós años, Bruce Davidson publicó sus primeras imágenes en *Life* y, seis años más tarde, ya había ingresado en la agencia Magnum y conocido a Cartier-Bresson. Ha publicado cinco libros, *Brooklyn Gang*, *Time of Change*, *East 100 Street*, *Subway* y *Central Park;* y su obra se ha expuesto en centros de arte de referencia, como el MoMA, el Metropolitan Museum de Nueva York o el Museo Ludwig de Colonia. Ha recibido la beca del National Endowment for the Arts y la prestigiosa Medalla de Oro del National Arts Club.

Bruce Davidson (Illinois, United States, 1933) is a master of composition. He knows how to use light and shadows and arrange his subjects in an evocative way. Throughout his career, he has dealt with issues such as civil rights, life in Harlem and the subway.

In *Central Park*, Davidson photographs New York's most emblematic oasis. He shows the same skill when portraying the animals that live there, a wedding, a landscape, a skater or one of the vagrants who seek shelter in the park.

At the early age of twenty-two, Bruce Davidson published his first images in *Life*, and six years later, he had already joined Magnum Photos and met Cartier-Bresson. He has published five books, *Brooklyn Gang*, *Time of Change*, *East 100 Street*, *Subway* and *Central Park*, and his work has been displayed at major art centres such as the MoMA, the Metropolitan Museum in New York and the Ludwig Museum in Cologne. He was awarded a National Endowment for the Arts grant and the prestigious Gold Medal from the National Arts Club.

PHE07
Central Park
Fundación Astroc

EE.UU., Nueva York, Central Park, 1992.

EE.UU., Nueva York, Central Park, 1992.
Joven pareja interracial.
EE.UU., Nueva York, Central Park, 1992.
Gato sobre la barandilla de una terraza
mirando al lago y el parque.

EE.UU., Nueva York, Central Park, 1992.

John Davies

John Davies (Sedgefield, Reino Unido, 1949) es conocido internacionalmente por la lucidez con la que ha abordado el paisaje rural y urbano en su fotografía de blanco y negro. Practica un análisis sutil de cómo los elementos de la naturaleza se contraponen con los de la cultura, operando en dos direcciones. Así, evoca los estados emocionales que causa la representación de las fuerzas de la naturaleza en pintores como Turner, y los contrapone a los aspectos materiales del paisaje contemporáneo.

A mediados de los años setenta comenzó con este prolongado análisis de lo salvaje y lo natural centrándose en los paisajes de las islas Británicas. A partir de 1981 empezó a documentar la Gran Bretaña urbana, concentrándose en los cambios provocados por la industrialización y la posindustrialización.

En la serie *British Landscape* (*Paisaje británico*) retrata cómo el pintoresco paisaje inglés, domesticado por la acción del hombre, se ve invadido por las consecuencias de la sociedad posindustrial y el urbanismo. En sus imágenes, centrales nucleares y viviendas pueblan las bellas laderas inglesas, conformando una observación –desde el presente– de la supervivencia de los viejos modelos. Estas fotografías han sido expuestas en el MoMA de Nueva York (Estados Unidos), en el Centre Pompidou de París (Francia), o en el Victoria & Albert Museum de Londres (Reino Unido).

John Davies (Sedgefield, United Kingdom, 1949) is known worldwide for his lucid approach in the black and white shots he takes of rural and urban landscapes. He subtly analyses how natural features contrast with cultural ones, and *vice versa*. He evokes the emotional states created by portrayals of the forces of nature by painters like Turner, and sets them against the material aspects of contemporary landscape.

He began this prolonged analysis of wildlife and nature in the mid-seventies, concentrating on the landscapes of the British Isles. From 1981 onwards, he began to take shots of urban Britain, focussing on the changes brought about by industrialization and post-industrialization.

In his series *British Landscape,* he shows how the British landscape, tamed by man, has been invaded by the products of post-industrial society and urban planning. Nuclear power stations and houses populate beautiful English hillsides in his pictures, which are a modern insight into the survival of old ways. These photographs have been shown at MoMA in New York, and the Centre Pompidou in Paris, and the V&A in London.

PHE06
Paisaje británico
Centro Cultural de la Villa

Garth Wood.
Viaducto de Stockport.
De la serie "Paisajes británicos", 2006.
© John Davies / Chris Boot.

Central nuclear de Agecroft.
De la serie "Paisajes británicos", 2006.
© John Davies / Chris Boot.

Wakley, Sheffield 81.
De la serie "Paisajes británicos", 2006.
© John Davies / Chris Boot.

Great Gable desde los picos Sca Fell,
Lake District, 1980.
De la serie "Paisajes británicos", 2006.
© John Davies / Chris Boot.

Ricky Dávila

Ricky Dávila (Bilbao, 1964) pertenece a una generación de artistas que asimilan toda la transición formal y conceptual del documentalismo del último cuarto de siglo. Sus imágenes en blanco y negro han retratado los niños *Herederos de Chernobyl,* los trabajadores de los *Altos Hornos de Vizcaya,* la *Cárcel de varones* de Cochabamba (Bolivia) o *Benidorm.*
El proyecto *Manila* es el resultado final de los cinco viajes que el fotógrafo realiza a este lugar. Se trata de un retrato de una sociedad en permanente crisis de identidad, dominada por la corrupción política, las crisis militares y los grupos guerrilleros, que parece estar siempre a punto del estallido social. Una galería de personajes variopintos ilustra la extraña iconografía de este escenario ecléctico. El artista retrata este ambiente enrarecido enriqueciendo su reportaje con detalles descriptivos más cercanos a la literatura que al periodismo.
Ricky Dávila es un fotógrafo formado en Nueva York (Estados Unidos) y desarrollado profesionalmente en España. Ha trabajado con la agencia Cover, para el diario *El Sol* o *El País Semanal* y en 1997 ganó el León de Plata en Cannes por la realización fotográfica de una campaña publicitaria. También ha sido galardonado con el Premio Fotopress en 1995 o el Premio Best American Picture of the Year en 1996.

Ricky Dávila (Bilbao, 1964) belongs to the generation of artists that assimilated the entire formal and conceptual transition undergone by documentarianism during the last quarter century. His black-and-white images have portrayed the children who were the heirs to Chernobyl in *Herederos de Chernobyl,* Basque blast furnace workers in *Altos Hornos de Vizcaya,* the *Cárcel de varones* or men's prison in Cochabamba (Bolivia) and *Benidorm.*
The *Manila* project is the result of the five trips that the photographer made to this city. It is a portrait of a society immersed in a permanent identity crisis, dominated by political corruption, military confrontations and guerrilla bands, which always seems to be on the point of social violence. A gallery of many different people illustrates the strange iconography of this eclectic scenario. The artist photographs this unusual atmosphere enhancing his photo essay with descriptive details that have more in common with literature than with journalism.
Ricky Dávila is a photographer trained in New York (United States), whose professional career has developed in Spain. He has worked with the Cover agency, for the *El Sol* newspaper and *El País Semanal* and in 1997 he was awarded the Silver Lion in Cannes for his photography in an advertising campaign. He has also received the Fotopress Prize in 1995 and the Best American Picture of the Year Prize in 1996.

PHE05
Manila
Consejería de Cultura y Deportes

PHE07
Ibérica
Iglesia de la Merced, Cuenca

Serie "Ibérica", Algeciras, 2006.
© Ricky Dávila.

Serie "Ibérica", Algeciras, 2006.
© Ricky Dávila.

Lynn Davis

Lynn Davis (Minneapolis, Minnesota, Estados Unidos, 1944) es heredera de una larga tradición de fotógrafos viajeros del siglo XIX y sigue la senda de la fotografía americana de paisaje. Su estilo se fundamenta en la falta de elementos a la hora de contextualizar sus imágenes, ni personas, ni huellas, ni descripciones, ni interpretaciones literarias. Imágenes silenciosas, de erosión y deterioro, que portan toda la belleza y la nostalgia que el paso del tiempo deposita en ellas y en nuestra mente.

En 1968 Davis viaja por primera vez a Groenlandia para fotografiar los icebergs de la Bahía de Disko. Esta experiencia supone un cambio radical en la obra de la artista. Los icebergs fueron la inspiración que le llevó a abandonar la figura humana y a enfocar su trayectoria hacia el paisaje, los monumentos naturales y la arquitectura, definiendo un estilo caracterizado por la combinación de lo minimalista y lo monumental.

La primera exposición de Lynn Davis tuvo lugar en 1979, en el International Center of Photography de Nueva York (Estados Unidos), donde expuso junto a su amigo Robert Mapplethorpe. Su obra forma parte de las colecciones permanentes del MoMA, el Museo de Arte Contemporáneo de Chicago y el Museo de Bellas Artes de Houston (Estados Unidos), entre otros. En 1999 el Museo J. Paul Getty organizó una de sus individuales más destacadas.

Lynn Davis (Minneapolis, Minnesota, United States, 1944) is the heir to a long tradition of nineteenth-century travel photographers and follows the path of American landscape photography. Her style is based on a lack of elements at the moment of contextualising her images: no people, no tracks, no descriptions and no literary interpretations. These are silent images of erosion and deterioration that convey all the beauty and nostalgia that the passage of time has deposited in them and in our minds.

Davis travelled to Greenland for the first time in 1986 to photograph the icebergs in Disko Bay. This experience brought about a radical change in the artist's work. The icebergs were the inspiration that led her to abandon the human figure and focus her career on landscapes, natural monuments and architecture, defining a style characterised by a combination of the minimalist and the monumental.

Lynn Davis's first exhibition was held in 1979 at the International Center of Photography in New York (United States), where she showed her work together with that of her friend Robert Mapplethorpe. Her oeuvre is found in the permanent collections of the MoMA, the Chicago Museum of Contemporary Art and the Houston Museum of Fine Arts (United States), among other institutions. In 1999 the J. Paul Getty Museum organised one of her most outstanding solo exhibitions.

PHE07
Museo Thyssen-Bornemisza

Iceberg II, 2004.
Iceberg III, 2004.

Iceberg 23, Bahía de Disko,
Groenlandia, 2000.

Iceberg 33, Bahía de Disko,
Groenlandia, 2000.

Iceberg 31, Bahía de Disko,
Groenlandia, 2000. © Lynn Davis.
Cortesía Galería Karsten Greve.

Eduardo Dea

Eduardo Dea (Madrid, 1947) fotografía con asiduidad desde los años setenta diferentes aspectos de la sociedad madrileña de la que parte. Entre todos sus trabajos destaca la documentación que desde 1975 y hasta 1995 ha realizado del Rastro madrileño. Dos décadas recorriendo este mercado en busca de la imagen más genuina y singular de ese mundo fascinante y nostálgico, sugerente y embriagador. La sensación de que algo de su esencia se iba perdiendo con el paso del tiempo es lo que ha animado al fotógrafo a emprender la tarea de documentar un lugar y una época. Dea deja que su cámara se llene de la peculiaridad, la rareza, el misterio de los objetos y las gentes protagonistas del Rastro madrileño.
Dea es miembro de la Real Sociedad Fotográfica de Madrid y ha participado en numerosas exposiciones por toda España, tanto individuales como colectivas. Su trabajo también ha sido publicado en libros como *Arte y Tradiciones de España* o *Fotografía Española*.

Eduardo Dea (Madrid, 1947), has been assiduously photographing aspects of everyday life in his hometown of Madrid since the 1970s. Within his body of work, a highlight was his documentation, from 1975 to 1995, of the city's Rastro district, home to an age-old flea market. For two decades, he went from stall to stall, in search of the most genuine, singular images of this fascinating, nostalgic world, evocative and enchanting. The feeling that something of its essence was slipping away with the passage of time was what drove the photographer to take on the task of documenting that place, and that period. Dea lets his camera become entranced with the peculiarity, the strangeness, the mystery of the objects and the people that fill Madrid's Rastro.
Dea is a member of the Royal Photographic Society in Madrid, and has participated in many exhibitions around Spain, both solo shows and collectives. His work has also been featured in such books as *Arte and Tradiciones de España* (Art and Traditions of Spain) and *Fotografía Española* (Spanish Photography).

PHE98
La savia del Rastro
Centro Cultural de la Villa

Gramófonos, junio 1980.

Sin título, octubre, 1989.

Raymond Depardon

Raymond Depardon (Villefranche-sur-Saône, Francia, 1942) es fotógrafo, realizador, periodista y escenógrafo. Se interesa por la fotografía de muy joven y toma sus primeras instantáneas dentro del ambiente familiar. Al principio de su carrera trabaja en un laboratorio fotográfico pero no tarda en dedicarse por entero a la fotografía documental.

Como Walker Evans o Robert Frank, Depardon reivindica en su obra la subjetividad del fotógrafo. Una de sus obras más populares es *Notes*, publicada en 1979 y compuesta por un centenar de fotografías acompañadas de textos escritos en primera persona.

En *Fotografías de personalidades políticas* Depardon documenta durante más de treinta años la vida de prestigiosos políticos en actitud espontánea captando aspectos de estos personajes que no se corresponden con su imagen pública.

Artista de reconocido prestigio internacional, Raymond Depardon ha construido una obra a caballo entre la fotografía y el cine. Fundador de la agencia Gamma y posteriormente asociado a Magnum, ha recibido prestigiosos premios como el Pulitzer en 1977 o el premio César al mejor documental. Su amplia temática ha permitido acercarse con el mismo talento a fotografías de noticias, deportes, guerras, reportajes de investigación o publicidad.

Raymond Depardon (Villefranche-sur-Saône, France, 1942) is a photographer, director, journalist and set designer. He became interested in photography at an early age and took his first snapshots within the family environment. At the beginning of his career, he worked in a photographic laboratory, but soon devoted himself entirely to documentary photography. Like Walker Evans and Robert Frank, Depardon defends in his work a photographer's subjectivity. One of his most popular pieces is *Notes*, published in 1979 and composed of about a hundred photographs accompanied by texts written in the first person.

Fotografías de personalidades políticas shows what Depardon has documented for over thirty years: the lives of eminent politicians in spontaneous attitudes, offering aspects of these figures that do not correspond with their public image.

An artist of recognised international prestige, Raymond Depardon has built an oeuvre straddling both photography and films. The founder of the Gamma Agency and subsequently a member of Magnum, he has received distinguished awards such as the Pulitzer Prize in 1977 and the César Award for the best documentary. His extensive subject matter has enabled him to use the same talent for photographs of news, sport, wars, investigative reporting or advertising.

PHE07
Fotografías de personalidades políticas
Centro Cultural Conde Duque

Chad. Goukouni Oueddei, personaje político del Chad, 1978.

EE.UU. Estado de Iowa. Sioux City.
El candidato republicano Richard Nixon
durante la campaña presidencial.
Octubre, 1968.

Chile. Santiago. El presidente Salvador
Allende saludado por el público tras
el desfile militar en el parque Cousino.
18 de septiembre, día nacional, 1971.

Philip-Lorca diCorcia

Philip-Lorca diCorcia (Hartford, Connecticut, Estados Unidos, 1953) combina la tradición documentalista con los mundos ficticios del cine y la publicidad creando imágenes que oscilan entre la realidad, la fantasía y el deseo. Alterna entre la informalidad de la foto robada y una cuidada composición escénica, entre iluminación real y artificial, entre los detalles simbólicos y los colores saturados.

Durante varios años ha fotografiado las calles de grandes ciudades de América, Europa y Asia. Con luces ocultas en el asfalto que iluminan a los viandantes de una manera especial, diCorcia es capaz de captar expresiones faciales insignificantes que así aisladas adquieren cierto sentido. Estas imágenes tienen un doble objetivo, dejar constancia y crear la realidad al tiempo que abordan la existencia y los deseos humanos, lo consciente y lo inconsciente.

Tras su formación en Yale, diCorcia realizó un viaje fugaz al mundo cinematográfico de Los Ángeles y volvió a Nueva York donde encontró varios trabajos como asistente de fotógrafos profesionales, de los que aprendió el uso de varias técnicas utilizadas en publicidad. Hacia 1984 comenzó a desarrollar su trabajo como fotógrafo independiente para *Fortune*, *Esquire* y algunas publicaciones de viajes. Cinco años después, The National Endowments for the Arts (NEA) concedió a diCorcia la categoría de artista colaborador. Ha expuesto en numerosas ocasiones en Estados Unidos y en Europa y su obra está presente en las colecciones del, MoMA y el Whitney Museum of American Art de Nueva York, San Francisco Museum of Modern Art (Estados Unidos) o MNCARS y Fundación Telefónica de Madrid, por mencionar algunos.

Philip-Lorca diCorcia (Hartford, Connecticut, United States, 1953) blends documentary tradition with the fictional worlds of cinema and advertising, creating images that switch from reality to fantasy and desire. He alternates between the informality of robbed photographs and a meticulous staging, between real and artificial light, symbolic details and saturated colours.

In recent years, DiCorcia has photographed the streets of large cities in America, Europe and Asia. Using lights hidden in the asphalt that illuminate passers-by in a special way, diCorcia is able to capture insignificant facial expressions that acquire meaning once isolated. These images seek a double objective: to leave a record and to create reality and they also address existence and human desires, the conscious and the unconscious.

Alter being trained at Yale, diCorcia made a swift foray into the Los Angeles film world and then returned to New York where he held several jobs as an assistant to professional photographers from whom he learned the use of the techniques used in advertising. Around 1984, he began to develop his career as a freelance photographer for *Fortune*, *Esquire* and some travel publications. Five years later, the National Endowment for the Arts (NEA) granted diCorcia a fellowship. He has displayed his work on many occasions in the United States and Europe and it is included in the collections of the MoMA and Whitney Museum of American Art in New York, the San Francisco Museum of Modern Art (United States) and the Reina Sofía Museum (MNCARS) and Fundación Telefónica in Madrid, to mention just a few.

PHE03
¿Cómo nos vemos?
Fundación Telefónica

Cabeza nº 1, 2001.

Nueva York, 1988.

Tokio, 1999.

Los Ángeles, 1994.
Cortesía Pace / MacGill Gallery,
Nueva York. © Philip-Lorca DiCorcia.

D

Rineke Dijkstra

Desde inicios de los noventa, la fotógrafa Rineke Dijkstra (Sittard, Ámsterdam, Países Bajos, 1959) retrata personas en un momento de distracción, de fatiga, de cambio, de adaptación a situaciones desconocidas o de tránsito en la construcción de su identidad. Estas visiones nos muestran la fragilidad de la condición humana ante cambios o al enfrentarnos a cosas nuevas. Nos habla de cómo nos relacionamos con nosotros mismos y qué imagen queremos proyectar y cómo. Por todo ello la fotógrafa holandesa dirige muchas veces su mirada hacia los adolescentes, al considerarlos una "metáfora de la sociedad".

En las series *Abigael, Maya and Yaara and the Israeli Army* o en *Olivier and the French Foreing Legion Army*, Dijkstra aborda la transformación de la personalidad de varios jóvenes durante su paso por el servicio militar. En estos documentos se puede captar la evolución de sus miradas –cada vez más distantes y dolidas–, la paradoja entre identidad y uniformidad colectiva y, al fin y al cabo, las circunstancias de toda una sociedad en continua crisis.

Reconocida internacionalmente como una de las principales artistas visuales de su generación, Rineke Dijkstra ha realizado exposiciones individuales en el Centro Cultural La Caixa de Barcelona, el Stedlik Museum (Ámsterdam, Países Bajos), el Art Institute (Chicago, Estados Unidos), The Institute of Contemporary Art (Boston, Estados Unidos), o la Photographer's Gallery (Londres, Reino Unido). En los últimos años ha participado en colectivas en las bienales de Venecia o São Paulo (Brasil), en el MoMA (Nueva York, Estados Unidos) o en el Moderna Museet (Estocolmo, Suecia).

Since the early nineties, photographer Rineke Dijkstra (Sittard, Amsterdam, Netherlands, 1959) has been depicting people at moments when they are distracted, tired, undergoing changes, adapting to unknown situations, or in the midst of creating their own identity. These shots show us the fragile nature of the human condition in the face of change or when we confront new situations. They tell us about how we relate to ourselves, the image we wish to convey, and how we convey it. This is why the Dutch photographer often focuses on adolescents, considering them a "metaphor of society".

In the series *Abigael, Maya and Yaara and the Israeli Army* and in *Olivier and the French Foreign Legion Army*, Dijkstra deals with the changes in personality that several youngsters undergo while they do their compulsory national military service. We see how the look in their eyes changes, becoming more distant and pained. We also see the paradox between identity and collective uniformity, and, ultimately, the circumstances of an entire society in constant crisis.

Recognized worldwide as one of the leading visual artists of her generation, Rineke Dijkstra has had solo exhibitions at Centro Cultural La Caixa, in Barcelona, the Stedlik Museum, in Amsterdam, the Art Institute of Chicago, the Institute of Contemporary Art in Boston, and at Photographer's Gallery, London. Over the last few years, her work has featured in collective exhibitions and at the Venice and São Paulo biennials, as well as at MoMA in New York and Moderna Museet, in Stockholm.

PHE04
Real Jardín Botánico

Serie "Oliver y la legión extranjera francesa". 21.07.2000 / 13.07.2003.
Cortesía de la artista y de la Marian Goodman Gallery, Nueva York.
© Rineke Dijkstra.

Serie "Abigael, Maya and Yaara y el
ejército israelí".
Yaara, Israel, 2003. / Yaara, Israel, 2002.

Cortesía de la artista y de la Marian
Goodman Gallery, Nueva York.
© Rineke Dijkstra.

Stan Douglas

El trabajo de Stan Douglas (Vancouver, Canadá, 1960) nunca deja indiferente al público, al que consigue implicar en una experiencia múltiple al contemplar su obra, entre otros aspectos por sus constantes referencias al cine, la literatura, la política, las nuevas tecnologías o las utopías. Sus propuestas narrativas tratan de los nuevos paisajes sociales, de la invasión por la naturaleza de los espacios urbanos abandonados y de la anulación del pasado, la historia o los ideales.

En *Detroit* retrata el declive de una de las principales capitales industriales norteamericanas y lanza una reflexión nada esperanzadora sobre el futuro de muchas ciudades modernas. Sus edificios abandonados, sus fábricas en ruinas, sus barrios residenciales devastados y la emigración de sus habitantes muestran su progresiva decadencia. Más allá de la ruina y de las transformaciones de Detroit, el proyecto lanza una mirada interrogante al urbanismo actual y a la idea de progreso.

Stan Douglas estudió en el Emily Carr College of Art de Vancouver. Comenzó a exponer sus trabajos fuera de Canadá a finales de los años ochenta y ha realizado numerosas exposiciones en Berlín, Chicago, Londres, Nueva York o París. Además su trabajo ha estado presente en bienales tan importantes como la de Shangai (China) de 2004, São Paulo (Brasil) de 2002, la 11 Documenta Kassel (Alemania) de 2001 y la Bienal de Venecia (Italia) de 2005.

Stan Douglas (Vancouver, Canada, 1960) never leaves viewers indifferent. As they regard his work, they become involved in a multi-faceted experience, among other reasons because of the constant references to films, literature, politics, new technologies and utopias. His narrative proposals deal with new social landscapes, nature's invasion of abandoned urban spaces and the elimination of the past, of history and of ideals.

In *Detroit*, Douglas portrays the decline of a major American industrial capital and offers a far from hopeful reflection on the future of many modern cities. The empty buildings, ruined factories, devastated residential neighbourhoods and the emigration of residents confirm the city's progressive decay. Beyond the ruins and changes in Detroit, however, the project also casts a questioning glance at modern urbanism and the idea of progress.

Stan Douglas studied at the Emily Carr College of Art in Vancouver. He began to show his work outside Canada at the end of the nineteen eighties and has held numerous exhibitions in Berlin, Chicago, London, New York and Paris. His work has also been included in such important biennials as those held in Shanghai (China) in 2004, Sao Paulo (Brazil) in 2002, the Documenta11 Kassel (Germany) in 2001 and the Venice Biennale (Italy) in 2005.

PHE05
Detroit
Real Jardín Botánico

Casa derrumbada, Detroit, 1997-98.
© Stan Douglas.

Michigan Central Station, Detroit, 1997-98.
© Stan Douglas.

Gem Theatre, 1997-98.
© Stan Douglas.

Michigan Theatre, Detroit 1997-98.
© Stan Douglas.

Sophie Dubosc

Sophie Dubosc (París, Francia, 1974) estudió Historia del Arte en la Universidad de París IV y Fotografía en la Escuela Superior de Bellas Artes de la misma ciudad. Premio Descubrimientos de PHotoEspaña 2001, ha continuado su formación en la Glasgow School of Art y en la Musashino Art University de Tokio (Japón). Entre el documental y la *performance*, Dubosc utiliza la fotografía para revisitar el pasado fundiendo memoria con descubrimiento.

En *No hablo japonés*, Dubosc viaja a Japón, país de origen de su madre al que no había vuelto desde su infancia. Documenta desde las fachadas exteriores al interior de la casa familiar, de los paisajes a los rostros, del Japón tradicional en blanco y negro a los colores de un Japón más moderno. Son imágenes que relatan el recorrido de Sophie Dubosc a través de un país nuevamente encontrado y descubierto, familiar y extraño a la vez.

El trabajo de Sophie Dubosc se ha podido ver en Art Brussels, el Museo de Arte Moderno y Contemporáneo de Rijeka (Croacia), los Encuentros Internacionales de Fotografía de Arles (Francia), el Palais de Tokyo de París o en el Centre d'art contemporain de Brétigny (Francia).

Sophie Dubosc (Paris, 1974) studied Art History at the University of Paris IV, and Photography at the city's Fine Arts School. She won a prize for best newcomer at PHotoEspaña 2001, and has continued her studies at the Glasgow School of Art and Tokyo's Musashino Art University. Somewhere between documentary and performance, Dubosc uses photography to revisit the past, fusing memory with discovery.

For *No hablo japonés* (I Don't Speak Japanese), Dubosc travelled to Japan, her mother's country of origin, where she had not been since childhood. She documented everything from the exterior façade to the interiors of the family house, the landscapes, the faces – using black and white for traditional Japan, and colours for the more modern Japan. These images record Sophie Dubosc's journey to a newly found and rediscovered country, familiar and strange at the same time.

Dubosc's work has been shown at Art Brussels, the Museum of Modern and Contemporary Art in Rijeka (Croatia), the Arles iInternational Photography Encounters (France), the Palais de Tokyo in Paris, and the Centre d'Art Contemporain in Brétigny (France).

PHE02
No hablo japonés
Centro Cultural Conde Duque

De la serie "Nihongo Dekimasen",
Japón, 1999 © Sophie Dubosc.

William Eggleston

William Eggleston (Memphis, Estados Unidos, 1939) es considerado por el prestigioso comisario de fotografía John Zsarkowski como "el inventor de la fotografía en color". Su obra, aparentemente documental, está llena de resonancias fílmicas. El positivado puede parecer pálido, pero registra el modo en que el sujeto ha sido encontrado. Sus temas son tranquilos, sutiles, descoloridos. El tratamiento naturalista del color, que comienza a utilizar en 1966, es su modo de expresar el malestar y el tedio de la vida provinciana.

Introduce una nueva estética en el campo de la fotografía, un nuevo modo de mirar. Así como Robert Frank creó en los años cincuenta una estética informal, basada en el movimiento *beat*, Eggleston transforma en los setenta el potencial expresivo del color. La tierra de Eggleston es Memphis, Tennessee, al norte del delta del Mississippi. Los lugares, parajes y gente de esa región son los protagonistas de su mundo. "Cualquiera puede venir aquí y fotografiar", ha dicho en alguna ocasión, "pero no sabrán lo que es importante y sus imágenes sólo serán pintorescas".

Ganador del Premio Hasselblad de Fotografía en 1998, ha realizado exposiciones individuales en el National Museum for Contemporary Art de Oslo (Noruega), el San Francisco Museum of Modern Art (Estados Unidos) o el Victoria and Albert Museum de Londres (Reino Unido) por mencionar algunos. Además su obra forma parte de las colecciones del MoMA de Nueva York, el Museum of Modern Art de San Francisco o el Tokyo Metropolitan Museum of Photography de Tokio (Japón).

Leading curator John Zsarkowski considers William Eggleston (Memphis, USA, 1939) to be the "father of colour photography". His seemingly documentary shots had a huge impact on photography. The prints may seem pale, but they record how the subject actually looked. His subject-matter is uncomplicated, subtle, and faded. His naturalistic use of colour, which began in 1966, is his way of expressing the disgruntled tedium of small-town life.

He pioneered a new aesthetic, a new way of looking at things. Just as, in the 1950s, Robert Frank created an informal aesthetic based on the beat movement, Eggleston, in the 1970s, transformed colour photography's potential as an expressive medium. Eggleston is from Memphis, Tennessee, in the north of the Mississippi Delta. The people and places there are the protagonists of his world. "Anybody can come here and take photographs," he once said, "but they won't know what's important, and their pictures will merely be picturesque."

Awarded the Hasselblad Photography prize in 1998, he has had solo exhibitions at the National Museum for Contemporary Art, in Oslo, the San Francisco Museum of Modern Art, and the V&A in London, to name but a few. His work also features in the collections of MoMA in New York, the Museum of Modern Art in San Francisco and the Tokyo Metropolitan Museum of Photography.

Sin título, 1972.
© William Eggleston.

Señal de stop, de la serie "Southern
Suite", 1981.
© William Eggleston.

Monkey Room, de la serie "Graceland", 1984.
© William Eggleston.

Sin título, de la serie "Coca-Cola", Atlanta, Georgia, 1995.
© William Eggleston.

Olafur Eliasson

Olafur Eliasson (Copenhague, Dinamarca, 1967), de origen islandés, desarrolla su trabajo en dos bloques fuertemente relacionados como son la instalación y la fotografía, centrándose a lo largo de su trayectoria en el estudio de la percepción sensorial, las leyes de la física y las condiciones naturales. Eliasson cuestiona continuamente la idea de naturaleza sostenida por el hombre, así como los mecanismos empleados por la ciencia para el registro y la observación de esta. De esa forma, establece un diálogo entre naturaleza y tecnología, entre lo orgánico y lo industrial.

Su trabajo más conocido son las instalaciones a gran escala. En estas utiliza materiales fundamentales como rayos de sol, vapores, corrientes de aire o de agua, elementos vegetales o partículas subatómicas, para crear complejos efectos ópticos inmateriales que, paradójicamente, se vuelven intensamente sensuales. Su trabajo más celebrado es la instalación *The Weather Project* (*El proyecto meteorológico*) en la Tate Gallery de Londres (Reino Unido), en 2003. En este proyecto, una representación gigantesca del sol, acompañada de vapores de agua, hechizó a miles de espectadores.

Como fotógrafo, Eliasson documenta el paisaje de su Islandia ancestral. En la serie *Caminos de naturaleza* las frías tierras islandesas aparecen como un espacio que todavía no ha sido contaminado por el progreso y cuyos majestuosos paisajes constituyen una manifestación viva de la naturaleza. Una obra que se encuentra a medio camino entre la idea del paisaje romántico y la experiencia de lo natural. De esta manera, las dos facetas del artista, instalación y fotografía, dialogan, se complementan e iluminan la una a la otra.

La obra de Olafur Eliasson ha recorrido el mundo entero. Ha expuesto individualmente en los museos de arte contemporáneo de Nueva York, Oslo, París, Dublín, Londres, Turín y en el MNCARS de Madrid, entre otros. Ha participado en las bienales de Berlín, Johannesburgo, Estambul, São Paulo, Sidney, Venecia, Tirana, Lyon y Detroit.

Olafur Eliasson (Copenhagen, Denmark, 1967), is of Icelandic parentage, and he works in two closely-linked artistic areas: installation and photography. He has focussed throughout his career on studying sensory perception, the laws of physics and the conditions of nature. He constantly questions mankind's idea of nature, as well as the scientific mechanisms used to record and observe it. He sets up an exchange between nature and technology, and between organic elements and industrial ones.

His best-known works are his large-scale installations. He uses basic materials such as sunlight, steam, air and water flows, plants or subatomic particles, to create complex but immaterial optical effects that, paradoxically, turn out to be extremely sensual. His most famous work is the installation *The Weather Project,* at the Tate Gallery in London, in 2003. This project, which involved a gigantic representation of a sunset and a mist of water vapour, held thousands of spectators spellbound.

As a photographer, Eliasson documents the landscape of Iceland, the home of his ancestors. In the *Paths of Nature* series, Iceland looks like a place that has not yet been contaminated by progress, and whose majestic landscapes are a living expression of nature. It is halfway between the Romantic idea of landscape, and actual experience of nature. This produces an exchange between Eliasson's two artistic facets, installations and photography, in which they complement and highlight each other.

Olafur Eliasson's work has been seen worldwide. He has had solo exhibitions at the Museums of Modern Art in New York, Oslo, Paris, Dublin, London, Turin, and at MNCARS in Madrid, amongst others. He has taken part in the Biennials of Berlin, Johannesburg, Istanbul, São Paulo, Sidney, Venice, Tirana, Lyon and Detroit.

PHE06
Caminos de naturaleza
Fundación Telefónica

Serie "Alfawatn close-up", 1999.
Colección privada, Berlín.

Green River, Iceland, 2000.
Colección privada, Berlín.

Serie "La falla", 2001.
Colección privada, Atenas.
Cortesía Neugerriem Scheneider,
Berlín.

Elliott Erwitt

La obra de Elliott Erwitt (París, Francia, 1928) tiene una doble vertiente: capta imágenes comunes con una aparente transparencia visual, a la vez que subraya el lado irónico de la vida con un gran talento para mostrar lo cómico. Sus primeras fotografías, realizadas en Nueva York en 1946, denotan su ágil mirada para la yuxtaposición, sabiendo aprovechar el accidente del momento, el suceso inesperado. El fotógrafo también cree que hay que provocar la suerte.

Erwitt busca la contradicción y lo fortuito, siempre señalando lo absurdo en la vida cotidiana. Sus fotografías no están manipuladas ni se crea en ellas un escenario especial. Erwitt cree que el humor es la mejor manera para aliviar la intensa seriedad de la vida y por ello sus imágenes demuestran un gran optimismo en la humanidad evitando el dolor, la crueldad, la pobreza y las guerras.

Erwitt emigró en 1939 a Estados Unidos donde comenzó su carrera fotográfica en 1944. Cinco años más tarde regresa a Francia, donde pasa seis meses compartiendo estudio con Robert Frank. Invitado por Robert Capa, entra en la agencia Magnum y trabaja en la revista *Life*. En 1955 participa en la famosa exposición, *Family of Man*, organizada por Edward Steichen en el MoMA de Nueva York (Estados Unidos). Erwitt también trabajó como fotógrafo documentalista para la Farm Security Administration, más tarde para la Casa Blanca en Washington y por encargo de varias empresas.

The work of Elliott Erwitt (Paris, 1928) has two facets: he captures everyday images with an apparent visual transparency, whilst underlining the ironic side of life, with a great talent for showing the comical. His first photographs, taken in New York in the 1940s, already display his agile knack for juxtaposition, for knowing how to take advantage of the accidents of the moment, of an unexpected event. The photographer also believes that we need to make our own luck.

Erwitt seeks out contradiction and fortuitousness, always pointing out the absurdity of everyday life. His photographs are not manipulated, nor does he create any special settings for them. Erwitt believes that humour is the best way to alleviate the intense seriousness of life, and therefore his images show a great optimism about humanity, avoiding pain, cruelty, poverty, and war.

Erwitt emigrated in 1939 to the USA, where he began his photographic career in 1944. Five years later, he went back to France, where he spent six months sharing a studio with Robert Frank. Invited by Robert Capa, he joined the Magnum agency and started working for *Life* magazine. In 1955 he took part in the famous *Family of Man* exhibition organised by Edward Steichen at the MoMA in New York. Erwitt also worked as a documentary photographer for the Farm Security Administration, and later for the White House, as well as for various companies.

PHE02
MNCARS

España, Madrid. Museo del Prado, 1995.
© Elliott Erwitt / Magnum Photos / Contacto.

Pasadena, California, 1963.
© Elliott Erwitt / Magnum Photos /
Contacto.

California, 1955.
© Elliott Erwitt / Magnum Photos /
Contacto.

Carole Fékété

Carole Fékété (Argel, Argelia, 1970) recupera objetos cotidianos como manteles, servilletas, flores, un pescado o una cafetera y los aísla, fotografiándolos hasta convertirlos en pequeñas piezas de coleccionista, como haría un cazador de mariposas. Se vale de distintos recursos como la pintura o el papel pintado y apunta a una reflexión sobre las modas, las diversas culturas y las diferentes épocas.

Gracias a este dispositivo de puesta en escena, sus imágenes ofrecen un aspecto artificial y hacen dudar al espectador sobre la naturaleza de lo que está viendo. En 2003 comienza a fotografiar flores fuera de su entorno natural obteniendo una instantánea plana casi irreal que reposa sobre un equilibrio frágil entre la representación del espacio, la observación de lo real y la belleza de un motivo floral más abstracto. Fékété, que llegó a Francia en 1974, toma sus primeras fotografías en Marruecos en 1988. Estudia fotografía en la Universidad de Saint Denis y trabaja como asistente de fotografía en el Centro Nacional de Investigaciones Científicas de Orsay (Francia). En 1996 se convierte en asistente de Dominique Sudre y a partir de 1998 hace fotografía de teatro y cine.

Carole Fékété (Algiers, Algeria, 1970) recovers everyday objects such as tablecloths, napkins, flowers, a fish or a coffee pot, isolates them and photographs them so that they become small collector pieces, just as a butterfly collector would do. She uses different resorts such as painting or painted paper and inspires a reflection on trends, diverse cultures and different time periods.

Thanks to this *mise en scène*, her images have an artificial appearance and cause viewers to doubt the nature of what they are seeing. In 2003, she began to photograph flowers outside their natural environment, obtaining an almost unreal, flat shot based on a fragile balance between the representation of space, the observation of reality and the beauty of a more abstract floral motif.

Fékété, who arrived in France in 1974, took her first photographs in Morocco in 1988. She studied photography at the University of Saint Denis and worked as a photography assistant in the National Scientific Research Centre in Orsay (France). In 1996, she became an assistant to Dominique Sudre and since 1998 has been devoted to theatre and film photography.

PHE06
Matadero Madrid

Las flores (sin título), 2003-2006.
Cortesía de la artista.

Jesse Fernández

Jesse Fernández (La Habana, Cuba, 1925-1986) alcanzó la fama internacional por sus retratos realizados a diversos escritores y artistas como Jorge Luis Borges, Salvador Dalí, Ernest Hemingway, Joan Miró, Edgar Varese, José Lezama Lima o Marcel Duchamp.

No obstante Jesse Fernández también destaca como creador plástico por su especial uso de la línea y el color en sus pinturas, dibujos, grabados y por sus peculiares cajas-collages.

Si en *Retratos* Jesse Fernández fotografía a lo más destacado de la intelectualidad iberoamericana, en *Les momies de Palerme* se sumerge en las catacumbas de un antiguo convento de capuchinos en Palermo para mostrarnos no sólo el mundo de la muerte, sino otro que sirve de conexión entre ambos, el de las expresiones del momificado.

Fernández ha colaborado para revistas como *Time*, *The New York Times*, *Life* o *Connaissance des Arts*. Además ha trabajado con artistas como Eduardo Chillida, Joan Miró o Wifredo Lam, entre otros. Su obra ha sido internacionalmente reconocida y objeto de numerosas exposiciones y publicaciones como *Retratos* (1984) y *Les momies de Palerme* (1980).

Although Jesse Fernández (Havana, Cuba, 1925-1986) achieved international fame with his portraits of many writers and artists, including Jorge Luis Borges, Salvador Dalí, Ernest Hemingway, Joan Miró, Edgar Varese, José Lezama Lima and Marcel Duchamp, he also stood out as a plastic artist thanks to his special use of lines and colour in paintings, drawings and engravings and his characteristic collage-boxes. Whereas in *Retratos* Fernández photographed the most eminent Latin American intellectuals, in *Les momies de Palerme* he entered the catacombs of an old Capuchin convent in Palermo to show us not only the world of death, but another world connecting the two, that of the expressions on the mummies.

Fernández contributed to magazines like *Time*, *The New York Times*, *Life* and *Connaissance des Arts*. He also worked with such artists as Eduardo Chillida, Joan Miró and Wifredo Lam, among others. His work has been internationally acclaimed and the subject of numerous exhibitions and publications such as *Retratos* (1984) and *Les momies de Palerme* (1980).

Luis Buñuel, México, 1958.

Julio Cortázar, París, 1983.

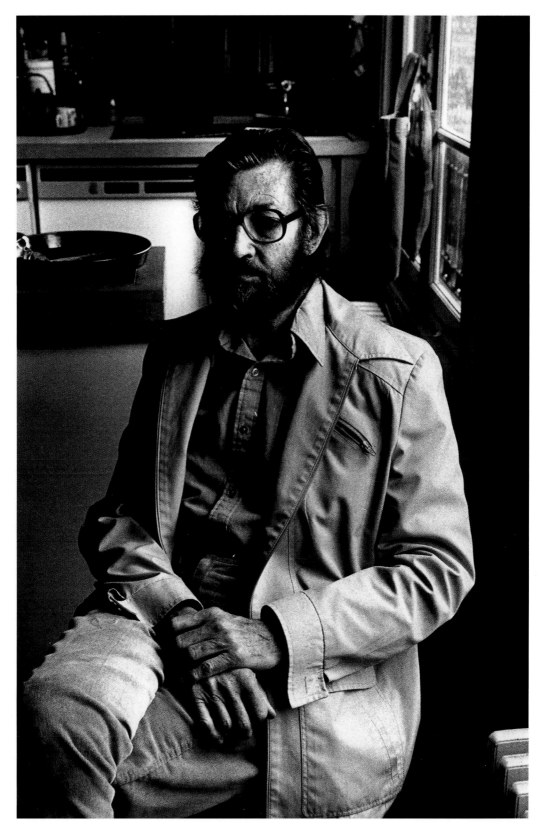

Joan Fontcuberta

Joan Fontcuberta (Barcelona, 1955), Premio Nacional de Fotografía 1998, utiliza la fotografía como un mero medio parar transmitir su mensaje. Un mensaje que muchas veces es una reflexión sobre las diferentes consecuencias de esta misma disciplina. Su trabajo, que está lleno de llamadas a lo fantástico, indaga sobre la relación entre verdad y mentira, apariencia y materia. Así, *Sputnik* (1997) versa sobre un supuesto astronauta soviético y en *Karelia* (2000) Fontcuberta desvela algunos de los mecanismos de engaño de la supuesta milagrología y el pseudomisticismo.

Al igual que su obra, su ecléctica biografía se aleja de los convencionalismos del mundo del arte. Estudia Ciencias de la Información en Barcelona y trabaja en diferentes facetas del periodismo y la publicidad.

A lo largo de su vida se ha dedicado a tareas diversas como la edición, la arquitectura técnica, la docencia, la traducción o la venta puerta a puerta. Además sus intereses son tan diversos como el senderismo, la botánica o la música de ambientación de aeropuertos y supermercados.

La obra de Fontcuberta ha sido ampliamente expuesta en centros como el Centre Georges Pompidou de París (Francia), el Metropolitan Museum of Art de Nueva York o el Art Institute de Chicago (Estados Unidos), instituciones en cuyas colecciones está presente la obra del artista. Además es autor de libros como *El beso de Judas* o *Fotografía. Crisis de historia*.

Joan Fontcuberta (Barcelona, 1955), who was awarded Spain's National Photography Prize in 1998, uses photography as a mere medium through which he conveys his message. This message is often a reflection on the various consequences of the medium itself. His work, full of touches of fantasy, investigates the relationship between truth and lies, appearance and matter. *Sputnik* (1997) is about a supposed Soviet astronaut and in *Karelia* (2000), Fontcuberta reveals some of the deceit mechanisms behind miracle workers and pseudo mysticism.

Just like his work, his eclectic biography differs greatly from the conventionalisms of the art world. He studied Information Sciences in Barcelona and has worked in various facets of journalism and advertising. He has been employed in various fields during his lifetime, such as publishing, architectural technology, teaching, translation and door-to-door sales. His other interests are very diverse and include hiking, botany and the piped music heard in airports and supermarkets.

Fontcuberta's work has been repeatedly exhibited in venues such as the Centre Georges Pompidou in Paris (France), the Metropolitan Museum of Art in New York and the Art Institute in Chicago (United States), institutions where his work also figures in their collections. Furthermore, Fontcuberta is the author of books such as *El beso de Judas* and *Fotografía. Crisis de historia*.

PHE01
Securitas
Fundación Telefónica

PHE02
Karelia
Fundación Telefónica

De la serie "Sputnik. La Odisea del Soyuz II"

De la serie "Karelia", 2002.
Munkki Juhani

(págs. 182-183)
De la serie "Karelia", 2002.
Milagro de la deconstrucción correlativa.
Milagro de la levitación.

Samuel Fosso

Samuel Fosso (Kumba, Camerún, 1962) empezó tomando fotografías de sí mismo para enviárselas a su madre en Nigeria, a quien había dejado atrás como refugiado de la guerra de Biafra a finales de los años sesenta. Aunque su principal objetivo entonces era mostrar que estaba vivo y sano, comenzó a explorar con nuevas técnicas y poses, transformándose con la ayuda de telas, objetos y diferentes entornos, multiplicando de esta manera sus identidades.

Los autorretratos de Samuel Fosso van más allá de la descripción sumaria del género y resultan ser una autoproyección en roles ficticios dentro del contexto de un estudio riguroso. Fosso hace de cada creación visual un momento dramático completo, un estudio poético profundo de la condición humana en el África actual.

La primera vez que Samuel Fosso trabajaba con ayudantes y maquilladores, en París, fue en su serie *Tati*, que celebraba el cincuenta aniversario de la tienda de ropa del mismo nombre, y que le permitió jugar con los estereotipos occidentales. Desde 1994, Fosso ha alcanzado fama internacional y sus fotografías se han presentado en los museos y salas más importantes del mundo. En 1995 el Centre National de la Photographie de París realizó una retrospectiva de su obra. Asimismo, sus fotografías se han mostrado en América y Europa, desde el Guggenheim Museum de Nueva York (Estados Unidos) a las galerías y museos de Barcelona, París y Ámsterdam.

Samuel Fosso (Kumba, Cameroon, 1962) began taking photographs of himself to send to his mother in Nigeria after he had to leave her behind when he became a refugee from the Biafran war at the end of the nineteen sixties. Although his original goal was to show her that he was alive and well, he began to explore new techniques and poses, transforming himself with the help of fabrics, objects and different settings, thus multiplying his identities.

Samuel Fosso's self-portraits go beyond the description of the genre and are actually a self-projection into fictitious roles within the context of a rigorous study. Fosso turns each visual creation into a complete dramatic moment, a profound poetical study of the human condition in today's Africa.

The first time that Samuel Fosso worked with assistants and makeup artists was in Paris for his *Tati* series, celebrating the fiftieth anniversary of the clothing shop with the same name. This enabled him to play with Western stereotypes. Since 1994, Fosso has achieved international fame and his photographs have been presented in the world's major museums and galleries. In 1995 the Centre National de la Photographie in París offered a retrospective of his work. His photographs have also been shown in America and Europe, from the Guggenheim Museum in New York (United States) to galleries and museums in Barcelona, Paris and Amsterdam.

PHE03
Autorretratos
Real Jardín Botánico

Autorretrato, 1979.
Autorretrato, 1979.
Cortesía Jean-Marc Patras, París.
© Samuel Fosso.

Autorretrato, 1996.
Cortesía Jean-Marc Patras, París.
© Samuel Fosso.

William Henry Fox Talbot

En enero de 1839, poco después del anuncio por parte de las autoridades francesas del proceso fotográfico sobre metal de Louis Jacques Mandé Daguerre, se hizo público el proceso positivo-negativo sobre papel de William Henry Fox Talbot (Dorset, Reino Unido, 1800-1877). Descrito inicialmente como dibujo fotogénico, fue fundamental, ya que permitía la reproducción, *ad infinitum*, de copias de un solo negativo. Frente a la imagen positiva-directa del daguerrotipo, el descubrimiento de Talbot es el pilar de la fotografía moderna, un invento que alteraría radicalmente la manera de conocer el mundo.

Las imágenes de Talbot, aristócrata inglés, matemático, filólogo, físico, parlamentario o traductor de textos cuneiformes, poseen una imaginería que se mueve entre el mundo del arte, la ciencia y el comercio. Algo que queda reflejado en los fascículos que él mismo empezó a publicar, *The pencil of Nature* (1844-46), primer libro comercial ilustrado con fotografías. En sus páginas describe algunas de las posibilidades del nuevo medio –la fotografía–, y las características de la visión de la cámara.

Talbot fue galardonado con la medalla de honor de la Exposición Universal de París en 1855 y nombrado Miembro honorífico de la Sociedad Fotográfica de Londres. Después de su fenomenal descubrimiento dedicó el resto de su vida a la impresión mecánica de fotografías. Su obra ha sido expuesta y estudiada en todo el mundo.

In January 1839, not long after the French authorities announced Louis Jacques Mandé Daguerre's photographic process on metal, William Henry Fox Talbot (Dorset, England, 1800-1877), announced his positive-negative process on paper. Described initially as "photogenic drawing", it was a fundamental process that meant any number of copies could be made from a single negative. In contrast to the direct positive image of the daguerreotype, Talbot's discovery was to become the pillar of modern photography, an invention that was radically to change our way of viewing the world.

Talbot was an English aristocrat, mathematician, philologist, physicist, MP, and translator of cuneiform texts. His subject-matter focused on the worlds of art, science and trade. This is reflected in *The Pencil of Nature* (1844-46), the first commercial book to be illustrated with photographs, and which he published and printed himself. In it, he explained the potential of the new medium and the characteristic features of the camera view.

Talbot was awarded the medal of honour at the Universal Exhibition in Paris, in 1855, and was made an honorary member of the Royal Photographic Society. After his groundbreaking discovery, he spent the rest of his life producing mechanical photographic prints. His work has been exhibited and studied worldwide.

PHE01
Huellas de Luz
MNCARS

University College, Oxford, 1843.

Queens College, Oxford, 1843.

Retrato de un hombre joven, 1843.

Caballo de balancín en Lacock Abbey, 1842.

F

Fernell Franco

Fernell Franco (Colombia, 1942) es un artista que refleja con nitidez la realidad de su país, marcado por el colonialismo y por la agresividad humana, recoge con su cámara el crecimiento de las ciudades, su posterior destrucción y cómo este desarrollo ha desplazado a sus habitantes de su pasado rural.

Fernell Franco, uno de los desplazados de la violencia rural en Colombia, traslada sus vivencias al territorio de la imagen. En la serie *Galladas* muestra a muchachos adolescentes que miran desafiantes a la cámara, convertidos en los protagonistas de pequeñas historias que hablan de inestabilidades y extremas desigualdades sociales. En *Amarrados* fotografía misteriosos bultos detectados en mercados y lugares comerciales precarios, grandes paquetes pertenecientes a los indígenas, que en su traslado apresurado a las ciudades cargan errantes con sus posesiones, sin poder depositarlas en un lugar fijo.

La obra artística de Fernell Franco está realizada paralelamente a su trabajo como reportero gráfico y ha permanecido oculta durante muchos años. Sus fotografías han recorrido medio mundo: Nueva York, París, la Bienal de Arte de La Habana o la Bienal de Venecia. Franco es pionero en señalar las causas y el incremento de los problemas en las capitales modernas, concretamente en Latinoamérica.

Fernell Franco (Colombia, 1942) is an artist who clearly reflects the reality of his country, which is marked by colonialism and human aggression. He uses his camera to record the growth of cities, their subsequent destruction and the way this development has separated residents from their rural past.

Fernell Franco, one of those displaced due to Colombia's rural violence, transfers his experiences to the land of images. In the series *Galladas* he shows teenagers defiantly staring at the camera, the protagonists of short tales that speak of instability and extreme social inequalities. In *Amarrados*, Franco photographs mysterious bundles found in markets and precarious commercial establishments, large packages belonging to indigenous peasants who in their rapid move to the city wander around loaded with their belongings without being able to leave them in any fixed location.

Fernell Franco's artistic work is produced parallel to his work as a photojournalist and has been concealed for many years. His photographs have travelled throughout most of the world: New York, Paris, the Havana Art Biennial and the Venice Biennale. Franco is a pioneer in highlighting the causes and the growth of problems in large modern cities, particularly in Latin America.

De la serie "Galladas".
© Fernell Franco.

De la serie "Amarrados".
© Fernell Franco.

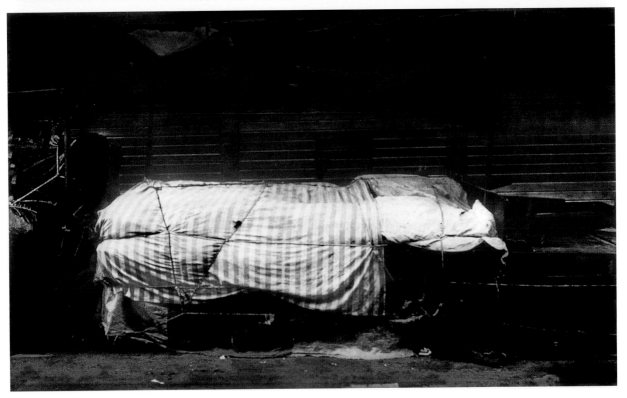

Robert Frank

Robert Frank (Zurich, Suiza, 1924), con su estética sucia y sus incorrecciones, revolucionó el sentido de la estética y demostró que la falta de perfección en la fotografía es en muchos casos más expresiva y fiel a la realidad que la imagen definida y bien expuesta. Representante del cine norteamericano de vanguardia, su compleja obra fotográfica y fílmica ha ejercido una gran influencia sobre la producción artística de las generaciones posteriores y ha ayudado a crear un mayor respeto por las artes de la fotografía y el cine.

En 1947 Robert Frank se trasladó a Nueva York desde su Suiza natal y diez años después publicó en París *Los Americanos*, un trabajo sobre Estados Unidos que le valió el reconocimiento aunque fue duramente criticado en aquel país. En este libro Frank transmitía una visión libre de ataduras de un europeo sobre la sociedad norteamericana y mostraba su radical definición subjetiva del carácter documental de la fotografía. La exposición *Hold Still - Keep Going* es un paseo entre casi un centenar de fotografías tomadas por Frank entre 1948 y 2000 que reflejan el paralelismo entre su obra fotográfica y el cine.

Robert Frank ha colaborado con las revistas *Fortune*, *Harper's Bazaar* o *New York Times*. Estará unido a la generación *beat*, con artistas como Walker Evans, Allen Ginsberg o Jack Kerouac, con los que colaborará a menudo con sus imágenes y en sus películas.

With his blurred, imprecise shots, Robert Frank (Zurich, Switzerland, 1924), revolutionized the prevailing aesthetic sense and proved that imperfection in photography is often more expressive and true to life than a sharp, well-exposed image. A representative of US avant-garde film-making, his complex photographic and film works have both had a huge influence on the artistic work produced by later generations, and have helped to earn more respect for the photographic and cinematographic arts.

In 1947, Robert Frank moved to New York from his native Switzerland. Ten years later, in Paris, he published *The Americans*, a photo-book on the United States that, while earning him recognition as a photographer, was harshly criticised in the US. In it, Frank provided a no-holds-barred look at American society as seen by a European, which reflected his own radical and subjective definition of the documentary nature of photography. The exhibition *Hold Still - Keep Going* provides a tour of almost one hundred photographs taken by Frank between 1948 and 2000, showing the parallels between his photographic work and his film-making.

Robert Frank has worked with publications such as *Fortune*, *Harper's Bazaar* and *The New York Times*. He will always be associated with the beat generation and artists such as Walker Evans, Allen Ginsberg and Jack Kerouac, with whom he often worked both in photography and films.

PHE01
No te muevas. Continúa
MNCARS

Premio PHE07

Sin título. Del libro
Los americanos, 1951.
Marzo 1947. Llego al puerto de Nueva York. Comienza una nueva vida.
© Robert Frank.

(págs. 194-195)
Calle 11 esquina Broadway.
Pantano Hoover, Nevada.
© Robert Frank.

Fotografía desde el autobús.
Nueva York, 1958.
© Robert Frank.

En Nueva Escocia, Canadá.
© Robert Frank.

Julia Fullerton-Batten

Julia Fullerton-Batten (Bremen, Alemania, 1970) crea sus propios mundos imaginarios, con ciertas referencias autobiográficas, a partir del real. Sus protagonistas son mujeres jóvenes, entre adolescentes y niñas, que se desenvuelven en un mundo estéticamente frío que parece sacado de la ensoñación de una de sus protagonistas. Una aproximación perturbadora a la psicología humana a través de estos personajes inusualmente bellos que no parecen humanos.

Sus imágenes están sutil y magistralmente manipuladas digitalmente pero sin descuidar la escenografía que parece calculada al milímetro. En este mundo, las protagonistas aparecen con posturas y acciones cotidianas, comiendo patatas en el salón de una casa, estudiando sobre los pupitres de una clase o secándose el pelo en una habitación.

Julia Fullerton-Batten ha recibido un importante número de galardones como el de la Royal Photographic Society o el Nikon Self-Promo Award, sus imágenes has sido expuestas en destacados centros de arte como la National Portrait Gallery de Londres (Reino Unido) y en festivales como Paris Photo, Photo London o los Rencontres de Arles (Francia).

Julia Fullerton-Batten (Bremen, Germany, 1970) creates her own imaginary worlds based on reality and containing some autobiographical references. Her subjects are teenage girls who live in an aesthetically cold world that seems taken from one of their dreams. She adopts a disturbing approach to human psychology aided by these unusually beautiful sitters who do not seem human.

Her images are subtly and masterfully subjected to digital manipulation and her sets seem to be calculated down to the last millimetre. In this world, the girls are shown in everyday postures and activities: eating potato chips in the living room, studying at their classroom desks or drying their hair in the bedroom.

Julia Fullerton-Batten has received many awards including that presented by the Royal Photographic Society and the Nikon Self-Promo Award. Her images have been shown in outstanding art centres such as the National Portrait Gallery in London (United Kingdom) and in festivals such as Paris Photo, Photo London and the Rencontres de Arles (France).

PHE07
Premios HSBC
Teatro Circo Price

Estanque.
Galardonados 2007 de la Fondation HSBC pour la Photographie.

Accidente de bicicleta.
Galardonados 2007 de la Fondation HSBC pour la Photographie.

Pedro G. Romero

Pedro G. Romero (Aracena, Huelva, 1964) es un polifacético artista cuya obra abarca la escultura, el dibujo, el estudio del flamenco, la dirección teatral, la crítica de arte o la organización de cursos y talleres. Su trabajo fotográfico más destacado es la recopilación de un fondo documental dedicado enteramente a la iconoclastia que lleva desarrollando desde el año 2000: el *Archivo F. X.*, formado por imágenes fotográficas y cinematográficas de esculturas despedazadas, templos destruidos, lienzos acuchillados o estancias quemadas, junto a ensayos, revistas y obras de arte con los que dichos documentos tienen relación y que han servido tanto para justificar como para cuestionar el comportamiento iconoclasta.

La selección de objetos pone de manifiesto cómo las piezas destruidas no pierden belleza, sino que en muchas ocasiones la ganan, al haberse transformado con el tiempo en imágenes coherentes con el arte contemporáneo, marcadas por la herencia de las vanguardias, sobre todo del dadaísmo. La obra de Pedro G. Romero forma parte de las colecciones de la Fundación la Caixa, el MNCARS (Madrid), el Museo de Bellas Artes de Álava, Artium (Vitoria) y el Centro Andaluz de Arte Contemporáneo (Sevilla).

Pedro G. Romero (Aracena, Huelva, Spain, 1964) is an artist whose many talents include drawing, the study of flamenco music, stage direction, art criticism and the organization of courses and workshops. His best-known photographic work is a documentary collection devoted entirely to iconoclasm, which he has been compiling since the year 2000. *Archive F.X.* comprises photographic and film shots of broken sculptures, destroyed shrines, slashed canvases and burnt-out rooms, along with essays, magazines and artworks with which the objects are associated, and which serve both to justify and to question iconoclastic behaviour.

His choice of objects underlines how destroyed works do not lose, but on many occasions, gain in beauty, by having become, over time, coherent contemporary art images, marked by the legacy of the avant-garde and, in particular, Dadaism. Pedro G. Romero's work can be seen in the collections of the La Caixa Foundation, MNCARS (Madrid), the Alava Museum of Fine Arts, Artium (Vitoria, Spain) and the Andalusian Centre for Contemporary Art (Seville).

Archivo F. X. / Los trabajos.

PHE04
Archivo F. X. / Los trabajos
Centro Cultural Conde Duque

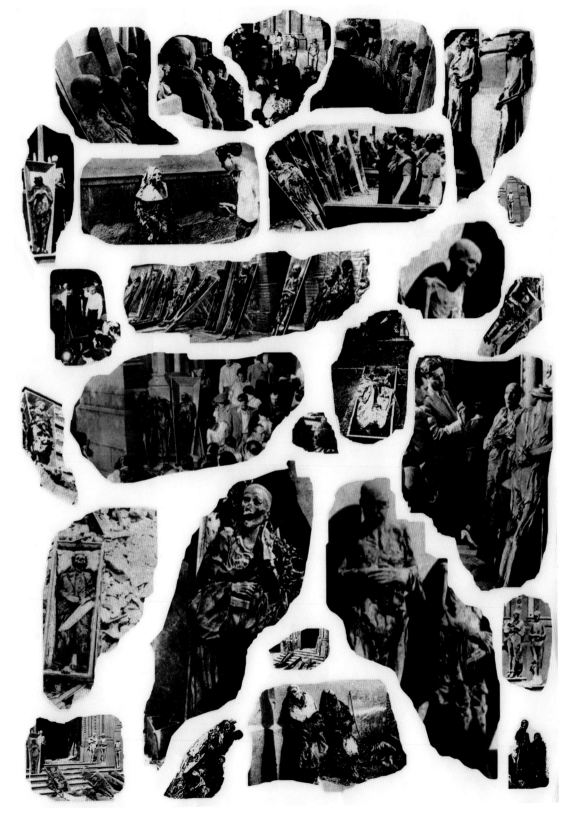

Alberto García-Alix

Alberto García-Alix (León, 1956), premio Nacional de Fotografía 1999, retrata sus alrededores. Cronista de su tiempo, el trabajo de este fotógrafo discurre en paralelo a sus experiencias vitales, por lo que el conjunto de su obra constituye un paseo por la historia compartida de toda una generación. Aunque en la producción de García-Alix destaca poderosamente el retrato de sus amigos –músicos, pintores, actores, escritores, tatuadores, motoristas, noctámbulos, bohemios, personajes proscritos, gente de la calle...–, todos los géneros están representados en su archivo, incluida la fotografía profesional de moda, un territorio donde la sobriedad de su estilo se hace visible hasta el punto de confundirse con sus secuencias más personales.

Con una mano elegante y eficaz, el leonés expone a los retratados con la intención de que sus vidas no se vean condenadas al olvido más completo. Las fotografías son la historia de sus afectos, de sus encuentros y de su interés por lo que está repleto de conmovedora autenticidad, por aquellos que viven en el alambre.

Y luego está el humor, en esos equilibrios casi imposibles de mujeres desnudas, con los que demuestra que el erotismo y el humor son elementos que conforman el jugoso caldo de la vida. Vida que también recoge una cierta tristeza, la provocada por la sensación de innumerables existencias.

Su obra se recoge en numerosas publicaciones y ha participado en diversas exposiciones individuales como *No me sigas* en la Fundación Canal de Madrid o *Tres Vídeos Tristes* en la Sala de Exposiciones de Canal Isabel II de Madrid. Su trabajo también se puede ver en numerosas publicaciones como *Mujeres*, *Bikers* o en uno de los volúmenes de la Colección PhotoBolsillo.

Alberto García-Alix (León, 1956), National Photography Award 1999, depicts his surroundings. A chronicler of his times, this photographer's work runs parallel to his life experiences, so that his oeuvre constitutes a tour of the shared history of an entire generation in Spain. Even though García-Alix's production leans heavily towards portraits of his friends – musicians, painters, actors, writers, tattoo artists, bikers, nightcrawlers, bohemians, outlaws, street people – a whole spectrum of genres is represented in his archives, including professional fashion photography, a realm in which the austerity of his style is given such a high profile that these pieces could be mistaken for some of his most personal sequences.

With a sure and elegant hand, García-Alix's portraits clearly express the intention to avoid condemning the sitters' lives to oblivion. These photographs are the history of his affections, his encounters, and his interests, overflowing with moving authenticity and empathy for those who live on the edge.

And then there is his wit, pulling off the nearly impossible balancing act of presenting nude women in a way which proves that eroticism and humour are key flavours in the tasty broth of life. Life that also embraces a certain sadness, provoked by the sense of innumerable existences.

His work has been featured in many publications, and he has participated in a number of solo shows, including two in Madrid: *No me sigas* (Don't Follow Me) at Fundación Canal, or *Tres Videos Tristes* (Three Sad Videos) at the Canal Isabel II. Moreover, his work is the subject of such books as *Mujeres* (Women), *Bikers,* and a volume in the PhotoBolsillo collection.

PHE98
Fotografías 1977-1998
Círculo de Bellas Artes

PHE02
Llorando a aquella que creyó amarme
Ministerio de Educación, Cultura y Deporte

PHE07
Eglise de Saint Anne
Arles

La gata, 2001.

Mr. Stoneman, 1988.

Alaska, 1989.

Daniel García Andújar

Daniel García Andújar (Almoradí, 1966) comienza su actividad artística a principios de los años ochenta en el ámbito de la videocreación. Pero a medida que va descubriendo las posibilidades que ofrecen los ordenadores, amplía su ámbito de actuación combinando arte y sociedad en proyectos como *Technologies To The People,* esto es, la implantación de una serie de plataformas de discusión de políticas culturales a través de la Red, siendo la primera *e-valencia.org.*

La instalación *Hack Landscape* consiste en una habitación que podría ser la de cualquier adolescente enganchado a su ordenador en la que unas pantallas de retroproyección van pasando imágenes de diferentes paisajes y escenarios. Estas vistas han sido obtenidas a través de un buscador de cámaras de vigilancia por Internet. Una invitación a tomar conciencia sobre la libertad y el control, sobre lo que es y no es real, y sobre las posibilidades de las nuevas tecnologías.

En su obra, García Andújar trata temas como los conflictos políticos, las victorias bélicas, la vida cotidiana o las cuestiones sociales de origen étnico. Y es que para el autor los artistas deben ser agudos observadores del cambio social y medir el impacto que provocan estas alteraciones en la vida cotidiana de las personas.

Daniel García Andújar (Almoradí, 1966), began his artistic career in the early eighties, when he worked with creative video. But as he gradually discovered the potential of computers, he widened his scope, combining art and society in projects such as *Technologies to the People,* which involved setting up a series of online forums on cultural policy, the first of which was *e-valencia.org.*

The installation *Hack Landscape* consists of what might be the bedroom of any teenager hooked on computers, in which rear-projection screens display images of different countries and scenes. These views were obtained from online CCTV surveillance cameras. It is an invitation to become more aware of freedom and control, of what is and is not real, and the potential of new technologies.

In his work, García Andújar deals with such issues as political conflict, military victories, everyday life, or ethnic social issues. For him, artists need to be sharp observers of social change, and be able to gauge the impact of these changes on our everyday lives.

Hack-lanscape
Un proyecto deDaniel G. Andújar (Technologies To The People)

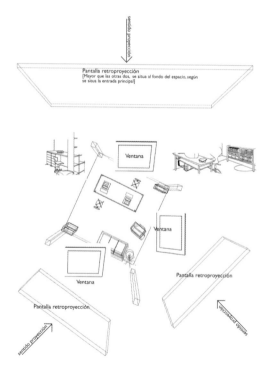

PHE06
Paisaje Hack
Matadero Madrid

http://www.discoveryvillage.net/marshcam/ViewerFrame?Mode=Motion&Resolution=640x480&Quality=Motion&Interval=1C ▼

MarshCam

Pan / Tilt
Scan

Preset   Program
1 2 3 4
5 6 7 8

Brightness
-   STD   +

Resolution
640x480
320x240
160x120

Image Quality
Favor Clarity
Standard
Favor Motion

Image Size
x1.0   x1.5

Buffered Image
Capture

Multi-Camera
Top Page
Help

G

http://80.199.4.57:81/ViewerFrame?Mode=Motion&Resolution=640x480&Quality=Standard&Interval=30&Size=E ▼

NetworkCamera

Pan / Tilt
Scan

Preset
1 2 3 4
5 6 7 8

Brightness
-   STD   +

Resolution
640x480
320x240
160x120

Image Quality
Favour Clarity
Standard
Favour Motion

Image Size
x1.0   x1.5

Buffered Image

Multi-Camera
Top Page
Help

García de Cubas

García de Cubas (Madrid, 1966) es un artista plástico y arquitecto que aborda el tema de la identidad desde diferentes perspectivas. En sus fotografías de transeúntes en espacios de paso, que somete a un tratamiento digital trabajando los contornos de las figuras humanas hasta hacerlas casi desaparecer, juega con la idea difusa de la identidad en esos no-lugares descritos por el antropólogo Marc Augé como aeropuertos, estaciones de metro, paradas de autobús o en plena calle, rodeados de personas y coches, donde la identidad pierde sus contornos y el ser humano pasa a ser un anónimo carente de identidad definida. Interesado en las grandes instalaciones de arte público, *Siempre que miro por la ventana, me veo a mí* es una instalación fotográfica, pensada específicamente para la estación de Nuevos Ministerios del Metro de Madrid. El viajero del metro es un individuo observado por otro viajero de metro. En esta instalación el que observa es ahora observador de sí mismo. Su ojo es el origen, y el destino es su reflejo en la ventana de un vagón de metro.

García de Cubas (Madrid, 1966) is a plastic artist and architect who addresses the theme of identity from various perspectives. He digitally manipulates his photographs of passers-by in transit areas, working on the contours of the human figures until almost making them disappear and playing with the diffuse idea of identity in the non-places described by anthropologist Marc Augé, such as airports, underground stations, bus stops or on the street itself when surrounded by people and cars. In such locations, identity also loses its contours and the human being becomes an anonymous being with no defined identity.
The artist is interested in large public art installations. *Siempre que miro por la ventana, me veo a mí* is a photographic installation designed specifically for the Nuevos Ministerios station in the Madrid underground system. Travellers on the underground are individuals observed by other underground travellers. In this installation, the observer now observes himself. His eye is the point of origin and his reflection in an underground car window is his destination.

PHE03
Siempre que miro por la ventana, me veo a mí
Metro

Siempre que miro por la ventana, me veo a mi (8), 2003.
© García de Cubas.

Siempre que miro por la ventana, me veo a mí (14), 2003.
© García de Cubas.

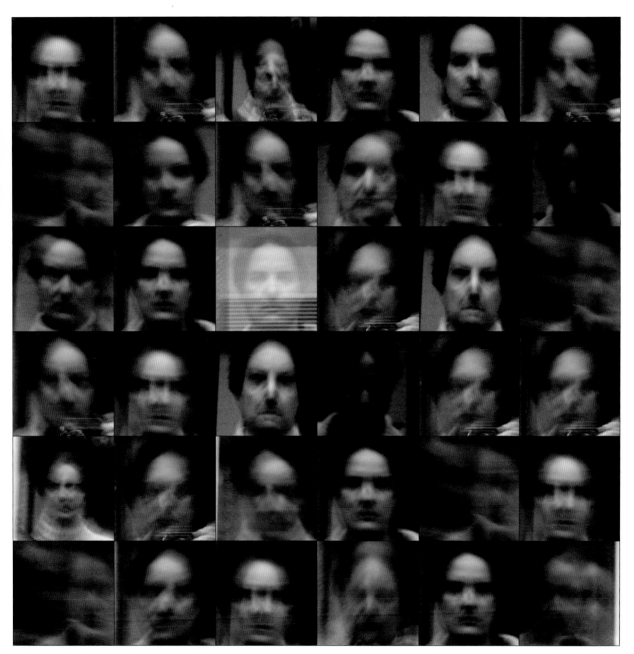

Cristina García Rodero

Cristina García Rodero (Puertollano, Ciudad Real, 1949) se empezó a interesar por la fotografía hojeando revistas de moda. Cogió la cámara prestada a su padre y con ella ganó un premio en el instituto con el que pudo comprarse su primera cámara. Fiel al blanco y negro porque comunica mejor, García Rodero posee una mirada llena de fuerza pero sin caer en el exhibicionismo ni en el artificio. Sus imágenes son muy potentes pero reales, fruto de la vida de las personas que retrata y no de los funambulismos de la técnica.

En *Haití* se interesa exclusivamente por los rituales, por la singular proximidad de los ritos vudús y del catolicismo, que marcan el calendario de uno de los países más pobres del mundo, víctima de dictaduras y de exacciones. Inmortaliza gentes, cuerpos, miradas, trances y superaciones inexplicables de lo físico por medio de un gesto impresionante. Estatuas o bajo-relieves, demonios y ángeles, actores sublimes o víctimas consentidas, estas imágenes nos hunden en lo más profundo de un mundo irracional cuya sensualidad nos conmociona.

García Rodero es una de las fotógrafas más prestigiosas del ámbito nacional y ha recibido numerosos galardones como el Premio Planeta de Fotografía, el premio World Press Photo o el Premio Nacional de Fotografía. Ha participado en numerosas exposiciones individuales en Estados Unidos, México, Portugal, Reino Unido, Alemania, Venezuela o Polonia, destacando su participación en la Bienal de Venecia (Italia) en 2001.

Cristina García Rodero (Puertollano, Spain, 1949), became interested in photography after looking through the pages of fashion magazines. She borrowed a camera from her father and won a high-school photography prize that enabled her to buy a camera of her own. Loyal to black and white, which she feels communicates more effectively, García Rodero's gaze is a powerful one, but neither exhibitionist nor artificial. Her pictures are strong but realistic, based on the life of the person she is shooting rather than on technical stunts.

In *Haiti*, she focuses exclusively on rituals, drawn by the unusual similarities of the Voodoo and Roman Catholic rites that mark the calendar of one of the poorest nations in the world, a victim of both dictatorship and extortion. She takes pictures of people's bodies, looks and trances, and how they inexplicably overcome physical problems, under the influence of another person's gesture. Statues and relief carvings, demons and angels, sublime performers or consenting victims; her moving and sensitive pictures lead us deep into an irrational world. García Rodero is one of Spain's top photographers, and she has received a number of awards, including the Planeta Photography Award, the World Press Photo prize or the Spanish National Photography Award. She has had solo exhibitions in the United States, Mexico, Portugal, the United Kingdom, Germany, Venezuela and Poland, and her work featured in the Venice Biennale of 2001.

PHE01
Haití
Ministerio de Educación, Cultura y Deporte

Sin título, de la serie "Rituales en Haití",
2001. © Cristina García Rodero.

Gilbert Garcin

Gilbert Garcin (La Ciotat, Francia, 1929) tiene una carrera artística poco convencional. Vendedor de lámparas hasta su jubilación a los 65 años cuando empezó a elaborar su autobiografía ficticia a base de instantáneas. Garcin es un creador vigoroso que nos habla de la condición humana en primera persona. "He vivido setenta años, no hay más", ha dicho en alguna ocasión al ser preguntado sobre su obra y sus influencias artísticas.

En la era de las imágenes digitales, Garcin elabora sus ilusionismos a partir de cola, tijeras y algunos otros materiales pobres. Con dichos elementos, multiplica los guiños, desvía las referencias y en general se divierte. Garcin es el sujeto y el objeto de sus propias imágenes, un personaje omnipresente que se ve inmerso en inverosímiles aventuras que suceden en decorados surrealistas. La fotografía se convierte en "la imagen de aquello de lo que soy el héroe", ha señalado. Autor de varios libros, ha dado a conocer su trabajo en países como Reino Unido, Suiza, Bélgica, Cuba, Alemania, Estados Unidos, Rusia o España. Además algunas de sus fotografías figuran en importantes colecciones como la Maison Européenne de la Photographie de Francia o Fonds National pour l'Art Contemporain de Francia.

The artistic career of Gilbert Garcin (La Ciotat, France, 1929) has been unconventional to say the least. Until he retired at the age of 65, he sold lamps, and it was only then that he started to put together a fictitious autobiography based on snapshots. He is a forceful creator who speaks about the human condition in first person. "I have lived for seventy years, that's all there is to it" he has replied on more than one occasion when asked about his work and artistic influences.

In this age of digital photography, Garcin works his particular magic with glue, scissors and a few other ordinary, day-to-day materials. Working with these elements, he creates collages with multiple messages and references, and has a lot of fun in the process. Garcin is both the subject and the object of his own creations, an ever-present character that features in seemingly implausible adventures set against surreal backdrops. The photograph becomes "the image of that in which I am the hero," he says. He is the author of various books and his work is well-known in several countries, among them the UK, Switzerland, Belgium, Cuba, Germany, the USA, Russia and Spain. As well as this, his works feature in important collections such as the Maison Européenne de la Photographie, or the Fonds National pour l'Art Contemporain, both in France.

PHE00
La vida es un teatro
Hotel NH Nacional

El egoísta.
Correr detrás del tiempo.
El molino del olvido.
Cortesía Galerie les Filles du Calvaire,
París. © Gilbert Garcin.

Fin.
Cortesía Galerie les Filles du Calvaire,
París. © Gilbert Garcin.

Pablo Genovés

"Quiero cuestionar la veracidad de lo fotografiado."
Son las palabras de Pablo Genovés (Madrid, 1959),
artista que ejemplifica la denominada fotografía plástica, que supone fundir imágenes fotográficas manipuladas con cuadros pintados por él mismo. "Me
asombra ese espacio intangible que se crea con la
mezcla de medios, y mi esfuerzo va encaminado a poder expresarme en ese terreno de duda con respecto
a la base en donde están enraizados."
Aborda los mundos femenino y masculino y sus anhe-
los de aproximación: la seducción, el deseo, el contacto físico, los grandes mitos de la adoración y el
hechizo. Esos objetos de deseo pueden ser tanto el
cuerpo humano como dulces, tartas o joyas que en
ocasiones se transforman en algo parecido a células
de seres mutantes.
Genovés ha expuesto individualmente en la Fundación la Caixa de Lleida, el Metropolitan Museum of
Manila de Filipinas, la galería Claudia de Houston
(Estados Unidos) o en el Círculo de Bellas Artes
de Madrid. Además su obra está presente en las
colecciones del Museo de Arte Contemporáneo de
Vitoria, el CGAC de Santiago de Compostela o la
Aperture Foundation de Nueva York (Estados Unidos).

"I want to question the truth of what I photograph."
These are the words of Pablo Genovés (Madrid,
1959), an artist who exemplifies what is known as
"painted photography", a technique that involves
merging manipulated photographs with his own
paintings. "I am fascinated by the intangible area
created by mixed media, and I want to be able to
express myself in a territory that is dubious about
where its roots lie."
He deals with the worlds of the male and the female,
and their urge to come together: seduction, desire,
physical contact, the great myths of adoration and
being bewitched. The object of desire may be the
human body, sweets, cakes or jewels, occasionally
turning into things that resemble the cells of mutant
creatures.
Genovés has held solo exhibitions at Fundación
la Caixa in Lleida, the Metropolitan Museum of
Manila, the Philippines, the Claudia gallery in
Houston and Círculo de Bellas Artes, in Madrid.
His work also features in the collections of the
Museo de Arte Contemporáneo, in Vitoria, CGAC
in Santiago de Compostela, and the Aperture
Foundation in New York.

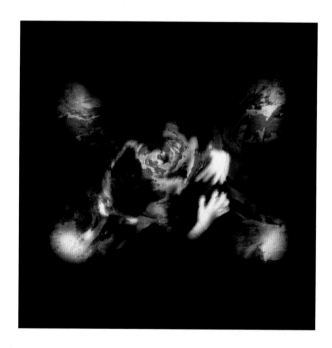

PHE00
Deseo y Memoria
La Fábrica

Amor en X, 1999.

Amor o sucedáneos, 1999.
Las joyas, 1997.

Luigi Ghirri

En la Italia de los años setenta, Luigi Ghirri (Reggio Emilia, Italia, 1943-1992) dio vida a una frase de Marcel Proust: "El verdadero viaje de descubrimiento no consiste en buscar nuevas tierras sino en tener nuevos ojos". Y el ojo de Ghirri inició una aguda y sofisticada investigación sobre el paisaje, renunciando a las consagradas imágenes de la Italia monumental y mostrando una realidad "sin pretensiones": el vacío paisaje de la llanura padana.

Su estilo es reconocible sobre todo por la perfección de sus perspectivas y el protagonismo de la ausencia. Ghirri no buscaba elementos espectaculares, intentaba, como él mismo escribió, "abrir el paisaje, dislocar la mirada, ir mas allá de las fronteras del arte. Liberarse un poco de las jergas culturales y de las armas de los críticos".

Luigi Ghirri ha dejado una huella profunda en la cultura italiana también por su riquísima producción de textos críticos sobre la esencia de la fotografía. Participó en la Bienal de Venecia (Italia) en 1988 y comisarió la sección de fotografía de la Trienal de Milán (Italia). Además su obra está presente en colecciones como la del Stedelijk Museum de Amsterdam (Países Bajos), el Museo de Bellas Artes de Houston, el MoMA de Nueva York (Estados Unidos) o el Canadian Centre for Architecture de Montreal (Canadá).

In the Italy of the seventies, Luigi Ghirri (Reggio Emilia, Italy, 1943-1992) gave new life to a phrase by Marcel Proust: "the real voyage of discovery consists not in seeking new landscapes, but in having new eyes." Ghirri's own eyes set out to undertake a perceptive and sophisticated examination of landscape, forsaking the usual images of monumental Italy and portraying an "unpretentious" reality: the bare landscape of the Padana plain.

His style is recognizable above all because of the perfection of his perspective and his focus on absence. Ghirri was not seeking spectacular features; as he said himself, he was trying to "open up the landscape, displace my gaze, go beyond the frontiers of art; to free myself of cultural jargon and the weaponry of the critics".

Luigi Ghirri also left his mark on Italian culture with numerous critical texts on the essence of photography. He took part in the Venice Biennale in 1988 and was curator of the photography section of the Milan Triennale. His work also features in collections belonging, amongst others, to the Stedelijk Museum in Amsterdam, the Houston Museum of Fine Arts, MoMA in New York, and the Canadian Centre for Architecture in Montreal.

PHE00
El perfil de las nubes
Museo Nacional de Ciencias Naturales

Legnago. Museo Fioroni.
Cortesía Grupo Riello. © Luigi Ghirri
Campegine. Museo Fratelli Cervi.
© Luigi Ghirri.

Formigine. Entrada a casa colonial.
Cortesía Grupo Riello. © Luigi Ghirri.

Cittanova di Modena,
Iglesia, en la calle Emilia.
© Luigi Ghirri.

Playa de Volano.
© Luigi Ghirri.

Francis Giacobetti

Francis Giacobetti (Marsella, Francia, 1939) empezó su carrera como fotógrafo en 1957 al publicar sus fotografías en la prestigiosa revista *Paris Match*. Posteriormente siguió colaborando en las revistas americanas, alemanas e inglesas más acreditadas, llegando a realizar durante dos años consecutivos el famoso calendario Pirelli. Parte de su trabajo gira en torno al desnudo, la moda y el erotismo y ha sido publicado en numerosas ocasiones en la revista *Playboy*. Además en 1975 escribió y dirigió la película *Emmanuelle II*.

En *Francis Bacon por Francis Giacobetti,* el artista fotografía a un Francis Bacon que, por lo general, se negaba a ser entrevistado, fotografiado o filmado, pero que, milagrosamente, unas semanas antes de su muerte accedió a dejarse entrevistar y fotografiar durante varios días. El resultado es una extraordinaria conversación: la historia de un artista que habla a otro artista.

Uno de sus proyectos más conocidos es *HYMN*, donde fotografía a las personalidades más importantes de nuestro tiempo, desde Gabriel García Márquez al Dalai Lama, un homenaje a la inteligencia de este siglo que ha sido expuesto en todo el mundo y publicado por algunas de las mejores revistas. La obra de este artista se ha podido ver en varias exposiciones en París, Tokio o Nueva York.

Francis Giacobetti (Marseilles, France, 1939) began his career as a photographer in 1957 when his work was published in the prestigious magazine *Paris Match*. Later, he worked on the leading American, German, and British magazines, and was the chief photographer on the famous Pirelli calendar for two years in a row. Much of his work revolves around nudes, fashion, and eroticism, and he has often been featured in *Playboy* magazine. Moreover, in 1975 he wrote and directed the film *Emmanuelle II*.

The series *Francis Bacon by Francis Giacobetti* is especially interesting because Bacon, who generally refused to be interviewed, photographed, or filmed, agreed, miraculously, to be interviewed and photographed for several days, just weeks before he died. The result is an extraordinary conversation: the story of an artist talking to another artist.

One of Giacobetti's best-known projects is *HYMN*, featuring photographs of some of the most important personalities of our time, from Gabriel García Márquez to the Dalai Lama: an homage to the intelligence of the 20th century, which has been shown around the world, and published in some of the top magazines. The photographer's work has also been shown in exhibitions in Paris, Tokyo and New York.

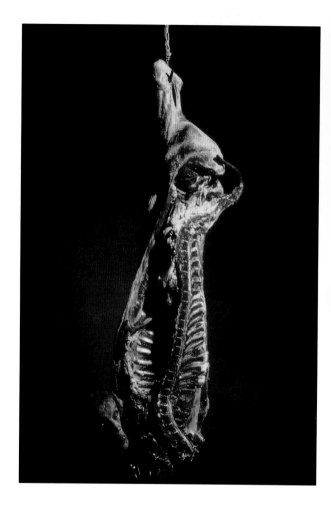

Francis Bacon.

PHE99
Francis Bacon por Francis Giacobetti
Torre Caja Madrid

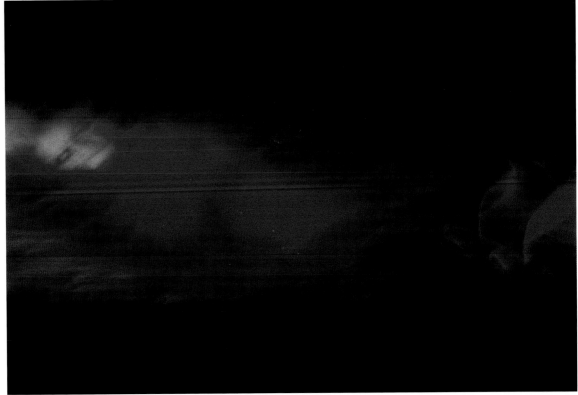

Stephen Gill

Stephen Gill (Bristol, Reino Unido, 1971) retrata los detalles que pasan desapercibidos en nuestro día a día, lo que inconscientemente escondemos cuando miramos a nuestro alrededor, como las obras de la calle, los cajeros automáticos o las pequeñas plantas que nacen en las cunetas. Temáticas centradas en asuntos minúsculos, aparentemente sin importancia, pero que ocultan elementos inesperados, plasmados con un estilo irónico y un humor sutil. El autor utiliza unos de los métodos más recurrentes del arte de vanguardia, el extrañamiento, para que el público pueda encontrar detalles excepcionales en situaciones cotidianas que normalmente pasan desapercibidas.

En *Invisible* (*Invisible*) recoge momentos de la vida diaria de la ciudad de Londres. Para ello recurre al llamado documental conceptual y desarrolla una idea insistentemente sin alterar ni intervenir en la acción. Fotografías de trabajadores que reparan los medios urbanos como el alcantarillado, los semáforos o las carreteras, invisibles en el ritmo frenético de la ciudad, a pesar de sus ropas llamativas.

Stephen Gill ha obtenido, entre otros, el primer premio en el London Photograph of the Year en 1999 y ha expuesto en instituciones como The National Portrait Gallery o The Photographers Gallery en Londres (Reino Unido).

Stephen Gill (Bristol, United Kingdom, 1971) portrays the details that escape us during everyday existence, the things we unconsciously disregard upon observing our surroundings, such as public works, automatic teller machines or small plants growing in gutters. Gill's themes focus on minute subjects that apparently lack importance but actually conceal unexpected elements that he records with his ironic style and subtle humour. He uses estrangement, one of the most common methods in avant-garde art, to enable viewers to find in ordinary situations the exceptional details usually overlooked.

Invisible reflects moments of daily life in London. To do this, Gill resorts to so-called conceptual documentary and develops an idea repeatedly without altering or intervening in the action. Here are photographs of workers who, as they repair urban facilities such as the sewer system, traffic lights and roads remain invisible amidst the city's frantic rhythm in spite of their eye-catching apparel.

Among other awards, Stephen Gill received first prize in the London Photograph of the Year contest in 1999 and his work has been displayed in art centres including the National Portrait Gallery and The Photographers' Gallery in London (United Kingdom).

De la serie "Invisible", 2004.
© Stephen Gill.

De la serie "Perdido", 2003.
© Stephen Gill.

Anthony Goicolea

El artista norteamericano de origen cubano Anthony Goicolea (Atlanta, Estados Unidos, 1971) nos obliga a reflexionar sobre la sexualidad inherente a la infancia y la adolescencia y acerca de los convencionalismos que nos impiden tenerla en cuenta, por considerar que es una perversión si son los adultos quienes la abordan. Así, no es extraño que esta obra se haya asociado en más de una ocasión a las campañas publicitarias de Steven Meisel para Calvin Klein. Goicolea se proyecta a sí mismo en series de autorretratos en los que pone de manifiesto el mundo sobre el que se gestan sus sueños y deseos. Combina elementos teatrales con la luz, el vestuario, el maquillaje o el decorado, junto a la manipulación digital de la imagen y una imaginación desbordante, para reflexionar sobre los límites de la personalidad, de una forma compleja que traspasa la inofensiva apariencia con la que nos la presenta.

Anthony Goicolea, que combina la fotografía con el dibujo, el vídeo y la instalación, ha participado en numerosas exposiciones individuales en espacios como el Contemporary Center of Photography de Melbourne (Australia) o el Museum of Contemporary Photography de Chicago (Estados Unidos). Su obra forma parte de las colecciones del Whitney Museum of American Art, el MoMA y el Guggenheim de Nueva York (Estados Unidos), el MUSAC de León o el Museum of Contemporary Photography de Chicago.

The American artist of Cuban origin Anthony Goicolea (Atlanta, USA, 1971) forces us to reflect on the sexuality inherent in childhood and adolescence, and on the conventionalisms that keep us from taking it into account, due to the idea that this theme is considered perverse if it is approached by adults. Thus, it is not surprising that his work has been associated more than once with Steven Meisel's advertising campaigns for Calvin Klein. Goicolea projects himself into a series of self portraits which make manifest the world that is the source of his dreams and desires. He combines theatrical elements – lighting, costumes, makeup and sets – with digital manipulation of the images, and his own overflowing imagination, to reflect on the limits of personality, in a complex way that goes beyond the inoffensive appearance presented to us at first sight.

Anthony Goicolea, who combines photography with drawing, video and installation, has participated in many solo shows in such spaces as the Contemporary Centre of Photography in Melbourne (Australia) and the Museum of Contemporary Photography in Chicago (USA). His work is in the collections of the Whitney Museum of American Art, the MoMA, and the Guggenheim in New York, the MUSAC in León (Spain), and the Museum of Contemporary Photography in Chicago.

Nicolás Goldberg

El fotógrafo Nicolás Goldberg (París, Francia, 1978) documenta una ilusión y un fracaso: mes y medio de la campaña electoral del ex presidente argentino Carlos Menem en busca de su tercera presidencia. Aunque logró ganar sorprendentemente la primera vuelta, a setenta y dos horas de la segunda decidió abandonar para evitar ser rechazado por más del sesenta y cinco por ciento de los votos.
El reportaje de Goldberg es un conjunto de escenas documentales donde la realidad parece desafiar constantemente a la ficción, y lo ordinario a lo extraordinario. Al mismo tiempo, el autor consigue estimular un diálogo entre el género tradicional del reportaje fotográfico y otros de la fotografía contemporánea.
Este joven fotógrafo ha trabajado como asistente de Marcos López y Pablo Cabado en Buenos Aires (Argentina), y de James Nachtwey en Nueva York (Estados Unidos). También colabora habitualmente como *freelance* en publicaciones como *Newsweek, Time, The New York Times Magazine* y *Rolling Stone*.

Photographer Nicolás Goldberg (Paris, France, 1978) documents both an illusion and a failure: six weeks of Argentinean ex president Carlos Menem's electoral campaign in search of his third presidency. Although surprisingly Menem was able to win the first round, he decided to abandon his candidacy seventy-two hours before the second round to avoid being rejected by over seventy-five per cent of the votes.
Goldberg's reportage comprises a group of documentary scenes where reality appears to constantly defy fiction and the ordinary the extraordinary. At the same time, the artist is able to stimulate a dialogue between the traditional genre of the photo essay and others pertaining to contemporary photography.
This young photographer has worked as an assistant to Marcos López and Pablo Cabado in Buenos Aires (Argentina), and to James Nachtwey in New York (United States). As a freelance photographer, he contributes regularly to publications such as *Newsweek, Time, The New York Times Magazine* and *Rolling Stone*.

PHE04
Sin título 2003
Casa de América

Sin título, #13:15:36.
Sin título, #22:41:03.
© Nicolás Goldberg.

Sin título, #14:58:34.
Sin título, #11:53:32.
© Nicolás Goldberg.

Nan Goldin

El trabajo de Nan Goldin (Washington, Estados Unidos, 1953), frecuentemente interpretado como provocador o escandaloso, nos cuenta, a modo de un diario íntimo, la historia de su vida, inmersa en el corazón de la contra-cultura norteamericana. La artista lleva treinta años fotografiando sin descanso a los miembros de lo que ella denomina su "extensa familia": artistas, *drag queens*, amantes de todos los sexos... Su obra presenta, por tanto, un cúmulo de instantáneas que descubren sin tabúes sus amistades, sus amores, pero también su soledad y fragilidad.

"Mi deseo es preservar el sentido de la vida de la gente, dotarlos de la fuerza y la belleza que yo veo en ellos", ha dicho en alguna ocasión la artista. Sus imágenes, tremendamente personales, encierran una innegable fuerza emocional y visual. La mayoría de las veces ofrecen la visión de una escena privada, de un realismo brutal, que se desarrolla en interiores. El propio estilo de Goldin acentúa la intensidad de esos momentos: los primeros planos, la mezcla de colores saturados y de luz artificial, confieren a sus imágenes una gran sensualidad.

Como Diane Arbus o Larry Clark, con quienes se la suele comparar, Goldin ha contribuido en gran medida a redefinir el estatus de la fotografía, entre fotografía documental –cada imagen constituye un retrato social– y fotografía artística, dejando a un lado el distanciamiento de la mirada objetiva para optar por una dimensión narrativa y una intimidad envolvente.

La trayectoria de Nan Goldin es internacionalmente reconocida y su obra está presente en colecciones como la del Centre Pompidou de París (Francia), la Tate Gallery de Londres (Reino Unido), o el Guggenheim Museum de Nueva York (Estados Unidos), por mencionar algunos. Además ha participado en numerosas publicaciones y exposiciones individuales como la retrospectiva que le dedicó el Whitney Museum of American Art en 1996.

The work of Nan Goldin (Washington, USA, 1953), often seen as provocative or scandalous, is like an intimate diary that tells the story of her life, deep in the heart of the American counter-culture. For the past thirty years, the artist has been tirelessly photographing the members of what she calls her "extended family": artists, drag queens, lovers of both genders... Her work presents, therefore, an accumulation of snapshots that reveal, without taboos, her friendships, her love affairs, but also her loneliness and fragility.

The artist herself has said that what she wants to do is to preserve the meaning of people's lives, endowing them with the strength and beauty that she sees in them. Her images, tremendously personal, pack an undeniable emotional and visual punch. She usually offers a view of a private scene, depicted with brutal realism, within an interior. Goldin's style accentuates the intensity of these moments: using close-ups, blending saturated colours with artificial light, makes these images highly sensual.

Like Diane Arbus or Larry Clark, with whom she is often compared, Goldin has contributed to a large extent to redefining work that falls between documentary photography – each image a social challenge – and artistic photography, leaving aside the distancing of an objective gaze to opt for a narrative dimension and an enfolding intimacy.

Nan Goldin's career is internationally renowned, and her work is present in such collections as that of the Centre Pompidou in Paris, London's Tate Gallery, or the Guggenheim Museum in New York. Her photographs appear in many books, and have been featured in numerous solo shows, such as the 1996 retrospective at the Whitney Museum of American Art.

PHE98
Nápoles. Diez años después
Círculo de Bellas Artes

PHE02
El patio del diablo
MNCARS

Premio PHE02

En el bar: Toon, C. y So, Bangkok, 1993.

Autorretrato en Rhinestones.

Autorretrato, mirada interior, 1999.
Cortesía Galerie Yvon Lambert, París.

Autorretrato en el tren, Alemania, 1992.
Cortesía Collection Lambert, Avignon.

Jimmy Paulette y Taboo! en el baño,
Nueva York, 1991.

Misty y Jimmy Paulette en el taxi,
Nueva York, 1991.

Paco Gómez

Paco Gómez (Madrid, 1971), ingeniero de caminos, canales y puertos, se inicia en la fotografía en 1992 desde la Asociación Fotográfica Caminos. En 1999 viaja a Perú como ayudante de Juan Manuel Castro Prieto y entra a trabajar a su estudio compaginando su labor de positivador con la de fotógrafo.

La serie *Proyecto K* es una narración histórico-ficticia que parte de la vida de Franz Kafka en imágenes, documentos históricos y textos. Relata cómo en 1924 un Kafka tuberculoso y privado del habla trata de capturar sus sueños y pensamientos en un desesperado intento de trasladar a imágenes su universo onírico.

Paco Gómez ha sido galardonado con el premio fotógrafo revelación en PHotoEspaña 2002 y ha sido seleccionado en los premios Caminos de Hierro, Generación 2001 o Descubrimientos de PHotoEspaña 2001. Además ha participado en exposiciones individuales en la Galería F7 de Bratislava (Eslovaquia) o en Proyecta de Madrid.

Paco Gómez (Madrid, 1971), a civil engineer, discovered photography in 1992 at the Asociación Fotográfica Caminos. In 1999, he travelled to Peru as Juan Manuel Castro Prieto's assistant and began to work in Castro's studio as both a printer and photographer.

The *Proyecto K* series is a historical-fictional narration about the life of Franz Kafka based on images, historical documents and texts. Gómez tells us how in 1924 a tuberculosis-ridden Kafka, no longer able to talk, tries to capture his dreams and thoughts in a desperate attempt to turn his dream universe into images.

Paco Gómez was awarded the Best New Photographer Prize in PHotoEspaña 2002 and was short-listed for the Caminos de Hierro, Generación 2001 and PHotoEspaña 2001 Descubrimientos Prizes. He has also had solo exhibitions at Galería F7 in Bratislava (Slovakia) and Proyecta in Madrid.

PHE03
Proyecto K
INJUVE

Proyecto K. Placa de sueños
n. 0080 K. Levitando.
Cortesía Archivo Kafka Society.

Kafka y Felice Bauer, Budapest 1917.
Cortesía Archivo Kafka Society.

Pierre Gonnord

Pierre Gonnord (Cholet, Francia, 1963) ha desarrollado su trabajo en España, donde vive y trabaja en la actualidad. Para realizar esta obra el artista ha recorrido diferentes países buscando seres anónimos y peculiares cuya forma de vida evocara una realidad fuera de lo establecido, con los cuales suele establecer una relación que trasciende el esquema del modelo-fotógrafo.

De esta manera consigue imágenes de personas expresivas, puras, crudas o representativas de una minoría humana: mendigos, inmigrantes, vagabundos... Sin artificios, con un retrato cercano al de los grandes pintores del siglo de oro español, comparte con Velázquez, Zurbarán o Goya ese afán de encontrar en los seres más inhóspitos la fuerza del arte y la creación.

Su obra ha sido vista en Madrid, Sevilla, Lisboa, París, Vitoria, Bruselas o Luxemburgo. Además, está presente en colecciones como la del MNCARS, la Maison Européenne de la Photographie, el MUSAC, el Museo de Bellas Artes de Santander, la Fundación Telefónica o el Museo de Arte Contemporáneo de Chicago (Estados Unidos).

Pierre Gonnord (Cholet, France, 1963) has developed his work in Spain, where he currently lives and works. To make his oeuvre, the artist has toured various countries looking for anonymous and peculiar beings whose lifestyle evokes a reality outside accepted conventions, and he has established a relationship with them that goes beyond the normal model-photographer roles.

This is how he achieves images of expressive, pure or harsh people and of those who represent a human minority: beggars, immigrants, vagrants, etc. Using no artifice, he produces portraits close to those of the great Spanish Golden Age painters, and he shares with Velázquez, Zurbarán and Goya the desire to find the power of art and creation in the most off-putting human beings.

Gonnord's work has been shown in Madrid, Seville, Lisbon, Paris, Vitoria, Brussels and Luxembourg. It is also found in collections such as those of the Reina Sofía Museum (MNCARS), the Maison Européenne de la Photographie, MUSAC, the Fine Art Museum in Santander, Fundación Telefónica and the Chicago Museum of Contemporary Art (United States).

PHE03
Centro Cultural Conde Duque

Yukio, 2003.
Maki, 2003.
Commande publique du Ministère de la Culture et de la Communication, Francia. © Pierre Gonnord.

Onnagata 2, 2003.
Commande publique du Ministère de la Culture et de la Communication, Francia. © Pierre Gonnord.

Marisa González

El trabajo de Marisa González (Bilbao, 1945) gira en torno a la utilización de la tecnología, la necesidad de una conciencia social y el reciclado mediante instrumentos de su tiempo como la fotografía, la electrografía, el vídeo o el ordenador. Con la finalidad de incluir todas estas herramientas tecnológicas de una manera experimental y procesual.

Entre sus series cabe destacar *Clónicos*, retratos de muñecos como referencia del cuerpo real o *Transgénicos,* una denuncia de las manipulaciones genéticas de algunos frutos, tales como cebollas, fresas o limones, que se convierten en metáforas del cuerpo humano. En *La fábrica* la fotógrafa aborda la arquitectura por primera vez en su trayectoria y construye imágenes de ruinas internas y externas de paisajes industriales. Con el reciclado como una constante que permite entender globalmente la unidad de todo su trabajo.

Ha expuesto individualmente en el Círculo de Bellas Artes de Madrid, en el Centro Contemporáneo Caja de Burgos o en el Centro Cultural Montehermoso de Vitoria. Además su obra está presente en las colecciones del MNCARS, la Real Academia de Bellas Artes de San Fernando o el MACBA de Barcelona.

The work of Marisa González (Bilbao, Spain, 1945) focuses on the use of technology, the need for social awareness, and recycling. She uses contemporary instruments such as photography, electrography, video, or computers, encompassing these technological tools in an experimental and procedural manner.

One of her series, *Clónicos* (Clones), uses portraits of dolls as a reference to real bodies; another, *Transgénicos,* (Genetically Modified), is a protest against the genetic modification of fruit and vegetables such as onions, strawberries or lemons, in which they become metaphors of the human body. In *La Fabrica*, the photographer deals with architecture for the first time, producing images of indoor and outdoor ruins in industrial landscapes. Recycling is a constant factor that is the key to understanding her work as a whole.

She has held solo exhibitions at Círculo de Bellas Artes in Madrid, Centro Contemporáneo Caja de Burgos, and at the Centro Cultural Montehermoso in Vitoria. Her work also features in the collections of MNCARS and Real Academia de Bellas Artes de San Fernando iin Madrid, and at MACBA in Barcelona.

PHE00
La fábrica: registros hiperfotográficos e instalaciones
Fundación Telefónica

© Marisa González.

Luis González Palma

Luis González Palma (Guatemala, 1957) es un fotógrafo autodidacta que decidió dedicarse a su pasión
tras estudiar arquitectura y se ha convertido en uno de
los más prestigiosos de Latinoamérica. A lo largo de
toda su carrera, viene desarrollando una estética muy
particular al situar su trabajo en un cruce de caminos
entre la fotografía y las artes plásticas. Sus obras juegan con montajes, encuadres, texturas, filtros y colores
poco convencionales. La temática está definida por un
sentido de pertenencia a una identidad concreta, la
guatemalteca, aunque deslocalizada.
Ganador del Premio PHotoEspaña 2000, González
Palma trabaja los códigos del cine y la arquitectura,
de la danza y la música, de los ritos oscuros que tur-
ban y avivan la mirada de los pueblos de Guatemala.
En 1989 realizó su primera exposición a la que han
seguido otras sesenta más por todo el mundo: desde
la organizada por el Instituto de Arte de Chicago
(Estados Unidos) hasta las que se celebraron en el
Museo de Bellas Artes de Taipéi (Taiwán), o más
recientemente, en el MNCARS de Madrid. Además su
obra forma parte de colecciones tan importantes
como la del Instituto de Arte de Chicago (Estados
Unidos), el Museo de Berlín (Alemania) o el Taipei
Fine Arts Museum (Taiwán).

Luis González Palma (Guatemala, 1957) is a self-
taught photographer who decided to devote himself
to his passion, after having studied to become an
architect. He is now one of Latin America's foremost
photographers. Throughout his career, he has
developed a highly personal aesthetic style, and his
work lies halfway between photography and the
plastic arts. He plays with montage, background,
texture, filters and unconventional colours, and his
subject matter is defined by his sense of identity as a
displaced Guatemalan.
Winner of the 2000 PHotoEspaña Award, González
Palma uses the language of film-making and
architecture, dance and music, and the obscure
rituals that both darken and brighten the gaze of the
Guatemalan people. He held his first exhibition in
1989, and it was followed by another sixty shows
worldwide. They range from the Art Institute of
Chicago (USA), to the Taipei Fine Arts Museum
(Taiwan) or, more recently, at MNCARS in Madrid. His
work also features in major collections, including the
Art Institute of Chicago, the Berlin Museum (Germany)
or the Taipei Fine Arts Museum (Taiwan).

PHE99
Centro Cultural de la Villa

Premio PHE99

Mar, 1997.
© Luis González Palma.

El casco, 1995.
© Luis González Palma.

La inversión del Mito, 1998.
© Luis González Palma.

Anatomía de la melancolía, 1998.
© Luis González Palma.

El hombre triste, 1998.
© Luis González Palma

La única esperanza, 1998.
© Luis González Palma

Marta de Gonzalo y Publio Pérez Prieto

Marta de Gonzalo (Madrid, 1971) y Publio Pérez Prieto (Badajoz, 1973) comenzaron trabajando juntos en 1996 en *Contando nubes*, una serie de *performances* en las que los artistas invitaban a los transeúntes a mirar al cielo para contar nubes y otros fenómenos. Desde entonces trabajan el vídeo y la fotografía desde lo performativo y lo narrativo, incluyendo métodos del arte digital como la interactividad o la participación con el espectador.

En *Relato de una crisis elegida*, dos personajes en una casa vacía de objetos mantienen conversaciones sin abrir los labios. De esta forma, los artistas reflexionan sobre los síntomas del carácter construido bajo el reinado de la nueva economía y sus formas de trabajo, sobre la política y sobre los medios de comunicación. Galardonados en 2003 con el Premio de Artes Plásticas de la Comunidad de Madrid, forman parte del proyecto colectivo Circo Interior Bruto de 1999 a 2003. Han expuesto individualmente en el MEIAC de Badajoz o en la Caixa de Lleida; y colectivamente en el MNCARS de Madrid o en la Galleria Civica d'arte Moderna e Comtemporánea de Turín (Italia).

Marta de Gonzalo (Madrid, 1971) and Publio Pérez Prieto (Badajoz, 1973) began working together in 1996 in *Contando nubes* (Counting Clouds), a series of performances in which the artists invited passers-by to look at the sky and count clouds and other phenomena. Since then, they have worked in video and photography from a performative and narrative perspective that includes digital art methods such as interactivity and viewer participation.

In *Relato de una crisis elegida* (Tale of a Chosen Crisis), two people converse without opening their lips in a house containing no objects. In this way, the artists reflect on the symptoms of the character built during the reign of the new economy and its work modes, as well as on politics and the media. Awarded the Community of Madrid Plastic Arts Prize in 2003, the two artists belonged to the collective project Circo Interior Bruto from 1999 to 2003. They have had individual exhibitions at the MEIAC in Badajoz and la Caixa in Lleida and have participated in group exhibitions at the Reina Sofía Museum (MNCARS) in Madrid and the Galleria Civica d'arte Moderna e Comtemporánea in Turin (Italy).

PHE04
Centro Cultural Conde Duque

W: La fuerza del bio-trabajo, 2001.
© Marta de Gonzalo y Publio Pérez Prieto.

Luis Gordillo

El pintor Luis Gordillo (Sevilla, 1934), una de las principales figuras del arte abstracto en España, ha utilizado repetidamente a lo largo de su carrera la fotografía; bien como parte de *collages*, bien como origen de posteriores creaciones. Asimismo, desde los años ochenta, Gordillo ha fotografiado de manera obsesiva no sólo sus cuadros acabados, sino también el mismo proceso de creación. Gracias a esta "manía" podemos observar la historia de sus obras.

En su trabajo, el pintor demuestra la cercanía entre la técnica pictórica y la fotográfica, y propone la documentación del arte como actividad artística en sí misma. Además fue pionero del uso, hoy corriente, de la fotografía como una herramienta creativa. En *Procesos fotográficos en los años 70* se puede observar la compleja preparación fotográfica de sus cuadros de los años setenta, con secuencias que incluyen fotografías, *collages*, fotocopias, dibujos y textos.

La pintura de Luis Gordillo, Premio Nacional de Artes Plásticas en 1981, es una referencia imprescindible para muchos artistas españoles. Sus cuadros se encuentran en las principales ferias, bienales de arte, museos y colecciones públicas, como la Fundación Juan March (Madrid), IVAM (Valencia), MACBA (Barcelona), MNCARS (Madrid) o el Museo de Bellas Artes de Bilbao.

Painter Luis Gordillo (Seville, 1934), is one of Spain's leading abstract artists. He has used photography on many occasions throughout his career, either as part of his collages, or as the source of subsequent creative works. Since the 1980s, he has also obsessively shot not only his finished pictures, but also the creative process itself. Thanks to this "mania", we are able to see the story behind his works.

Gordillo shows the proximity between the techniques of painting and photography, and uses the photographic documenting of art as an artistic activity in its own right. He was also a pioneer of the now common practice of using photography as a creative tool. In *Photographic Processes in the Seventies*, we see the complex photographic preparation of his work from the seventies, with sequences that include photographs, collages, photocopies, drawings and texts.

The painting of Luis Gordillo, who won the Spanish National Arts Award in 1981, is an essential referent for many Spanish artists. His pictures are to be seen at leading art fairs, biennials, museums and public collections, such as the Juan March Foundation (Madrid), IVAM (Valencia), MACBA (Barcelona), MNCARS (Madrid) or the Museum of Fine Arts in Bilbao.

PHE04
Procesos fotográficos en los años setenta
Círculo de Bellas Artes

Espejo-gemelos.
© Luis Gordillo

(págs. 252-253)
Fotos de prensa, 1970-1980. Detalle.
© Luis Gordillo.

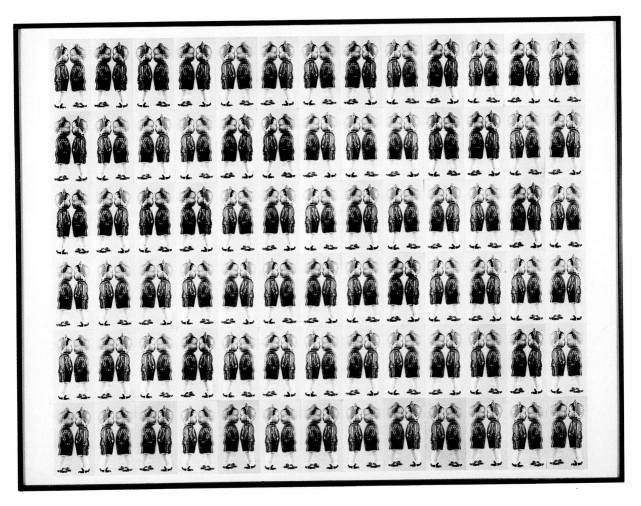

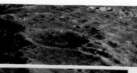
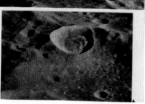

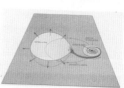

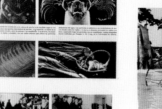

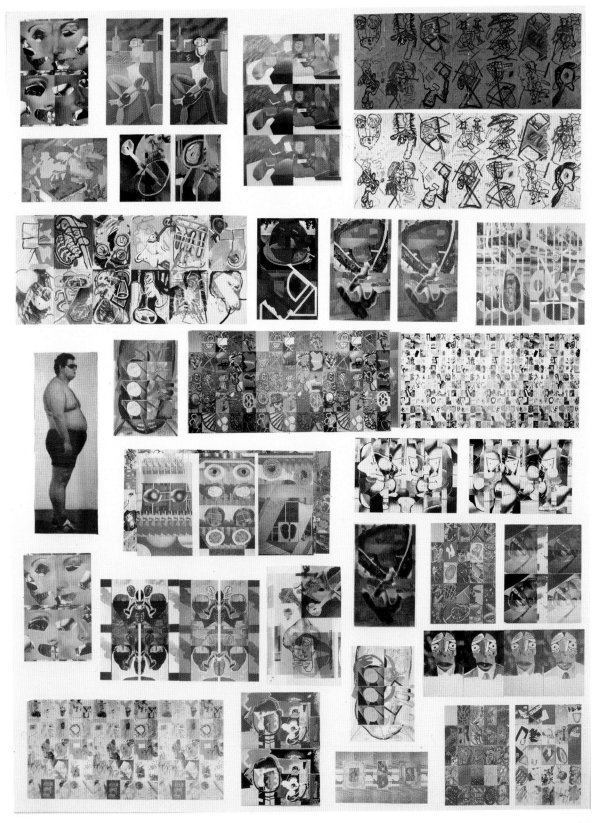

Paul Graham

El fotógrafo Paul Graham (Stafford, Inglaterra, 1956) trabaja en torno al peso de la historia subrayando los detalles del contexto político y social en que vivimos. El peso del pasado es el hilo conductor que atraviesa la mayor parte de su obra, haciendo énfasis en símbolos e imágenes que habitualmente pasan desapercibidos. En los últimos veinticinco años se ha empeñado en poner de manifiesto los detalles que revelan el auténtico peso del contexto social y político en el que nos movemos. Graham quiere, de esta manera, "iluminar" la realidad, lejos de proponer cualquier mensaje didáctico o propagandístico.

De esta forma, en la serie *Troubled Land* (1984-1986) el fotógrafo propone una perspectiva nueva de la documentación de un conflicto. Con el estilo de los paisajes pictóricos del siglo XIX, plasma un problema de décadas de violencia civil en Irlanda del Norte. En *New Europe* (1988-1992) compara fragmentos de las realidades actuales de distintos lugares de Europa con su historia común y entrelaza sus contradicciones culturales. Mientras que en *American Night* (1998-2003) hace un uso extraordinario de la luz para sugerir las dificultades de la percepción y llegar a ver claramente las huellas de un pasado que está lejos de haber sido superado.

Paul Graham cuenta con una reconocida trayectoria artística. Su trabajo ha sido objeto de una monografía de la editorial Phaidon y de otra decena de publicaciones. Además ha presentado en galerías y museos como el MoMA, el P.S.1 (Nueva York, Estados Unidos), la Tate Gallery, Photographers' Gallery, Whitechapel Art Gallery o el Victoria & Albert Museum (Londres, Reino Unido), el Museum Ludwig (Colonia, Alemania), o la Kunsthalle (Viena, Austria).

The work of photographer Paul Graham (Stafford, England, 1956), deals with the weight of history, underlining the details of the political and social context in which we live. The weight of the past is the common theme of most of his work, which highlights symbols and images that often go unnoticed. Over the last 25 years, he has striven to show the details that reveal the real impact of the social and political context in which we operate. Graham's purpose is to shed light on reality, rather than to propose any kind of didactic or propagandistic message.

In his series *Troubled Land* (1984-1986) Graham adopts a new approach to the reportage of a conflict. Using a style reminiscent of 19th-century landscape paintings, he depicts the problem of decades of civil violence in Northern Ireland. In *New Europe* (1988-1992), he compares fragments of the current situation in various places in Europe with their common history, linking together their cultural contradictions, while in *American Night* (1998-2003) he uses light in an extraordinary way to suggest the difficulties involved in perception and in managing to discern the traces left by a past that is far from buried.

Paul Graham is a renowned photographer with a long artistic career. His work has been the subject of a monographic book by Phaidon publishers, as well as a number of other publications. He has shown his work at galleries and museums that include MoMA, P.S.1 (New York), the Tate Gallery, The Photographers' Gallery, Whitechapel Art Gallery and the V&A (London), the Ludwig Museum (Cologne, Germany), or the Kunsthalle (Vienna).

PHE04
Fundación Telefónica

Sin título (Hombre sin brazo, Madrid / Reflejo en la ventana, Vigo), 1988-1989. Serie "Nueva Europa". Cortesía Anthony Reynolds Gallery, Londres. © Paul Graham.

Sin título (Monedas sobre repisa, España). Cortesía Anthony Reynolds Gallery, Londres. © Paul Graham.

La Union Jack Flag en el árbol
(County Tyrone), 1985.
Serie "Tierra conflictiva".
Cortesía Anthony Reynolds Gallery,
Londres. © Paul Graham.

Sin título (Nueva York), 2002.
Cortesía Anthony Reynolds Gallery,
Londres. © Paul Graham.

Peter Granser

El joven periodista Peter Granser (Hannover, Alemania, 1971) se inició en la fotografía de forma autodidacta y desde 1995 viene presentando en foros internacionales una serie de trabajos en los que conjuga sus intereses documentales y artísticos.

Sun City es un peculiar centro residencial construido en 1959, en el estado de Arizona, por el empresario Del Webb, habitado exclusivamente por personas ancianas, con una media de edad de setenta y cinco años. Impresionado por una forma tan singular de vivir la vejez, Peter Granser visitó en repetidas ocasiones Sun City, entre 2000 y 2001, captando el espíritu de esta especie de ciudad ideal, límite entre el paraíso terrenal y el experimento científico: ancianos que nadan en una piscina *hollywoodiense*, bailarinas sonrientes, barbacoas, casas idénticas. Una alegría e hiperactividad que no escapan a la melancolía ante la inexorabilidad del paso de tiempo y que despierta un sentimiento ambiguo entre la perplejidad y la fascinación.

Peter Granser ha sido galardonado con la Mención de Honor del World Press Photo 2005 y el Tercer Premio del mismo galardón en 2002, además del Premio Descubrimiento de los Rencontres Internationales de la Photographie de Arles (Francia) en 2002. Ha expuesto individualmente en la Sala El Águila de Madrid o en la Fundación Marangoni de Florencia (Italia) y su obra ha sido objeto de tres publicaciones: *Butlerschule* en 1997, *Sun City* en 2003 y *Alzheimer* en 2005.

The young journalist Peter Granser (Hannover, Germany, 1971) is a self-taught photographer and since 1995 he has presented a series of works in international venues that combine his documentary and artistic interests.

Sun City is a peculiar residential community built in the state of Arizona in 1959 by businessman Del Webb. It is inhabited exclusively by senior citizens with an average age of seventy-five. Impressed by this very unique way of experiencing old age, Peter Granser visited Sun City on many occasions between 2000 and 2001, capturing the spirit of this kind of ideal city on the borderline between an earthly paradise and a scientific experiment: old folks swimming in a Hollywood-style pool, smiling dancers, barbecues and identical houses. The residents' gaiety and hyperactivity are not free from melancholy as they face the inexorable passage of time, which evokes an ambiguous feeling somewhere between puzzlement and fascination.

Peter Granser was awarded an honourable mention in World Press Photo 2005 and third prize in the same award in 2002, in addition to the Discovery Prize at the Rencontres Internationales de la Photographie in Arles (France), also in 2002. He has had a solo exhibition at the Sala El Águila in Madrid and the Marangoni Foundation in Florence (Italy), and his work has been collected in three publications: *Butlerschule* in 1997, *Sun City* in 2003 and *Alzheimer* in 2005.

PHE03
Ciudad del sol
RENFE

De la serie "Ciudad del sol".
Arizona, 2000.
© Peter Granser / Photonet.

Lourdes Grobet

Lourdes Grobet (Ciudad de México, México, 1940) es una artista multidisciplinar que interactúa con otras disciplinas. Empezó haciendo instalaciones fotográficas en los años setenta y más tarde se pasó a la fotografía documental desarrollando temas como el teatro campesino o la lucha libre.

Especialmente interesada en la expresión urbana mexicana, durante veinte años ha documentado las competiciones de lucha libre que se celebran en su país. El Santo, Blue Demon, Tinieblas, Solar, Huracán Ramírez o el Perro Aguayo son algunos de los históricos gladiadores a quienes Grobet retrata. Las grandes rivalidades, las llaves legendarias, la euforia de la victoria o la vergüenza de la derrota, se complementan con imágenes en las que los héroes nacionales muestran su vida fuera del *ring*.

Lourdes Grobet estudió artes plásticas en la Universidad Iberoamericana y Diseño Gráfico y Fotografía en el Cardiff College of Art y el Derby College for Higher Education, en Inglaterra. Lleva más de treinta años trabajando como fotógrafa y ha participado en más de cien exposiciones individuales y colectivas en centros como el MoMA de Nueva York y San Francisco (Estados Unidos). Sus trabajos han sido recogidos en publicaciones como *Se escoge el tiempo* (1983), *Luciérnagas* (1984), *Bodas de Sangre* (1987) y *Lourdes Grobet* (2004).

Lourdes Grobet (Mexico City, Mexico, 1940) is a multidisciplinary artist who interacts with other disciplines. She began creating photographic installations in the nineteen seventies and later turned to documentary photography, working on themes such as peasant theatre or freestyle wrestling.

With a particular interest in Mexican urban expression, she has documented wrestling matches in this country for twenty years. El Santo, Blue Demon, Tinieblas, Solar, Huracán Ramírez and Perro Aguayo are some of the historical gladiators Grobet has photographed. The great rivalries, the legendary holds, the euphoria of victory and shame of defeat are complemented with images in which the national heroes show their lives outside the ring.

Lourdes Grobet studied Plastic Arts at the Iberoamerican University and Graphic Design and Photography at the Cardiff College of Art and the Derby College for Higher Education in England. She has worked as a photographer for over thirty years and has participated in more than one hundred solo and group exhibitions in centres like the New York and San Francisco Museums of Modern Art (United States). Her works have been gathered in publications such as *Se escoge el tiempo* (1983), *Luciérnagas* (1984), *Bodas de Sangre* (1987) and *Lourdes Grobet* (2004).

PHE07
Espectacular de lucha libre
Casa de América

Blue Demon.
Solar.
© Lourdes Grobet.

Ponzo.
© Lourdes Grobet.

Stanislas Guigui

Stanislas Guigui (Marsella, Francia, 1969) es un fotó-grafo valiente y comprometido que se implica con el mundo que retrata. Durante seis años ha viajado a través de Estados Unidos, Brasil, Oriente Medio, la Amazonía y Asia, y ha centrado su trabajo en las zo-nas marginales y la gente de la calle. En busca de la autenticidad que se esconde detrás del caos, dota de dignidad a las personas que retrata pese a que para el resto de la sociedad no la tengan.
Su trabajo más emblemático ha sido realizado en una de las barriadas más conflictivas de Bogotá (Colom-bia), donde, para integrarse, residió durante más de dos años. Un testimonio de una vida de lucha, de amistad y de supervivencia en uno de los rincones más abandonados del planeta. Una serie que se com-plementa con retratos en estudio de aquellas perso-nas que habitan las calles y a las que nadie quiere mirar. En palabras del artista "la intención no es retra-tarlos como miserables, sino como piratas urbanos cuya filosofía podría ser resumida en una frase:
la sociedad no me da nada, ni exige nada de mí".
Tras estudiar fotografía y obtener un diploma de la International Advertising Association de Nueva York (Estados Unidos), Stanislas Guigui ha trabajado en agencias de publicidad en Francia y Colombia, donde participa en varias campañas internacionales.

Stanislas Guigui (Marseille, France, 1969) is a courageous, committed photographer who becomes involved in the world he portrays. For six years he has travelled throughout the United States, Brazil, the Middle East, Amazonia and Asia, focusing his work on socially excluded areas and street people. He goes in search of the authenticity concealed in chaos and endows the people he photographs with dignity, even though the rest of society grants them none. His most emblematic work was made in one of the most troubled neighbourhoods in Bogotá (Colombia), where he lived more than two years in order to become integrated. His is a testimony to lives marked by struggles, friendship and survival in one of the most forsaken corners of the earth. The series is complemented with studio portraits of people who live in the streets and who nobody wants to see. In the artist's words, "the intention is not to portray them as the wretched, but as urban pirates whose philosophy could be summed up in one phrase: Society gives me nothing and asks nothing of me." After studying photography and obtaining a diploma from the International Advertising Association in New York (United States), Stanislas Guigui has worked in advertising agencies in France and Colombia, where he has participated in various international campaigns.

PHE07
El reino de los ladrones
Centro Cultural Aguirre, Cuenca

Calle del Cartucho, Bogotá, Colombia:
Chinche, un niño de la calle con 8 años
fumando basuko.
El pirata, un ladrón callejero de Cartucho.
© 2005-06 Stanislas Guigui.

Calle del Cartucho, Bogotá, Colombia:
Gran manejador de machete y especializado
en atracos nocturnos.
© 2005-06 Stanislas Guigui.

Andreas Gursky

De Tokio a Nueva York, de París a Brasilia, El Cairo, Shanghai, Los Ángeles, Estocolmo, de Bonn a Hong Kong, Andreas Gursky (Leipzig, Alemania, 1955) busca los signos de nuestro tiempo: amplios vestíbulos de hoteles, edificios de apartamentos, almacenes, grandes polideportivos, parlamentos, centros bursátiles internacionales y escenarios de música *tecno*. Sus grandes fotografías, saturadas de color y detalle, presentan una impresionante imagen de un mundo transformado por la industria de la alta tecnología y la globalización.

Gursky, que se introdujo en el mundo de la fotografía a través de su padre, fotógrafo comercial, adoptó en sus comienzos un método y un estilo próximo al de sus maestros, los Becher, pero en color. En 1984 abandonó este estilo y retomó la observación espontánea, con series sobre alpinistas, nadadores, turistas y otros grupos de ocio. Estas escenas inundadas de luz recordaban las recientes obras de artistas como Stephen Shore, Joel Sternfeld y otros jóvenes americanos. Pero en 1990 la obra de Gursky dio un giro decisivo durante un viaje a Japón en el que fotografió el centro bursátil de Tokio. En lo sucesivo, la observación espontánea dejó paso a la elaboración de una imagen preconcebida, como la de los Becher, aunque apoyada en la manipulación digital. La obra de Gursky goza de gran reconocimiento internacional y una de sus obras ha sido vendida en 2007 por 2,3 millones de euros convirtiéndose en la fotografía más cara del mundo hasta ese momento. Destacan las exposiciones individuales celebradas en el MoMA de Nueva York (Estados Unidos) en 2001 y 2003 y en el Centre Pompidou de París (Francia) en 2002.

From Tokyo to New York, Paris to Brasilia, Cairo, Shanghai, Los Angeles, Stockholm, from Bonn to Hong Kong, Andreas Gursky (Leipzig, Germany, 1955) looks for the signs of our times: spacious hotel lobbies, apartment blocks, warehouses, large sports centres, parliaments, international stock markets and techno raves. His large-format photos, saturated with colour and detail, give an impressive image of a world that has been transformed by high-tech industrialisation and globalisation.

Gursky, who learned the tricks of the trade from his father, himself a successful commercial photographer, initially cultivated a method and style similar to that of his maestros, Bernd and Hilla Becher, with the difference being that he worked in colour. In 1984 he gave up this style and turned his attention to spontaneous observation, producing photo essays with mountaineers, swimmers, tourists and other groups of people engaged in leisure activities as his subject matter. These scenes, bathed in light, recall the work of later artists such as Stephen Shore, Joel Sternfield and other young Americans. But in 1990 Gursky's work took another, decisive, turn when during a visit to Japan he photographed the Tokyo Stock Exchange. From then on, spontaneous images gave way to preconceived, elaborate set-up shots, like those of the Brechers, aided with digital manipulation.

Gursky's work enjoys international recognition and one photograph fetched 2,3 million euros in 2007, making it the most expensive photograph in the world to date. Among his most outstanding solo exhibitions are those held in New York's MoMa in 2001 and 2003 and in the Centre Pompidou in Paris, in 2002.

PHE01
MNCARS

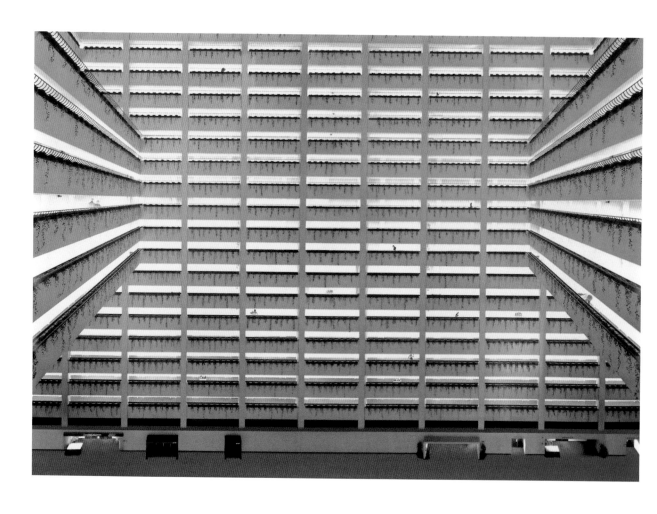

Times Square, 1997.
Cortesía Matthew Marks Gallery, New
York y Monika Sprüth Galerie, Colonia.
© Andreas Gursky.

Stock Exchange, Tokio, 1990.
© Andreas Gursky.

Cristóbal Hara

Cristóbal Hara (Madrid, 1946) quería ser fotoperiodista, pero su interés no era tanto los temas como el propio lenguaje fotográfico. Esto le llevó a una crisis que resolvió cuando empezó a utilizar el color, allá por 1985. Sus primeras fotografías, en blanco y negro, fueron realizadas con una clara voluntad documentalista, pero cuando comenzó a utilizar el color, evolucionó en una dirección en la que las fronteras entre realidad y ficción se confunden.

Cuando Hara trabaja un tema no es este lo que le importa, sino el lenguaje. El autor sigue confiriendo una cierta autoridad documental al hecho fotográfico; sin embargo, al llevar el lenguaje documental hasta el límite, en sus imágenes es difícil constatar la línea que separa el documento de la ficción.

En *Contranatura* Hara reunió imágenes procedentes de trabajos muy diversos y de épocas diferentes, pero todas ellas tomadas fundamentalmente en zonas rurales de España. En este trabajo pasa del reportaje puro –la lucha con los caballos salvajes– a imágenes más abstractas y simbólicas, como el caballo de Troya. Entre sus trabajos, que han dado lugar a exposiciones y libros, sobresalen *Lances de Aldea*, *Vanitas* y *An Imaginary Spaniard*.

Cristóbal Hara (Madrid, 1946) wanted to be a journalistic photographer, but he was not interested in the subjects so much as in the language of photography. This led to a personal crisis that he resolved when he began to use colour, in around 1985. His first black and white photographs have a clear documentary purpose. But when he began to use colour film, he evolved in a direction in which the boundaries between reality and fiction became blurred. When Hara works on a subject, it is not the subject itself that matters to him, but the way it is expressed in photographic language. The photographer still gives the document a certain amount of authority, but by taking photographic language to its extreme, it becomes hard to distinguish between document and fiction.

In *Contranatura* (Against Nature), Hara assembled pictures from a wide variety of work and periods, but they were nearly all shot in rural areas of Spain. Here, he goes from pure reporting – struggling with wild horses – to more abstract and symbolic pictures, such as the Trojan horse. Highlights of his work, which has been both exhibited and published, include *Lances de Aldea*, (Village Episodes), *Vanitas* and *An Imaginary Spaniard*.

Fran Herbello

Fran Herbello (Menziken, Suiza, 1977), hijo de emi-
grantes gallegos, juega con los elementos de lo cotidiano para crear nuevas situaciones que rompen con
la forma usual de ver lo familiar. Esculpe sobre la piel
haciendo intervenciones efímeras que documenta
con fotografías en blanco y negro que él propone
como veraces, de rigurosidad científica. Realiza fondos neutros y juegos de contrarios que bailan entre
la repulsa y la risa, entre lo que se ve y lo que es, par-
tiendo de elementos mínimos y cercanos.
El autor considera que "corren tiempos rotos y estamos viviendo una regresión a lo íntimo". A su juicio,
desde el recogimiento y el autoanálisis se intenta
reestructurar una identidad acosada por la sociedad
digital y acelerada. El cuerpo no encuentra su lugar,
lo digital no encaja con su materialidad y su relación
directa con las sensaciones se está desdibujando.
Sus imágenes se han podido ver expuestas en el
MARCO de Vigo, en el Centro Culturale Europeo de
Genova (Italia) o en el Alternative Museum for the Flint
Institute of Arts.

Fran Herbello (Menziken, Switzerland, 1977), is the
son of Spanish Galician immigrants. He plays with
everyday objects to create new situations that break
away from our usual way of seeing things. He sculpts
onto the skin, performing ephemeral surgical
operations that he documents in black and white,
presenting them as real and scientifically accurate.
His neutral backgrounds and use of opposites leave
us halfway between repulsion and laughter, between
what we can see and what's actually there, using
familiar, minimal elements.
Herbellos considers that "these are fragmented times
and we are experiencing a regression into intimacy".
In his opinion, withdrawal and self-analysis
contributed to restructuring an identity that is under
attack from fast-moving, digital society. There is no
longer a place for the body; digital life does not suit its
tangible nature, and its direct relationship with
feelings is becoming blurred.
His pictures have been shown at MARCO in Vigo,
Spain, at the Centro Culturale Europeo in Genoa,
Italy, or the online Alternative Museum for the Flint
Institute of Arts.

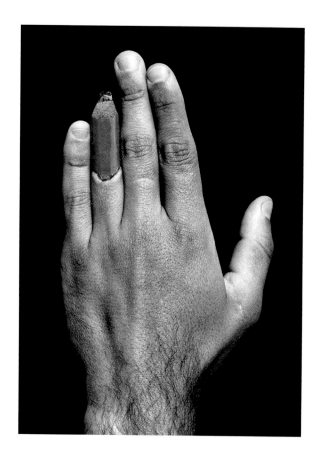

PHE01
A imagen y semejanza
Círculo de Bellas Artes

© Fran Herbello.

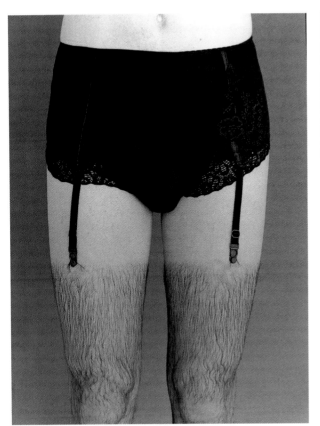

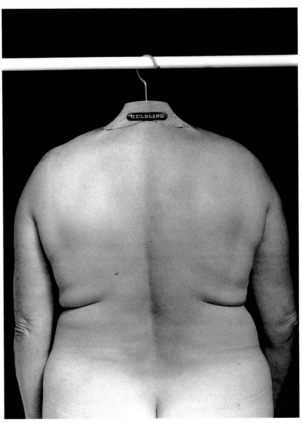

Daniel Hernández-Salazar

Daniel Hernández-Salazar (Guatemala, 1956) ha sido ordenado Caballero de las Artes y las Letras de Francia en 2005 y galardonado con el Premio Jonathann Mann en 1998. Con su trabajo aspira a dirigir la atención sobre ciertos hechos con el objetivo de que estos no se repitan. El motivo principal de su trabajo es presentar al público temas que cuestionan sus actitudes como individuos y como sociedad.

"Cuando trabajé como fotoperiodista mi objetivo fue reproducir imágenes verdaderas que reflejaran las condiciones de vida de mi país", explica Hernández-Salazar. "Como artista quiero producir imágenes poderosas que hablen de lo que pasa y de lo que siento. Busco crear obras que sean testimonios de hechos, de cosas o sentimientos importantes para mí. Quiero dejar huellas de mi paso."

Ha representado la vida, la muerte, la represión y la ignorancia voluntaria ante hechos, en una manera de entender el arte como una "energía que hace cambiar la sociedad". Su obra ha sido expuesta en Japón, Estados Unidos, Europa y gran parte de Latinoamérica. Además en los últimos quince años su obra ha sido recogida en, al menos, quince publicaciones.

Daniel Hernández-Salazar (Guatemala, 1956) was made a Chevalier des Arts et des Lettres in France in 2005, and received the Jonathan Mann award in1998. Through his work, he draws attention to certain events, in an attempt to ensure they are not repeated. His main purpose is to show the public subjects that make them question their own attitudes, both as individuals and as a society.

"When I worked as a photojournalist, I wanted to produce truthful pictures that showed the living conditions in my own country", he explains. "As an artist, I want to take powerful pictures that describe what is happening and what I feel. I want to create work that serves as testimony of events, facts, and feelings that are important to me. I want to leave a mark."

He has taken pictures of life, death, repression and voluntary ignorance of facts, seeing art as "an energy that makes society change". His work has been shown in Japan, the United States, Europe and a large part of Latin America. Over the last fifteen years, his pictures have featured in at least as many publications.

PHE01
Del hecho a la memoria
Casa de América

De la serie "Eros + Thanatos".
© Daniel Hernández-Salazar.

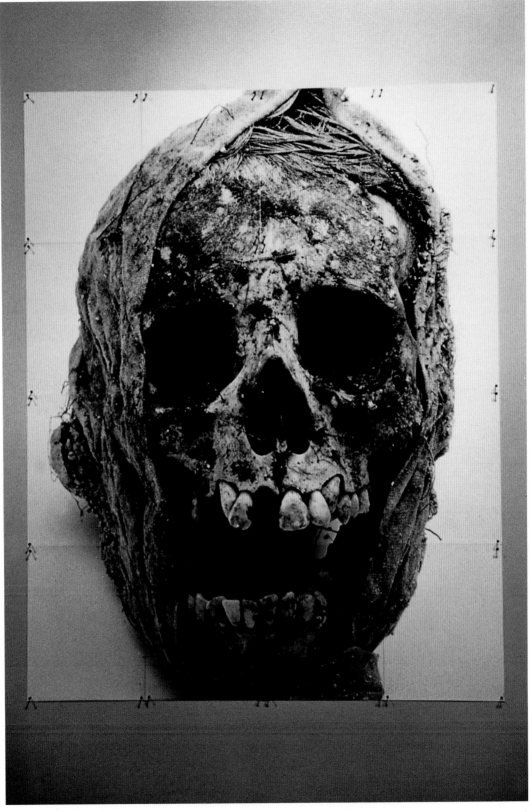

Uschi Huber

La artista Uschi Huber (Alemania, 1966), pese a su formación como escultora, es una de las figuras más destacadas de la fotografía alemana actual. Aunque su atención se ha centrado en diferentes campos conceptuales, en su trayectoria se ha interesado particularmente por la documentación de nuestro entorno, a través de fotografías realistas, habitualmente vacías de figuras humanas y centradas en elementos cotidianos. Desde 1995 esta fotógrafa trabaja junto a Jörg Paul Janka en el proyecto *Ohio*, propuesta artística no comercial en formato de revista que tiene como objetivo mostrar imágenes fuera de su contexto. Lo que estos autores tratan de plantear es qué hace el espectador cuando faltan las referencias que explican una imagen. La respuesta parece estar clara: producir narraciones. La artista, que estudió Bellas Artes en la Universidad de Brighton (Reino Unido) y en la State Academy of Arts de Dusseldorf (Alemania), se dio a conocer con un proyecto que realizó entre los años 1997 y 1999 recorriendo diversas autopistas europeas y retratando su presencia anónima y su velocidad.

Despite her training as a sculptor, artist Uschi Huber (Germany, 1966), is one of Germany's leading contemporary photographers. Although she has been closely involved in various different conceptual fields, she has been particularly interested throughout her career in documenting our surroundings, with realistic shots that are usually devoid of human figures, and which focus on everyday features. Since 1995, she has worked alongside Jörg Paul Janka on the *Ohio* project, a non-commercial art magazine, whose purpose is to show pictures out of context. The artists' aim is to find out what viewers do when there are no references to explain an image. The answer seems to be clear: they construct a story. Huber studied Fine Art at Brighton University in the UK, and at the State Academy of Arts in Dusseldorf. She made a name for herself with a series she shot between 1997 and 1999, travelling around various European motorways, depicting their anonymous presence and speed.

Arsath Ro'is, Sin título.
Proyecto "Ohio".

Burkhard Brunn, Steinfischbach,
29.12.2001. Proyecto "Ohio".

Mimmo Jodice

Mimmo Jodice, (Nápoles, Italia, 1934) es un fotógrafo autodidacta que se inicia en pintura y escultura en la Academia de Bellas Artes de Nápoles. Descubre la fotografía en los años cincuenta y decide dedicarse a ella por completo. En los años sesenta su producción está muy influida por las vanguardias como el cubismo y el surrealismo.

Ha colaborado con artistas como Andy Warhol, Robert Rauschenberg, René Burri o Joseph Beuys, entre otros. Parte de su obra se centra en los problemas sociales de Italia del sur, aunque no se trata de una obra de denuncia sino más bien de un examen de los diferentes comportamientos artísticos ante las diversas situaciones. En los sesenta se apasiona por el retrato y en los ochenta por el paisaje.

En *La recherche* dialoga con la obra homónima de Marcel Proust, pero centrándose en una doble visión del Mediterráneo. Por un lado como lugar geográfico visto desde una dimensión primitiva, y por otro lado como viaje al mito relacionado con este mar. Su obra ha sido vista en Boston, Nueva York (Estados Unidos), Marsella, París (Francia) o Londres (Reino Unido).

Mimmo Jodice, (Naples, 1934) is a self-taught photographer who started out with painting and sculpture at the Naples Academy of Fine Arts. He decided to become a fulltime photographer in the 1950s. In the 60s, his work became greatly influenced by Avant-garde movements such as Cubism and Surrealism.

He has worked with a large number of artists, including Andy Warhol, Robert Rauschenberg, René Burri and Joseph Beuys. Part of his oeuvre focuses on social issues in southern Italy, not so much as a protest, but as an examination of artistic behaviour in different situations. In the 1960s he became passionate about shooting portraits and, in the 1980s, landscapes.

In *La recherche,* he sets up a dialogue with Marcel Proust's work of the same name, although the series focuses on a dual approach to the Mediterranean sea: on the one hand, as a geographical location seen from a primitive angle and, on the other hand, as a voyage into the mythical side of the ocean. His work has been shown in Boston, New York, Marseille, Paris and London.

PHE01
La investigación
Centro Cultural Conde Duque

Sin título. De la serie "Isolario Mediterráneo", 1998-1999.

Sin título. De la serie "Isolario
Mediterráneo", 1998-1999.

Chris Jordan

El artista y activista Chris Jordan (San Francisco, Estados Unidos, 1963) se dio a conocer gracias a sus impactantes retratos del consumo de masas norteamericano. Imágenes que testifican la creciente acumulación de desechos que genera nuestro desaforado consumismo y que provocan, tanto en Jordan como en el espectador, una combinación de rechazo y fascinación. "Encuentro evidencias de un apocalipsis a cámara lenta en el progreso", ha dicho en alguna ocasión. Quizá por eso, Jordan participa frecuentemente en encuentros relacionados con el medioambiente o los desechos, como el Día Internacional del Medio Ambiente.

La serie In Katrina's Wake (En la estela del Katrina) es un episodio más de su lucha personal contra el consumismo descontrolado. En esta ocasión, Jordan retrata la devastación provocada por el huracán Katrina. En sus imágenes plasma el sentimiento personal de pérdida y vergüenza de una sociedad que no ha sabido evitar una catástrofe provocada por el hombre. Se trata de una reflexión sobre las consecuencias medioambientales del American Way of Life, un modelo que, como la misma naturaleza ha demostrado de forma espectacular, parece estar equivocado. Aunque la serie In Katrina's Wake no está tan dedicada a los desechos como los están otras colecciones de este fotógrafo, consigue igualmente transmitir esa sensación de destrucción que produce la acción de la naturaleza.

Artist and activist Chris Jordan (San Francisco, USA, 1963), became known thanks to his impressive portraits of US mass consumerism. These pictures testify to the growing accumulation of waste being generated by our outrageous consumerism, and they provoke a combination of horror and fascination in both the viewer and in Jordan himself. He has said, "I find evidence of a slow-motion apocalypse in progress." Perhaps that is why Jordan frequently takes part in meetings on the environment or waste, such as World Environment Day.

The series In Katrina's Wake is one more episode in his personal fight against unbridled consumerism. On this occasion, Jordan portrays the devastation left behind by hurricane Katrina. His pictures convey the feeling of personal loss and shame of a society that was unable to prevent a catastrophe that was ultimately caused by mankind. It is a reflection on the environmental consequences of the American Way of Life, a model that, like nature itself, has proved to be spectacularly wrong. While In Katrina's Wake does not focus on waste quite as much as other collections by this photographer, it does convey that same feeling of destruction caused by natural events.

PHE06
En la estela del Katrina
Círculo de Bellas Artes

Nevera en un árbol cerca de Prt Sulphur, 2005.
Suelo de salón en el barrio Ninth Ward, Nueva Orleans, 2005.
Tienda de 1$ cerca de Buras, LA, 2005.

Puerta de un comercio, Slidell, 2005.
Moto y restos de una casa, Chalmette, 2005.
Radio y ropa en un canal, Buras, LA, 2005.

En pos de Katrina, Nueva Orleans, 2005.
Arca de Noé, pared de un aula de pre-
escolar, St. Bernard Parish, 2005.
Restos de una casa, Barrio Ninth Ward,
New Orleans, 2005.
Cortesía del artista.

Stratos Kalafatis

Stratos Kalafatis (Kavala, Grecia, 1966) retrata gente, animales, lugares y objetos que pese a ser reales transportan al espectador a un mundo onírico.
El color envuelve todo su trabajo, el amarillo de las flores, el azul del agua o del cielo, el verde del campo y el rojo de una sandía pasan por una sucesión de intensidades gracias a la luz.
Este uso del color es un rasgo característico de este artista griego que se pone de manifiesto en la serie *Diario fotográfico*, un trabajo realizado en la isla griega de Skopelos entre 1998 y 2002 que huye de la narración descriptiva para adentrarse en la introspección de percepciones de la vida cotidiana.
Stratos Kalafatis se forma en la Escuela de Arte y Fotografía de Filadelfia (Estados Unidos) y participa en exposiciones en museos de Grecia, Japón y Finlandia. Asimismo su trabajo ha podido verse en exposiciones colectivas durante la Bienal de Marsella (Francia) en 1990 y en la de Valencia en 1992.

Stratos Kalafatis (Kavala, Greece, 1966) photographs people, animals, places and objects that, in spite of being real, transport the viewer to a dream-like world. All of his work is inundated with colour: the yellow of the flowers, the blue of the water or the sky, the green of the countryside and the red of a watermelon, are all present in various intensities thanks to the light.
This use of colour is characteristic of the Greek artist and is highlighted in the *Diario fotográfico* series of photographs taken on the Greek island of Skopelos between 1998 and 2002, which avoids descriptive narration and delves into the introspection of perceptions of daily life.
Stratos Kalafatis was trained at the Art Institute of Philadelphia (United States) and he has participated in exhibitions in museums in Greece, Japan and Finland. His work was also shown in group exhibitions during the Marseille Biennial in 1990 and in the Venice Biennale in 1992.

PHE07
Journal 1998-2002 (Diario fotográfico)
Cardenal Gil de Albornoz 1. Cuenca.

Sin título de la serie "Diario fotográfico", 1988-2002. Cortesía Kalfayan Galleries, Atenas, Tesalónica.

Rinko Kawauchi

Rinko Kawauchi (Siga, Japón, 1972) captura la belleza de los momentos ordinarios que normalmente ignoramos. Sus imágenes nos hablan sobre la profundidad de las cosas cotidianas. Con una estética minimal y una paleta de colores predominantemente pastel, nos cuenta historias sobre la familia, de la interacción del ser humano con la naturaleza o del ciclo de la vida. Su exquisita delicadeza fija la atención del espectador sobre las texturas, los sutiles detalles o la calidad de la luz. Quizá por ello ha presentado en ocasiones su trabajo junto a poemas haiku.

En *Aila*, que significa "familia" en turco, Kawauchi trata sobre la naturaleza en sus estados más variados. Desde el nacimiento hasta la muerte, imágenes del capullo de una flor abriéndose o de un pollo muerto colgando sobre una tabla de cocina. Su gran capacidad de observación y la gama cromática de sus instantáneas consiguen convertir sus imágenes en experiencias estéticas inesperadas.

Pese a su juventud Kawauchi es ya un referente de la fotografía japonesa, especialmente para su generación. Ha expuesto en solitario en el Museo de la Fotografía de California, Estados Unidos, y colectivamente en el Art Tower Mito de Tokio (Japón). Además, su trabajo aparece recogido en numerosos libros como *Aila, Utatane, Hanabi* o *Hanako*.

Rinko Kawauchi (Siga, Japan, 1972) captures the beauty of ordinary moments that we usually ignore. His images speak to us of the depth of everyday things. With a minimalist aesthetic and a predominantly pastel palette, he tells us stories about his family, about human beings' interactions with nature, or the life cycle. His exquisite delicacy draws the viewers' attention to textures, subtle details, the quality of the light. Perhaps this is why he has sometimes presented his work together with haiku poems.

In *Aila*, which means "family" in Turkish, Kawauchi deals with nature in its most varied forms. From birth to death – images of a budding flower or a dead chicken hanging over a kitchen table. His great capacity for observation and the chromatic range of his shots make these images an unexpectedly aesthetic experience.

Despite his youth, Kawauchi is already a reference in the Japanese photography world, especially for those of his generation. He has had solo shows at the Museum of Photography in California, USA, and taken part in collectives at the Art Tower Mito in Tokyo. Moreover, his work appears in a number of books, including *Aila, Utatane, Hanabi* and *Hanako*.

PHE06
Aila, parte de la exposición *Madre Tierra*
Centro Cultural de la Villa

Sin título, de la serie "Aila", 2003.
Cortesía de la artista y de la editorial Foil, Tokio.

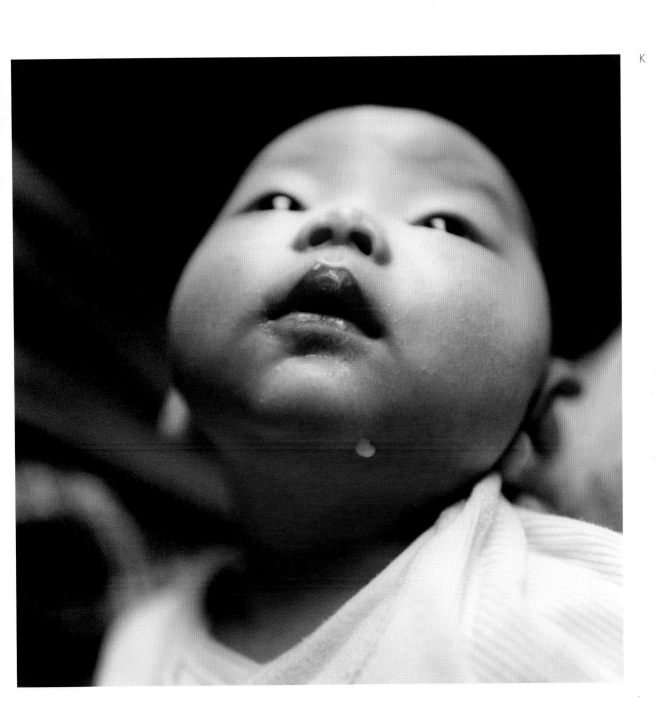

Seydou Keïta

Seydou Keïta (Bamako, Malí, 1921-2001) es un fotógrafo autodidacta que comenzó a fotografiar en 1945 con una cámara que le trajeron sus tíos de Senegal. Desde entonces, poco a poco se fue afianzando en el mundo del retrato en Bamako junto a Issouf Boundyana, Mountaga y Malik Sidibé. En 1949 abrió su propio estudio en el que sacó miles de fotografías que configuran una excepcional fuente de información sobre la sociedad de Bamako durante los años cincuenta y sesenta.

En estudio o con luz natural, utilizaba colgaduras para sus fondos, que cambiaba cada dos o tres años y que le sirvieron más tarde de referencia para datar sus tomas. Keïta rápidamente se impone como el retratista más apreciado de la alta sociedad de Bamako y esta popularidad le convierte en 1962 en el fotógrafo del estado malí, función que ejerce hasta su jubilación en 1977. Sus imágenes de mujeres u hombres solos, en pareja, en grupo, de bustos, personas tumbadas o de pie están dotadas de gracia y elegancia. Además, su dominio de la luz, del tema y del encuadre reducen el retrato a lo esencial.

Seydou Keïta (Bamako, Mali, 1921-2001) is a self-taught photographer who began to take photos in 1945, with a camera that his aunt and uncle brought back from Senegal. From then on, he gradually began to make a name for himself in the world of Bamako portrait photography, along with Issouf Boundyana, Mountaga and Malick Sidibé. In 1949, he opened his own studio, taking thousands of pictures that are an outstanding source of information on Bamako society during the 1950s and 60s.

He used hanging backdrops both in the studio and in his daylight shots, changing them every two or three years. He later used these as a reference for dating his pictures. Keïta soon became Bamako's favourite society photographer, and his popularity led to him being appointed official state photographer of Mali in 1962, a position he held until he retired in 1977. His pictures of men and women alone, or in couples and groups, his head-and-shoulder portraits, or of people reclining or standing, are all equally graceful and elegant. His skill with the lighting, subject matter and setting of his portraits, ensure that they focus on the essentials.

PHE99
Real Jardín Botánico

© Seydou Keïta, 1952-1955.
© Seydou Keïta, 1958.

© Seydou Keïta, 1956-1957.
Courtesy C.A.A.C. The Pigozzi Collection.

(págs. 288-289)
© Seydou Keïta, 1952-1955.
© Seydou Keïta, 1958.
Courtesy C.A.A.C. The Pigozzi Collection.

288

André Kertész

La obra de André Kertész (Budapest, Hungría 1894-1985) es una síntesis de una posición ética y estética que coincide o anticipa diferentes corrientes de vanguardia. El estilo de Kertész se sitúa entre el reportaje en vivo y las investigaciones espaciales del constructivismo. Su filiación vanguardista se halla, sobre todo, en su serie *Distorsiones*, iniciada para la revista *Le Sourire*, en 1933, con desnudos femeninos fotografiados en espejos deformantes.

Durante su estancia en Francia retrató diversas personalidades del mundo artístico y literario francés como Chagall, Mondrian, Eisenstein o Marc Orlan, además de los muelles del Sena, los jardines, los cafés y otros trabajos de encargo. Imágenes que destilan una paciencia extrema del autor para preparar los escenarios y los modelos. Fotografías que se recogen en *Mi Francia* y que el fotógrafo aseguraba hacer únicamente por pura satisfacción personal.

Kertész trabajó como fotógrafo para revistas como *Harper's Bazaar* y *Look*. Su trabajo se da a conocer especialmente en 1964 en una exposición individual en el MoMA de Nueva York (Estados Unidos). A partir de entonces su obra ha sido expuesta en los principales museos del mundo.

The oeuvre of André Kertész (Budapest, 1894-1985) is a synthesis of an ethical and aesthetic attitude that coincided with or anticipated different avant-garde trends. His style is somewhere between on-the-spot reporting and the spatial explorations of Constructivism. His avant-garde reputation was made, above all, by the *Distortions* series, first begun for the magazine *Le Sourire* in 1933, with female nudes photographed in funhouse mirrors.

During his stay in France, he shot portraits of many personalities from the French artistic and literary scene, such as Chagall, Mondrian, Eisenstein, and Marc Orlan, as well as the banks of the Seine, the gardens and cafés of Paris, and commissioned work. These images distil the photographer's extremely painstaking preparation of his mise-en-scène and his models. These photographs, brought together in *Mi France* (My France) represent the work that, said the photographer, he created purely for his own personal satisfaction.

Kertész worked as a photographer for magazines including *Harper's Bazaar* and *Look*. His work became especially celebrated after a 1964 solo show at the MoMA in New York. From then on, his work has been exhibited at the world's major museums.

PHE99
Mi France
Museo Colecciones ICO

Hotel des Terrasses. París, 1926.
Las manos de Paul Arma, 1928.

Distortion nº 6, 1933.
© André Kertész

(págs. 292-293)
El puente de las Artes,
París, 1929.
Muelles tras la lluvia, París, 1963.
© André Kertész

Kimsooja

Kimsooja (Taegu, Corea, 1957) adopta un punto de vista personal sobre su entorno, se trate de un medio natural o de una de las múltiples culturas en las que trabaja. El origen de sus obras está en las *performances* y, para llevarlas a cabo, primero debe entrar en un estado de meditación, de relajación y de éxtasis perfecto. Tanto el proceso, como las imágenes que este crean representan un punto de vista destinado a reconciliar las tensiones inherentes a la relación entre el yo y los otros. Con sus acciones Kim demuestra que el ego de un individuo es tan profundamente múltiple y cambiante como lo son las diferencias entre los otros.

Desde principios de la década de los noventa, este artista emplea la costura como metáfora y no sólo como actividad en sí misma. Crea instalaciones con multitud de colchas, que se derivan del uso que se da a las telas en la tradición coreana, especialmente a las colchas de vivos colores que se regalan a los recién casados. En una etapa posterior, Kim ha pasado a identificarse con la aguja y ha creado *performances* en las que su cuerpo, reducido a una forma simple y de contornos compactos, penetra en un medio. De estas instalaciones y actuaciones se conserva un archivo fotográfico, principal medio por el que se conoce su obra.

Ha expuesto individualmente en el MNCARS de Madrid, en el Museo Nacional de Arte Contemporáneo de Atenas (Grecia) o en el P.S.1. de Nueva York (Estados Unidos). Además ha participado en exposiciones colectivas en todo el mundo como la Bienal de Arquitectura de Beijing (China), la Bienal de Venecia (Italia) o la Bienal de Valencia.

Kimsooja (Taegu, Korea, 1957) considers her surroundings from a personal viewpoint, regardless of whether she is in a natural environment or in that corresponding to one of the many cultures in which she works. Her oeuvre originates in her performances, and in order to carry them out, she first has to enter a state of meditation, relaxation and profound ecstasy. Both this process and the images it creates represent an outlook designed to reconcile the tensions inherent to the relationship between the self and others. With her actions, Kim shows that an individual's ego is as multiple and changing as are the differences among the others.

Since the beginning of the nineteen nineties, this artist has used sewing as a metaphor and not just as an activity in itself. She creates installations from a multitude of spreads derived from the use of fabric within the Korean tradition, particularly the brightly coloured bedcovers given to newly-weds. In a subsequent stage, Kim has identified herself with the needle and has created performances in which her body, reduced to a simple shape with compact contours, penetrates in a medium. A photographic archive of these installations and actions has been preserved and is the main vehicle by which her work is disseminated.

Kimsooja has had solo exhibitions in Madrid's Reina Sofía Museum, in the National Museum of Contemporary Art in Athens (Greece) and in P.S.1. in New York (United States). She has also participated in group exhibitions all over the world, including the Beijing Architecture Biennial (China), the Venice Biennale (Italy) and the Valencia Biennial.

PHE03
Círculo de Bellas Artes

Mujer sin techo, 2000.
© Kimsooja.

Mujer necesitada, 2000.
Mujer lavandera, 2000.
© Kimsooja.

Epitafio, 2002.
© Kimsooja. Cortesía Peter Blum,
Nueva York.

Encuentro –Mirar y coser– , 1998-2002.
© Kimsooja. Cortesía Peter Blum,
Nueva York.

William Klein

William Klein (Nueva York, Estados Unidos, 1928) es el precursor de una nueva forma de representar la ciudad moderna convirtiéndola en uno de los temas más relevantes de la fotografía de los años cincuenta. Sus imágenes, muchas veces movidas o desenfocadas, sus copias muy contrastadas de negativos superexpuestos, su uso del grano y de los grandes angulares o sus exposiciones múltiples. Todo esto chocaba con el orden establecido de la fotografía y le hizo ganarse una reputación de fotógrafo anti fotografía.
A mediados de los años cincuenta el director de arte de *Vogue*, Alexander Liberman, le encarga un trabajo en Nueva York. Klein sale a la calle para tomar sus fotos y logra plasmar en sus imágenes el desorden y el caos de las grandes urbes y a los anónimos habitantes de las capitales, siempre en constante movimiento. De 1956 a 1964 realiza cuatro libros sobre ciudades: *New York*, *Rome*, *Moscow* y *Tokyo*.
De 1965 a los primeros años ochenta Klein abandona la fotografía por la realización de películas y documentales como *Muhammad Ali the greatest* en 1979 o *The Messiah* en 1999. Su obra ha sido expuesta individualmente en la Fundación la Caixa de Madrid en 1997, en la Scottish National Gallery de Edimburgo (Escocia) en 1999, o en el Museo Pushkin de Moscú (Rusia) en 1998, por mencionar algunos.

William Klein (New York, United States, 1928) is the forerunner of a new way of representing the modern city and he turned it into one of photography's most important themes during the nineteen fifties. His images, which are often blurred or out of focus, his high-contrast prints from over-exposed negatives, his use of high-grain film and wide-angle lenses and his multiple exposures all clashed with photography's established order and won him a reputation for being an anti-photography's photographer.
In the mid-fifties, the art director of *Vogue*, Alexander Liberman, commissioned a work on New York. Klein went out onto the streets to take his photographs and he was able to capture in his images the disorder and chaos of large cities as well as their anonymous inhabitants, who are always in constant movement. From 1956 to 1964 he made four books on cities: *New York*, *Rome*, *Moscow* and *Tokyo*.
From 1965 to the beginning of the eighties, Klein abandoned photography to make films and documentaries such as *Muhammad Ali the Greatest* in 1979 and *The Messiah* in 1999. His work was exhibited individually at the Fundación la Caixa in Madrid in 1997, at the Scottish National Gallery in Edinburgh (Scotland) in 1999, and at the Pushkin Museum in Moscow (Russia) in 1998, to mention just a few.

PHE05
Las ciudades de Klein
Centro Cultural Conde Duque

Premio PHE05

Contactos, película *Broadway by Light*, 1957

1968. Día del Armisticio. París, 1968. 48th and 7th Ave. el hombre sandwich predicando. Nueva York, 1954-1955.

Las mentiras peligrosas. Tokio, 1961.   Cuatro cabezas. Nueva York, 1954.

Feu Rouge, Vía Flaminia. Roma, 1956.   Tranvía. Madrid, 1956.

Josef Koudelka

Josef Koudelka (Moravia, República Checa, 1938) se inició en la fotografía durante su adolescencia tomando fotografías de su familia y sus alrededores con una cámara de mediano formato. Estudió en la Universidad Técnica de Praga y trabajó como ingeniero aeronáutico en Bratislava. En 1961 logró obtener una cámara Rolleiflex de segunda mano y comenzó a trabajar como fotógrafo para teatro. Fue entonces cuando tomó imágenes detalladas de los gitanos eslovacos que fueron expuestas en Praga en 1967.

En 1979 Koudelka huyó de Checoslovaquia a Inglaterra como refugiado político, donde se convirtió en miembro de la agencia Magnum. No obstante, Koudelka rehuiría el trabajo periodístico prefiriendo vagar por los alrededores de Europa en busca de retratos e imágenes de un mundo que él sentía que desaparecía rápidamente. *Chaos* recoge la última obra de Koudelka, en la que muestra el caos, la destrucción y la degradación ambiental existente tanto en paisajes naturales como urbanos. Koudelka establece paralelismos entre distintas ciudades europeas: devastadas unas por la guerra, como su Checoslovaquia natal, afectadas otras por el deterioro producido por la civilización.

Josef Koudelka ha recibido becas para documentar el paisaje urbano y rural en Francia así como el Grand Prix National de la Photographie en 1989 y el Cartier Bresson Grande Prix en 1991. Su obra ha sido publicada en libros como *Gitanos* (1978) y *Exilios* (1988).

Josef Koudelka (Moravia, Czech Republic, 1938) was introduced to photography as a teenager, when he took pictures of his family and his surroundings with a medium-format camera. He studied at Prague's Technical University and worked as an aeronautical engineer in Bratislava. In 1961 he obtained a second-hand Rolleiflex camera and began to work as a theatre photographer. It was then that he took the detailed shots of Slovakian gypsies that were exhibited in Prague in 1967.

In 1979 Koudelka fled from Czechoslovakia to England as a political refugee and became a member of Magnum Photos. Nevertheless, Koudelka avoided journalistic work and preferred to wander around Europe in search of portraits and images of a world that he felt was rapidly disappearing. *Chaos* contains Koudelka's most recent work and shows the chaos, destruction and environmental degradation existing both in natural and urban landscapes. Koudelka finds similarities between various European cities, some of them devastated by war like his native land, Czechoslovakia, and others affected by the deterioration that civilisation has produced.

Josef Koudelka has received grants to document urban and rural landscapes in France as well as the Grand Prix National de la Photographie in 1989 and the Cartier Bresson Grande Prix in 1991. His work has been published as *Gypsies* (1978) and *The Exiles* (1988).

PHE01
Caos
Sala Plaza de España

Premio PHE98

Jarabina, 1963.
© Josef Koudelka / Magnum Photos.

Irlanda, 1972.
Rumanía, 1968.
© Josef Koudelka / Magnum Photos.

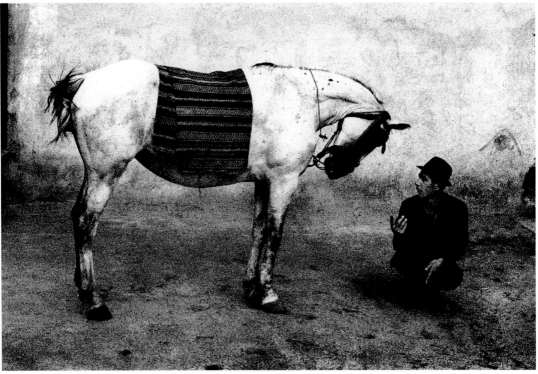

Nord-Pas-de-Calais, Francia, 1989.
© Josef Koudelka / Magnum Photos.

Athena, Grecia, 1994.
© Josef Koudelka / Magnum Photos.

Tony Kristensson

Tony Kristensson (Dalby, Suecia, 1976) explora la representación en imágenes de un mundo onírico de connotaciones literarias, aunque sus fotografías aluden a la estética cinematográfica. Desde una apuesta por la visión subjetiva, cuyo máximo referente es Bernard Plossu, podrían ser fotogramas extraídos de una película en blanco y negro, escenas interrumpidas que reflexionan sobre la capacidad de la imagen fija para narrar de forma autónoma y cuya irrealidad refuerza el potencial evocador.

En la serie *Caída*, Kristensson se inspira en su contacto directo con personas afectadas de depresión. Cada instantánea es un fragmento de una narración en la que su protagonista ha sido sustituido por imágenes que metafóricamente representan sus estados de ánimo: cristales empañados, escenarios brumosos, objetos desenfocados.

Kristensson es profesor de fotografía y su obra ha sido expuesta en Suecia, Dinamarca, Eslovaquia, Alemania o Noruega y está presente en documentales como *Dragon-X* o en publicaciones como *Fragments*.

Tony Kristensson (Dalby, Sweden, 1976) explores the representation in images of a dream-like world with literary connotations, although his photographs recall a cinematographic aesthetic. In line with his commitment to a subjective vision, whose maximum reference is Bernard Plossu, Kristensson's photographs could be stills extracted from a black-and-white film, interrupted scenes that reflect on the fixed image's capacity for independent narration with an unreality that reinforces their evocative potential.

In the *Fall* series, Kristensson is inspired by direct contact with people suffering from depression. Each shot is a fragment of a narration in which the protagonists have been replaced by images that metaphorically represent their states of mind: fogged up windows, misty settings, out-of-focus objects, etc. Kristensson is a photography teacher and his work has been shown in Sweden, Denmark, Slovakia, Germany and Norway. It is also seen in documentaries such as *Dragon-X* and in publications such as *Fragments*.

PHE03
Injuve

De la serie "Caída", 2002.

Alvin Langdon Coburn

Alvin Langdon Coburn (Boston, Estados Unidos, 1882-1936) nació en el seno de una familia próspera en los negocios, que le animó a desarrollar su talento para la música y las artes visuales. Tenía veintidós años cuando se convirtió en miembro del prestigioso grupo Photo-Secession, fundado por Alfred Stieglitz y cuyos miembros fueron famosos por sus paisajes, estudios de figuras y retratos.

Entre los retratos de hombres famosos de Coburn, publicados en dos volúmenes titulados *Men of Mark* y *More Men of Mark,* se incluyen los de Mark Twain, Matisse, John Galsworthy y Georges Bernard Shaw. Este último le llegó a definir como "el mejor fotógrafo del mundo". Sus paisajes urbanos y sus abstracciones, así como su buena disposición para experimentar con nuevos procesos aplicados a mano, le dieron la posibilidad de producir verdaderos iconos de su época. Coburn fue uno de los primeros fotógrafos en subir a los rascacielos y mirar hacia abajo, creando abstracciones que el mundo nunca había visto. Esto ocurrió en 1912, al menos veinte años antes de que dicha práctica se relacionara con los fotógrafos de vanguardia alemanes y rusos. Muchas de sus imágenes aparecieron publicadas en la prestigiosa revista de fotografía *Camera Work* y las numerosas exposiciones de su trabajo por Europa y Estados Unidos han hecho que su trabajo sea ampliamente reconocido como uno de los más influyentes de la historia de la fotografía.

Alvin Langdon Coburn (Boston, USA, 1882-1966) was born into a wealthy family who from an early age encouraged him to pursue his talents for music and the visual arts. At the age of twenty-two he joined the prestigious Photo-Secession group, which was founded by Alfred Stieglitz, and whose members were famous for their landscapes, figures and portraits. Among Coburn's portraits of celebrities, which were published in two volumes entitled *Men of Mark* and *More Men of Mark,* are those of Mark Twain, Matisse, John Galsworthy and George Bernard Shaw, who said he was "the greatest photographer in the world". His urban landscapes as well as his willingness to experiment with new, hand-applied techniques meant that he was able to produce some true icons of his time.

Coburn was one of the first photographers to climb to the top of a skyscraper and look down, thus creating abstract images that no-one had ever seen before. This was in 1912, at least twenty years before the German and Russian vanguard photographers started doing the same. Many of his images were published in the prestigious *Camera Work* magazine and the numerous exhibitions that have been held of his work have brought it wide recognition as among the most influential in the history of photography.

PHE00
Centro Cultural de la Villa

August Rodin, 1906.

Grand Canyon, 1911.

(págs. 314-315)
El puente de Ipswich, 1904.
La catedral de St. Paul vista desde Ludgate Circus, 1905.

Jana Leo

Jana Leo (Madrid, 1965) es doctora en Filosofía por la Universidad Autónoma y Máster en Arquitectura en la Universidad de Princeton, en Estados Unidos. Su pensamiento sobre la comunicación, el lenguaje del cuerpo y sus códigos y tabúes se expresa a través de la fotografía, el vídeo, la instalación, la *performance* o la literatura. Sobre la naturaleza de su fotografía, la autora ha dicho: "La acción es producida para la foto pero a la vez son situaciones reales. Se actúa como si se estuviera siendo fotografiado al tiempo que, de hecho, se está siendo fotografiado. Así, el punto de vista determinante es la intimidad pública". Sus trabajos se centran en temas como la intimidad, el sexo, la muerte o la ternura.

A. hace referencia a una obsesión de la artista: la persona protagonista de su vida y de las imágenes que componen la muestra. Mediante vídeos y fotografías se acerca a la historia, el cuerpo, el dolor, la ternura y el sexo de A. "En estas imágenes he querido registrar cada momento de mi vida a través de la persona que la comparte conmigo", ha dicho la artista. "Muestro mi vida cotidiana sin los estereotipos que nos han enseñado". Leo ha expuesto su obra en museos, galerías, festivales o ferias como el MNCARS, ARCO, el MoMA o el International Center for Photography de Nueva York (Estados Unidos). También ha publicado libros como *Viaje sin distancia*.

Jana Leo (Madrid, 1965) has a PhD in Philosophy from Madrid's Autónoma University, and a master's degree in Architecture from Princeton. Her ideas on communication, body language, and its codes and taboos are expressed through photography, video, installation, performance, and literature. Regarding the nature of her photographic work, she says: "The action is produced by the photo, but at the same time, these are real situations. One acts as if one was being photographed at the same time that one is, indeed, being photographed. So the determining viewpoint is that of public privacy." Her work centres on such themes as intimacy, sex, death, and tenderness.

A. refers to one of the artist's obsessions: the person who is a protagonist of her own life, and the images making up the show. Through videos and photographs, the works approach A.'s story, body, affection, and sex. "In these images, I wanted to record every moment in my life through the person who shares it with me," the artist says. "I show my everyday life, but without the stereotypes we've been taught."

Leo has exhibited her work at museums, galleries, festivals, and art fairs like MNCARS, ARCO, the MoMA, and New York's International Center for Photography. She has also published books such as *Viaje sin distancia* (Non-Distance Travel).

PHE99
A.
MNCARS

De la Serie "A.", 1997-1999.

Sol LeWitt

La figura de Sol LeWitt (Hartford, Connecticut, Estados Unidos, 1928-2007) protagonista del minimalismo y pionero en los años sesenta del arte conceptual, es una de las más influyentes del arte contemporáneo. Sus dibujos murales y estructuras constituyen una aportación decisiva al discurso en torno al arte por su interés en los estadios conceptuales que preceden a los aspectos físicos de la creación artística y el rechazo al énfasis en el efecto final.

Es probable que la obra fotográfica más influyente de LeWitt sea *Autobiography* (1980). En esa fecha, dejaba Nueva York para irse a vivir a Italia y antes de hacerlo decidió fotografiar cada objeto de su casa. El conjunto compuesto por más de mil imágenes ejerce una poderosa fascinación en el espectador con un ritmo incesante y la evocación de temas filosóficos. Mucho antes de esta serie LeWitt ya había plasmado fotográficamente muchas de las ideas que han marcado el resto de su obra plástica, como por ejemplo la investigación de secuencias, que mantendría en sus pinturas y esculturas.

Sol LeWitt, a pesar de su enorme y merecida fama, paradójicamente, insiste en reducir el papel del ego del propio artista en la creación de obras de arte. Además de sus conocidos logros, ha desarrollado a lo largo de casi cuarenta años las mismas ideas claves de su carrera en otra faceta, muy influyente entre los artistas pero menos conocida del público general, la fotografía. Su obra ha sido expuesta en las más importantes instituciones de todo el mundo y pertenece a las colecciones del MoMA, Metropolitan Museum of Art, ambos en Nueva York (Estados Unidos) o la Tate Gallery de Londres (Reino Unido), por mencionar algunos.

Sol LeWitt (Hartford, Connecticut, United States, 1928-2007), the protagonist of minimalism and a pioneer in conceptual art in the nineteen sixties, was one of the most influential figures in contemporary art. His wall drawings and structures represented a decisive contribution to the discourse on art due to his interest in the conceptual stages preceding the physical aspects of artistic creation and his rejection of emphasis on the final effect.

LeWitt's most influential photographic work is probably *Autobiography* (1980). At that time, he left New York to live in Italy and before going decided to photograph every object in his home. The ensemble of over one thousand images fascinates the viewer due to its incessant rhythm and evocation of philosophical themes. Long before this series, LeWitt had already photographically recorded many of the ideas that marked the rest of his oeuvre, such as the research on sequences that he carried out in his paintings and sculptures.

Sol LeWitt, in spite of his enormous, well-earned fame, paradoxically insisted on reducing the role of the artist's own ego in the creation of works of art. In addition to his well-known achievements, for almost forty years he developed the same key ideas of his career in another facet, photography, which had a great influence on artists but was not as well known among the general public. His work has been shown at the most important institutions in the world and belongs to the collections of the MoMA and the Metropolitan Museum of Art, both in New York (United States), and the Tate Gallery in London (United Kingdom), to give some examples.

PHE03
Fotografía
Museo Colecciones ICO

En las paredes del Lower East Side, 1976.
Colección privada. Cortesía Konrad
Fischer Galerie, Düsseldorf.
© Sol LeWitt.

Ignacio Lobo Altuna

La fotografía de Ignacio Lobo Altuna (Tolosa, Guipúzcoa, 1967) se caracteriza por tener una mirada arries-
gada. Frente a la tendencia de silenciar el lado menos
amable de las cosas, él ahonda en su dolorosa verdad y cuenta las cosas como son. De formación autodidacta, sus imágenes se centran en la especie
humana. En su enfoque objetivo, casi entomológico,
se aprecia, sin embargo, cierta piedad y ternura.
Entre los temas que ha tratado en sus trabajos se encuentran los carnavales, los hospitales, las tradiciones vascas, las peregrinaciones y los milagreros, que
son muchas veces la excusa para el registro del paro-
xismo de la violencia, la enfermedad, la locura, el fanatismo y la muerte. Entre sus series, cabe citar *Herri
Kirolak* -sobre el deporte rural vasco-, *La Muga en el
Horizonte* y *La corte de los milagros*. Estos trabajos
han sido expuestos en numerosas ocasiones en distintas localidades del País Vasco y en otros lugares
de España. Además, su obra forma parte de varias colecciones públicas y privadas y ha sido seleccionada
en la 11ª Edición del Certamen Caminos de Hierro.

The work of Ignacio Lobo Altuna (Tolosa, Spain,
1967) is very daring in its approach. Instead of the
usual tendency of hiding the unpleasant side of
things, he delves into the painful truth and tells it as it
is. A self-taught photographer, his pictures focus on
human beings. His objective and almost
entomological approach also contains its share of
tenderness and pity.
His subject-matter has included carnival celebrations,
hospitals, Basque traditions, pilgrimages and
miracle-workers, which are often the excuse for
capturing paroxysms of violence, illness, madness,
fanaticism and death. His series include *Herri Kirolak*
—on rural Basque sports–, *La Muga en el Horizonte*
(The River Muga on the Horizon) and *La corte de los
Milagros* (The Court of Miracles).
These series have been exhibited on many occasions
both in the Basque country and the rest of Spain. His
work also features in a number of public and private
collections, and was selected to take part in the 11th
edition of the Caminos de Hierro photographic
competition.

PHE01
Al otro lado del espejo
La Fábrica

Tolosa, Guipúzcoa, 1998.
Fátima, Portugal, 1999.

Tarazona, Zaragoza, 1992.
Tolosa, Guipúzcoa, 1998.

Pedro López Cañas

Pedro López Cañas (Madrid, 1961) no va con una cámara al hombro sino que mira, escucha y reflexiona antes de capturar sus imágenes. "Miramos aquello que somos, y somos aquello que mirarmos", ha dicho en alguna ocasión. De esta forma, entiende la fotografía como un arte íntimamente ligado al recuerdo, a la memoria.
Jardín de sombras es un proyecto sobre la luz, en el que la fotografía se integra como pantalla y objeto en la arquitectura. A través de la imagen del jardín penetra en las sutiles relaciones que la mirada establece entre lo interior y lo exterior, entre naturaleza y artificio. Así muestra cómo la sencillez de las formas contiene la máxima complejidad expresiva, una reflexión estética heredada de la tradición oriental.

Pedro López Cañas (Madrid, 1961) does not travel with a camera on his shoulder, but rather he looks, listens and reflects before taking his images. He once said, "We look at what we are and we are what we look at." He understands photography to be an art intimately linked to remembrance and memory.
Jardín de sombras is a project about light; photography is integrated into its architecture as a screen and an object. Using the garden image, López Cañas delves into the subtle relationships that the gaze establishes between interior and exterior, between nature and artifice. He shows us how the simplicity of form can contain the maximum expressive complexity, an aesthetic reflection inherited from the oriental tradition.

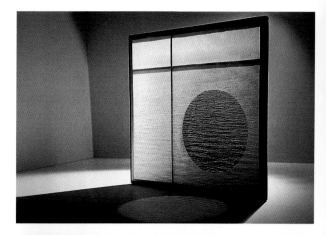

PHE00
Jardín de Sombras
Real Jardín Botánico

De la serie "Jardín de sombras".

Paula Luttringer

Paula Luttringer (La Plata, Argentina, 1955) permaneció detenida durante cinco meses en un Centro Clandestino de Detención de la dictadura argentina en 1977, mientras cursaba sus estudios de Botánica en el Museo de Ciencias Naturales de la Universidad Nacional de La Plata. Esta experiencia vital influirá profundamente en todo su trabajo como fotógrafa, un oficio que no empieza hasta 1993, cuando regresa a Buenos Aires desde su exilio en Europa e inicia sus estudios de fotografía.

En *El Matadero*, Luttringer imprime un uso metafórico a sus imágenes que llevan al espectador a una segunda lectura: la conmovedora reflexión sobre el abuso del poder cuando este llega a disponer discrecionalmente de la vida y de la muerte. No aparecen los rostros de los trabajadores, sólo algunas cabezas de ganado vacuno que van al sacrificio. De esta manera consigue que los animales se humanicen y la serie se convierta en alegato y testimonio imaginario de situaciones que la humanidad ha soportado en diferentes circunstancias históricas.

En una serie posterior, *El lamento de los Muros*, Luttringer documenta las paredes de los abandonados Centros Clandestinos de Detención. Imágenes que van unidas a testimonios de algunos de los supervivientes de aquellas detenciones masivas.

Su obra forma parte de las colecciones del Museo Nacional de Bellas Artes de Buenos Aires (Argentina), del Museo de Bellas Artes de Houston o de la George Eastman House in Rochester de Nueva York (Estados Unidos).

In 1977, under the Argentine dictatorship, Paula Luttringer (La Plata, Argentina, 1955), was arrested and held for five months in a Clandestine Detention Centre. She had been studying Botany at the time, at the Natural Science Museum of La Plata National University. This experience had a profound impact on all her work as a photographer, a profession she did not take up until 1993, when she returned to Buenos Aires after being exiled in Europe and began to study photography.

In *El Matadero*, Luttringer's images act as metaphors that lead the viewer to a secondary interpretation: a moving reflection on the abuse of power when allowed to dispose of life at its own discretion. We do not see the face of any of the workers, only the heads of some of the cattle that are about to be slaughtered. The animals therefore take on a human dimension, and the series becomes an indictment and an imaginary testimony of situations that the human race has had to withstand in certain historical circumstances.

In a later series, *El lamento de los Muros* (The Wailing of the Walls), Luttringer shot the walls of the abandoned Clandestine Detention Centres. These pictures are accompanied by eyewitness accounts from survivors of the massive arrests.

Her work features in the collections of the Museo Nacional de Bellas Artes in Buenos Aires, the Museum of Fine Arts, Houston, and the George Eastman House in Rochester, New York.

PHE00
El Matadero
Centro Cultural de la Villa

De la serie "El Matadero", números 2, 4 y 7.

De la serie "El Matadero", números 11, 14 y 22.

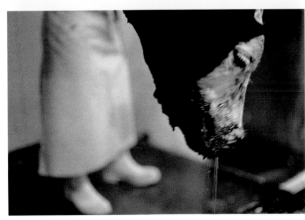
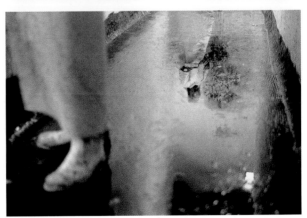

Chema Madoz

Chema Madoz (Madrid, 1958), Premio Nacional de
Fotografía en 2000, pone en evidencia aquellos detalles que, ocultos entre la cotidianeidad, nos dan una
pista sobre aquellos nuevos mundos imaginados por
el artista como si fuera un niño. Inteligentes juegos
visuales que tienen la cualidad de convertirse en
metáforas de la realidad.
A través de su mirada el espectador reflexiona sobre
las extrañas pautas recurrentes en las formas, sobre
los ciclos de la naturaleza y sobre las distintas cualidades que pueden tener los objetos. Amante del
blanco y negro, pone en funcionamiento con su
cámara diversos juegos de perspectivas y texturas
provocando que el espectador descubra que los
objetos cotidianos esconden atributos que los convierten en nuevos seres.
Su obra se ha podido ver en el Museo de Bellas Artes
de Buenos Aires (Argentina), la Fundación Telefónica
o el MNCARS de Madrid. También en Italia, Francia,
Chile, Estados Unidos, Grecia, Venezuela, Portugal o
Japón. Ha participado en numerosas publicaciones
monográficas como *Chema Madoz 2000-2005* y su
obra está presente en las colecciones del Ministerio
de Cultura de Francia, el Centro Atlántico Moderno, el
Museo Patio Herreriano de Valladolid, el IVAM de
Valencia o el MNCARS de Madrid.

Chema Madoz (Madrid, 1958), winner of Spain's
National Photography Prize in 2000, highlights those
details hidden within the ordinary world that provide a
clue to new worlds imagined by the artist as if he
were a child. These are intelligent visual games
capable of becoming metaphors of reality.
Through Madoz's gaze, the viewer reflects on the
strange recurring patterns found in shapes, on the
cycles of nature and the different qualities that
objects can possess. He is devoted to black and
white and his camera sets off various plays on
perspectives and textures that enable the viewer to
discover how everyday objects conceal features that
turn them into new beings.
His work has been shown at the Fine Art Museum in
Buenos Aires (Argentina), the Fundación Telefónica
and the Reina Sofía Museum (MNCARS) in Madrid as
well as in Italy, France, Chile, United States Greece,
Venezuela, Portugal and Japan. He has participated in
numerous monographic publications such as *Chema
Madoz 2000-2005* and his work is held in the
collections of the French Ministry of Culture, the
Centro Atlántico Moderno, the Museo Patio
Herreriano in Valladolid, the IVAM in Valencia and the
Reina Sofía Museum in Madrid.

Premio PHE00

Madrid, 1994.
2000.

Madrid, 1996.

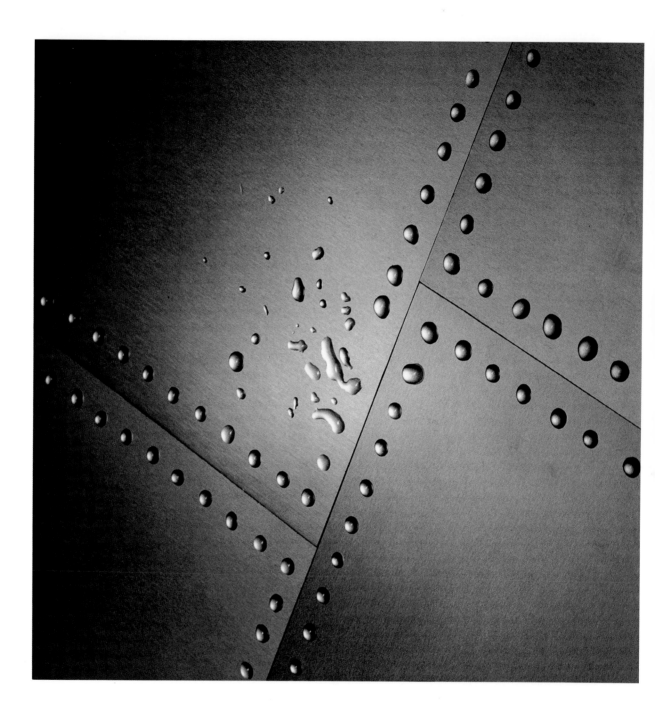

Madrid, 1998.

Sin título, 1997.
Sin título, 1985.

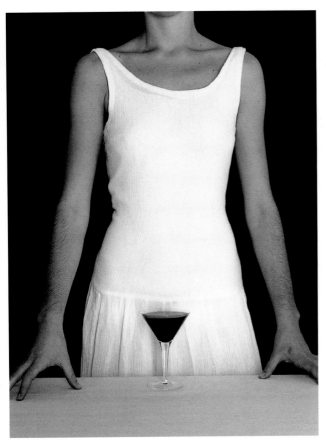

1989.   1985.

Man Ray

Man Ray (Filadelfia, Estados Unidos, 1890-1976), artista y agitador cultural, dejó un fructífero legado de pinturas, fotografías, películas, objetos, collages, obra gráfica, dibujos, diseño publicitario y moda. Fundador junto a Marcel Duchamp y Francis Picabia del Dadá neoyorquino, Man Ray empieza a pintar a la edad de cinco años y pese a que recibe una beca para estudiar arquitectura la rechaza al igual que la idea de una educación académica.

En 1918 trabaja con aerógrafos sobre papel fotográfico y en 1920 funda junto a K. Dreier y M. Duchamp la Société Anonyme, una compañía desde la cual gestionan todo tipo de actividades de vanguardia. Sus primeras obras fotográficas experimentales son los *Rayographs* de 1921, imágenes abstractas obtenidas con objetos expuestos sobre un papel sensible a la luz y su posterior revelado. En esta época se convierte también en un famoso retratista.

Realiza objetos dadaístas como *Object to be Destroyed*, un metrónomo con la fotografía de un ojo agarrada a la aguja. Hacia finales de los años veinte comienza a realizar películas de vanguardia como *Estrella de Mar* y en 1924 es incluido en una de las primeras exposiciones surrealistas en la galería Pierre de París. En los años treinta realiza su famosa serie de solarizaciones, negativos fotográficos expuestos a la luz, y sigue pintando.

En 1940, debido a la ocupación nazi de la capital francesa, regresa a Estados Unidos donde compagina su labor artística con la docencia. Antes de morir, el Metropolitan Museum de Nueva York le dedica una gran retrospectiva. "La búsqueda de la libertad y el placer; eso ocupa todo mi arte", diría en alguna ocasión. En el epitafio de su tumba se puede leer: "Despreocupado pero no indiferente".

Man Ray (Philadelphia, United States, 1890-1976), an artist and cultural agitator, left a rich legacy comprising paintings, photographs, films, objects, collages, graphic work, drawings, advertising design and fashion. The founder, together with Marcel Duchamp and Francis Picabia, of New York's Dada movement, Man Ray began to paint at the age of five and although he received a scholarship to study architecture, he turned it down and rejected the idea of an academic education.

In 1918, he worked with aerographs on photographic paper and in 1920, together with K. Dreier and M. Duchamp, he founded the Société Anonyme, a company that managed all kinds of avant-garde activities. His first experimental photographic works are the 1921 *Rayographs*, abstract images obtained from objects exposed on light-sensitive paper and later developed. During this time he also became a famous portrait photographer.

He made Dada-like objects such as *Object to be Destroyed*, a metronome with the photograph of an eye attached to its pendulum. Toward the end of the nineteen twenties, he began to make avant-garde films such as *L'Étoile de mer,* and in 1924 he was included in one of the first surrealist exhibitions at the Pierre gallery in Paris. During the thirties, he made his famous solarisation series of photographic negatives exposed to light, and continued to paint.

Due to the Nazi occupation of the French capital, Man Ray returned to the United States in 1940, where he combined his art with teaching. Before his death, the Metropolitan Museum of New York dedicated a large retrospective to him. He once declared, "The pursuit of freedom and pleasure occupies all my art," and the epitaph on his grave reads, "Unconcerned, but not indifferent."

PHE07
Despreocupado pero no indiferente
Museo Colecciones ICO

Jean Cocteau, 1922.
Autorretrato, 1924.

Juliet, 1940.
© Man Ray Trust.

(págs. 336-337)
Alberto Giacometti, 1934
Pablo Picasso, 1932
© Man Ray Trust.

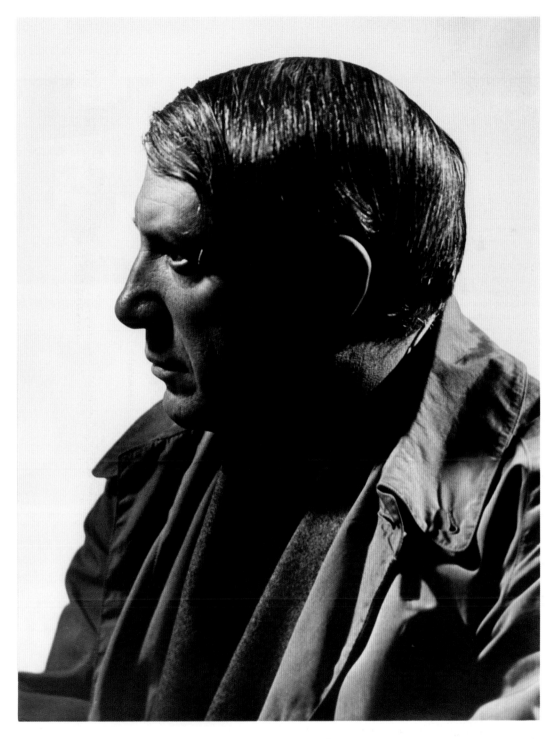

Bertien van Manen

Continuadora del modelo documental humanista, Bertien Van Manen (La Haya, Países Bajos, 1942) ha viajado a distintas ciudades fotografiando a sus habitantes tanto en la calle como en sus propios hogares. "Nunca tomo una fotografía de lo que primero me llame la atención", dice Van Manen sobre su trabajo. Así, ya sea en China o en su propia ciudad, la artista asegura fotografiar lo que reconoce, estableciendo de esta manera vínculos entre personas en principio muy alejadas.

Give me your image es el resultado de un viaje de la autora por distintas ciudades europeas donde ciudadanos anónimos le permitieron adentrarse en sus hogares para fotografiar los retratos que conservaban expuestos de sus familiares. Fragmentos de espacios privados, externos e internos, que sugieren al espectador recuerdos y experiencias emocionales.

Bertien Van Manen abandonó a finales de los años setenta su trabajo como fotógrafa de moda para dedicarse a la fotografía documental. Desde entonces ha realizado fotografías sobre el Frente Polisario en Argelia, el final de la civilización soviética o los inmigrantes en París. Su talento le ha llevado a exponer en centros como el Museum of Contemporany Photography de Chicago, el MoMA de Nueva York (Estados Unidos) o el Stedelijk Museum en Ámsterdam (Países Bajos).

A follower of the humanistic documentary model, Bertien Van Manen (The Hague, Netherlands, 1942) has travelled to various cities photographing residents both on the street and in their own homes. "I never take a picture of what strikes me first," explains van Manen about her work. Therefore, whether she is in China or in her own city, the artist says she photographs what she recognises, thus establishing links between people who in theory differ greatly.

Give Me Your Image is the result of the artist's trip to several European cities where anonymous citizens allowed her to enter their homes and photograph the family photographs they have on display. These are fragments of private spaces, both external and internal, that suggest to the viewer emotional memories and experiences.

Bertien van Manen left her job as a fashion photographer at the end of the nineteen seventies to devote herself to documentary photography. Since then, she has photographed the Polisario Front in Algeria, the end of Soviet civilisation and immigrants in Paris. Her talent has inspired exhibits of her work in centres such as the Museum of Contemporary Photography in Chicago, the MoMA in New York (United States) and the Stedelijk Museum in Amsterdam (Netherlands).

PHE05
Dame tu imagen
Círculo de Bellas Artes

Toulouse, 2003.
Roma, 2005.
Moldavia, 2003.
© Bertien Van Manen.

Madrid, 2004.
Yorkshire, Reino Unido, 2003.
© Bertien Van Manen.

Sally Mann

La fotografía de Sally Mann (Lexington, Virginia, Estados Unidos, 1951) ha llamado la atención especialmente por sus cualidades técnicas y por su acercamiento a la sexualidad oculta durante los años de pubertad y adolescencia. En su serie más famosa, *Immediate Family*, documenta concienzudamente la vida de sus tres hijos en típicas escenas familiares. Muestra así algunos de los misterios de la niñez, ese territorio en conflicto permanente donde conviven simultáneamente la dependencia de los padres con el deseo de autonomía. El descubrimiento del cuerpo, de la propia identidad, las dudas, la vulnerabilidad, el dolor, la impaciencia, los roles de comportamiento y la sensación de inmortalidad son los temas por los que se deslizan sus fotografías, con exquisito respeto, pero también con hermosa naturalidad. No obstante, su especial visión no ha estado falta de controversia y ha sido tachada por algunos ojos conservadores como pornografía infantil.

Mann utiliza técnicas antiguas de revelado que la llevan a hacer uso de placas de vidrio cubiertas de colodión y éter. Además, suele utilizar cámaras de formato grande. En la serie *Mother Land: Recent Georgia and Virginia Landscapes*, la artista trata de captar el espíritu pictórico que dominó la fotografía desde finales del siglo XIX hasta finales de los años treinta del pasado siglo. Con lentes antiguas y una simple manipulación en el cuarto oscuro, Mann consigue imágenes dominadas por una atmósfera especial.

Su trabajo ha circulado por los más importantes museos norteamericanos y ha convertido a Sally Mann en una fotógrafa de culto. Sus obras se encuentran en las colecciones del Metropolitan Museum of Art, MoMA, Whitney Museum of American Art, Corcoran Gallery de Washington, Chrysler Museum, Museum of Modern Art de San Francisco (Estados Unidos) y en otras importantes colecciones de museos europeos. Además ha publicado numerosos libros y en 2001 recibió el premio a la Mejor Fotógrafa Norteamericana de la revista *Time Magazine*.

The photography of Sally Mann (Lexington, Virginia, 1951) has gained renown especially for its technical quality and for its approach to the hidden sexuality of puberty and adolescence. In her most famous series, *Immediate Family*, she conscientiously documents the life of her three children, in typical domestic scenes. Thus she reveals some of the mysteries of childhood, that territory in permanent conflict during which one experiences simultaneously dependency on one's parents and the desire for autonomy. The discovery of one's body, one's own identity, doubts, vulnerability, pain, impatience, behaviour roles, and the sense of immortality – these are the themes evoked by her photographs, with exquisite respect, but also with beautiful naturalness. However, her special vision has not been free from controversy; it has been labelled by some conservative eyes as child pornography.

Mann uses antique photography techniques, developing glass plates in collodion and ether. She also tends to use large-format cameras. In the series *Mother Land: Recent Georgia and Virginia Landscapes*, the artist tried to capture the painterly spirit that dominated photography from the late 19th century to the 1930s. Using antique lenses, and simple darkroom equipment, Mann achieves images dominated by a special atmosphere.

Her work has been shown in the most important museums in America, making Sally Mann a cult photographer; her photographs are in the collections of the Metropolitan Museum of Art, MoMA, Whitney Museum of American Art, Washington's Corcoran Gallery, the Chrysler Museum, and the San Francisco Museum of Modern Art. Mann is also featured in other major European museum collections. She has published many books, and in 2001, *Time* magazine named her the Best American Photographer.

PHE98
Todavía a tiempo
Círculo de Bellas Artes

Setas secándose, 1988.

Haciendo pompas, 1987.   Escupitajo de tabaco, 1987.

Ángel Marcos

Ángel Marcos (Medina del Campo, Valladolid, 1955) trabaja como fotógrafo profesional por encargo hasta que en 1992 se adentra en el mundo de la fotografía artística a raíz de unas fotos sobre el Teatro Calderón de Valladolid. Desde entonces su obra se centra en el territorio y en el poder evocador de la memoria, así como en el viaje como rito iniciático y descubrimiento personal.

En *Alrededor del sueño 15* el artista sigue la estrategia fílmica de confrontar primeros planos y planos generales mostrando los rostros ligeramente desenfocados de inmigrantes frente a imágenes nítidas de los edificios de Nueva York. Esta urbe le sirve de contrapunto a las expresiones esperanzadas y soñadoras de la comunidad inmigrante, donde la metrópolis se transforma en el receptáculo de los sueños de los que allí recalan.

La obra de Ángel Marcos se inserta en las corrientes contemporáneas de la fotografía como arte conceptual, que introducen el concepto de narración acercándose a la cinematografía. Ha expuesto individualmente en el MUSAC de León en 2007, en la Maison Européene de la Photographie de París o en el Naples Museum of Art de Nápoles, ambas en 2006. Su obra está presente en las colecciones del Centro de Arte Caja Burgos, MUSAC de León o en el Lentos Kunstmuseum de Linz (Austria).

Ángel Marcos (Medina del Campo, Valladolid, 1955) worked on commissions as a professional photographer until entering the world of artistic photography in 1992 thanks to some photographs of Valladolid's Teatro Calderón. Since then, his work has focused on memory's territory and evocative power and on journeys as rites of initiation and personal discovery.

In *Alrededor del sueño 15*, the artist follows a film-like strategy by confronting close-ups and long shots, contrasting the slightly out-of-focus faces of immigrants and sharp images of New York buildings. He uses the city as a counterpoint to the hopeful, dreamy expressions of the immigrant community that has deposited their dreams in the metropolis.

The work of Ángel Marcos is inserted in the contemporary trend of photography as a conceptual art that introduces the concept of narration and approaches filmmaking. He has had solo exhibitions at the MUSAC in León in 2007, the Maison Européene de la Photographie in Paris and the Naples Museum of Art, both in 2006. His works have been acquired for the collections of the Centro de Arte Caja Burgos, MUSAC in León and the Lentos Kunstmuseum in Linz (Austria).

PHE03
Alrededor del sueño 15
NH Nacional

Alrededor del sueño 15-26, 2001.
Alrededor del sueño 15-2, 2001.

Oscar Mariné

Oscar Mariné (Madrid, 1951) es uno de los grandes diseñadores gráficos actuales. Autor del cartel de la película ganadora de un Oscar *Todo sobre mi madre*, de Pedro Almodóvar, es conocido mundialmente por campañas publicitarias como las de Absolut Vodka, Hugo Boss o Amnistía Internacional. También ha realizado portadas para músicos como Andrés Calamaro, Brian Eno, Siniestro Total o la *jazz*-fusión de Michel Camillo y Tomatito.

En *Buenos Aires* Mariné se lanza a la calle cámara al hombro para captar el ritmo de una de las capitales de mayor contraste, ejemplo de ciudad global y genérica. El resultado son unos vídeos que recorren exhaustivamente la capital argentina. Durante quince días el artista entrevistó a sus más variopintos habitantes, visitó desde antros a mansiones y retrató miradas, carteles y experiencias urbanas. Esta investigación queda plasmada en un conjunto de proyecciones de vídeo que plasman el espíritu de la ciudad y sus diferencias: la marginalidad, la opulencia, el arte, los negocios o lo cotidiano.

Con su personal diseño, lleno de fuerza y color, Oscar Mariné participó activamente en la llamada Movida Madrileña de los años ochenta, movimiento de agitación urbana que fue su punto de partida. Su obra forma parte de importantes colecciones como la del Chicago Atheneum, el Museo Internacional de Arquitectura y Diseño de Chicago (Estados Unidos) y ha participado en exposiciones en el MNCARS o la Fundación Telefónica.

Oscar Mariné (Madrid, 1951) is one of today's great graphic designers. The author of the poster for Pedro Almodóvar's Oscar-winning film *All About My Mother*, he is known worldwide for the advertising campaigns he created for Absolut Vodka, Hugo Boss and Amnesty International. He has also made album covers for musicians such as Andrés Calamaro, Brian Eno, Siniestro Total and jazz-fusion artists Michel Camillo and Tomatito.

In *Buenos Aires*, Mariné goes out onto the street with a camera on his shoulder to capture the rhythm of one of the cities offering the greatest contrasts, an example of a global and generic metropolis. The result is shown in videos that exhaustively tour the Argentinean capital. For fifteen days, the artist interviewed the most colourful city dwellers, visiting everything from dives to mansions and photographing gazes, signs and urban experiences. This study is recorded in a group of video projections that capture the city's spirit and differences: its social exclusion, opulence, art, business and everyday life.

With his personal design filled with strength and colour, Oscar Mariné played an active role in what was called the "Movida Madrileña" in the nineteen eighties, the urban agitation movement that was his starting point. His work appears in major collections such as those of the Chicago Athenaeum, the international architecture and design museum in Chicago (United States) and he has participated in exhibitions at the Reina Sofía Museum (MNCARS) and Fundación Telefónica.

PHE05
Buenos Aires
Casa de América

Buenos Aires, 2004.
© Oscar Mariné.

Basilio Martín Patino

Basilio Martín Patino (Lumbrales, Salamanca, 1930), Medalla de Oro de la Academia de las Artes y las Ciencias Cinematográficas de España en 2005, es uno de los cineastas más destacados del cine español de la segunda mitad del siglo XX. Tanto en su trabajo de ficción cinematográfica como en el género experimental, donde se le reconoce como autor de referencia internacional, el trabajo de Martín Patino aborda las nuevas formas de tratar el pasado a través del documental y la ficción. El testimonio de una historia común como modo de repensar y recordar el presente.

La exposición realizada en PHotoEspaña en 2004 se compuso de una selección de su amplio archivo fotográfico –un conjunto documental centrado en el periodo 1930-1950, aproximadamente– y de fragmentos de algunas de sus películas, además de programas, carteles e impresos de su colección. De esta forma, el artista deja manifiesta la tendencia creciente, tanto en arte como en literatura, de intercambiar técnicas y recursos expresivos. En concreto, cómo el autor ha hecho uso de la imagen fotográfica en su obra, en la que ha primado el *collage* de materiales y géneros.

Director de trabajos como *Canciones para después de una guerra* (1971), *Queridísimos verdugos* (1973) o *Caudillo* (1974), su producción es materia privilegiada para la reflexión sobre las relaciones entre ficción y realidad histórica, sobre la noción de documento y de cine documental, sobre la fotografía y sobre su capacidad de fascinar y provocar la memoria del público.

Basilio Martín Patino (Lumbrales, Salamanca, 1930), awarded the Gold Medal of the Spanish Academy of Cinematic Arts and Sciences in 2005, is one of Spain's leading filmmakers from the second half of the 20th century. Due both his fictional work and his efforts in the experimental genre, where he is considered an international reference, the work of Martín Patino approaches new ways of dealing with the past through documentaries and fiction – the testimony of a common history as a way of rethinking and recording the present.

The exhibition held during PHotoEspaña in 2004 comprised a selection from his wide-ranging photography archives – focused mainly on the period from 1930 to 1950 – and fragments from some of his films, as well as programmes, posters, and prints from his collection. Thus, the artist illustrates the growing trend, both in art and in literature, to mix expressive techniques and resources; specifically, how the artist has made use of photographic images in his oeuvre, dominated by collages of different materials and genres.

Director of films such as *Canciones para después de una guerra* (Songs for After a War, 1971), *Queridísimos verdugos* (Dearest Executioners, 1973), and *Caudillo* (1974), his body of work provides a privileged vantage point for reflecting on the relationship between fiction and historical reality, the idea of documenting and documentary film, on photography and its capacity to fascinate and evoke the audience's own memories.

PHE04
La seducción del caos: Documento y ficción en la obra de B. Martín Patino
Centro Cultural Conde Duque

Fotogramas de la película *Madrid*, 1987.
Cortesía de La Linterna Mágica.

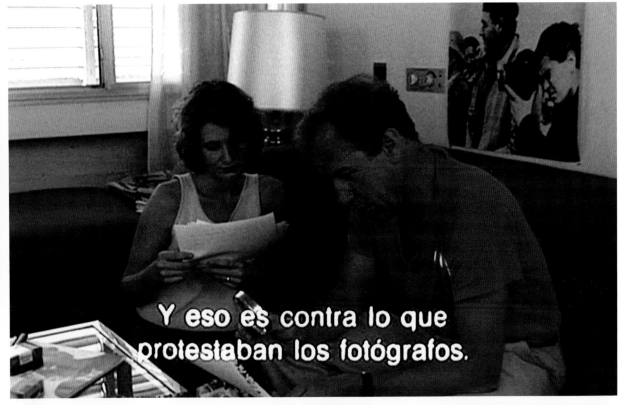

Y eso es contra lo que protestaban los fotógrafos.

Fotografiar lo fotografiado.

Ramón Masats

Ramón Masats (Caldas de Montbui, Barcelona, 1931) es uno de los protagonistas de la renovación de la fotografía documental española que tuvo lugar en los años sesenta. Galardonado con el Premio Nacional de Fotografía 2004, Masats se adelantó a su época al suprimir los esteticismos clásicos y desvincular el reportaje de las tendencias más academicistas.

También es uno de los precursores de los grandes reportajes monográficos como *Neutral Corner* (1962) que refleja el sórdido universo del boxeo o *Los Sanfermines* (1963), con el que Masats se aleja definitivamente del lenguaje fotográfico tradicional. De esta etapa, una de sus fotos más populares es *Seminario*, tomada en 1960 en un campo de Las Vistillas de Madrid. En la imagen, un grupo de aspirantes a sacerdote juega al fútbol con sus hábitos quedando uno de ellos graciosamente suspendido en el aire.

Tras trabajar en la televisión, Masats dio el salto al color cambiando de registro pero conservando una gran coherencia con su trabajo anterior. Así, empezó a sintetizar las cualidades del color, a aplicar la puntería y la economía de medios inherentes a su manera de construir imágenes y a utilizarlas a su favor. Entonces comenzó a retratar una España complacida en el desarrollo, luminosa y festiva, y la figura humana empezó a perder protagonismo en favor del grafismo y la jerarquía cromática.

Ramón Masats (Caldas de Montbui, Barcelona, 1931) is one of the leading figures of the wave of renewal that Spanish photo-reportage underwent in the 1960s. Winner of the Spanish National Photography Award in 2004, as a photographer, Masats was ahead of his time. He eliminated classical photographic aesthetics and disassociated his reportage from the more academic trends of the time.

He is also one of the pioneers of major monographic photo-reportages, such as *Neutral Corner* (1962) which portrays the sordid world of boxing, or *Los Sanfermines* (1963), in which Masats definitively moved away from traditional forms of photographic expression. One of his most popular pictures from this period was *Seminario* (Seminary), taken in 1960 in the Las Vistillas neighbourhood of Madrid. In the picture, a group of young priests-to-be are playing football, dressed in their clerical habits, with one of them amusingly caught in mid-air.

After working for television, Masats made the switch to colour, changing his tone but remaining consistent with his previous work. He began to synthesize the features of colour photography, using his great eye and economy of means to construct images in his own way. He then began to take pictures of a luminous and festive Spain that was pleased with its own progress, and human subjects began to give way to a more graphic style and colour hierarchy.

PHE99
Círculo de Bellas Artes

PHE06
Contactos
Real Fábrica de Tapices

Moscú, 2002. Madrid, 1960.

Pamplona, 1957.

(págs, 354-355)
Badolatosa, 1959. Mijas, 2001.
Terrassa, 1954. Puerto Real, 1991.
Barcelona, 1954. Madrid, 1995.

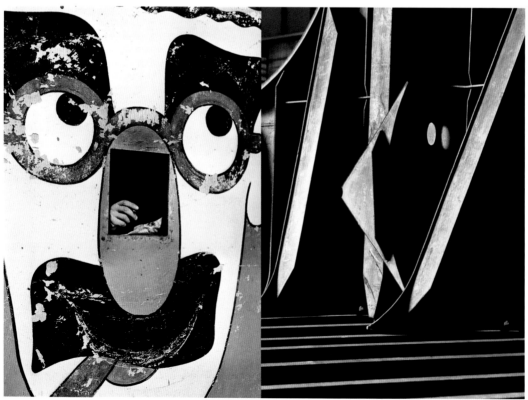

Mireya Masó

Mireya Masó (Barcelona, 1963) basa su trabajo en una observación directa y meticulosa de aspectos de la realidad que la compleja sociedad urbana contemporánea tiende a pasar por alto. Desde una perspectiva de la responsabilidad, aboga por una práctica artística que no interfiera con el pedazo de realidad que trata de analizar. A través del vídeo, el dibujo y la fotografía, su objeto de observación son aquellos aspectos de la naturaleza o de los actos humanos que resultan a primera vista intrascendentes pero que encierran un intenso latido de existencia.

El cielo, el paisaje o la vida animal son captados sin manipulación alguna dando lugar a imágenes cargadas de una simplicidad absoluta y que nos evocan aquellas cosas esenciales que a menudo vamos dejando en el camino. Así, *Antártida. Experimento Nº 1* es un proyecto desarrollado íntegramente en el "continente helado" en colaboración con la investigadora Mercedes Masó. Una propuesta que contiene un doble análisis: por un lado estudia cómo el ser humano se proyecta a sí mismo en la construcción del entorno y, por otro, examina la realidad a través de un diálogo permanente entre arte y ciencia. En ese contexto helado la percepción de la distancia se anula, pero el paisaje, aparentemente invariable, alberga continuos cambios que se manifiestan a través de pequeños detalles como el crujir de un glaciar o el borboteo de las burbujas que liberan las acumulaciones de hielo.

Con una trayectoria artística consolidada, Masó ha participado en las bienales de Pamplona, de Ginebra o de Valencia y ha expuesto en el MNCARS (Madrid), el Museo de Arte Contemporáneo de Toulouse (Francia), o en The Video Art Foundation-Container Exhibition de Tokio (Japón). Además se han editado numerosos catálogos y libros de autor sobre algunas de sus exposiciones.

Mireya Masó (Barcelona, 1963), bases her work on the meticulous direct observation of aspects of life that complex modern urban society tends to ignore. With a highly responsible approach, she practices her art without interfering with the piece of real life she is attempting to analyze. Using video, drawing and photography, the object of her observations are those aspects of nature or human activity that at first seem unimportant, but which actually contain the strong beat of life.

The sky, the landscape, or animal life are shot without any manipulation, producing images that are absolute in their simplicity and which evoke the essential things that we often leave by the wayside. The *Antarctic. Experiment Nº 1* project was entirely carried out on the "frozen continent", in the company of researcher Mercedes Masó. The proposal is twofold in its analysis: on the one hand, it examines how human beings project themselves onto the surroundings that they build, and on the other, it examines real life via a permanent exchange between art and science. In this frozen context, the perception of distance is cancelled out, but the apparently unvarying landscape undergoes constant changes that are expressed in such tiny details as the creak of a glacier, or the sound of bubbles released from the mass of ice.

Masó is a well-established artist, who has taken part in the Biennials of Pamplona, Geneva and Valencia. Her work has been shown at MNCARS (Madrid), the Toulouse Museum of Contemporary Art, in France, or at The Video Art Foundation-Container Exhibition in Tokyo, Japan. A large number of catalogues and books have been published on some of her exhibitions.

PHE06
Antártida. Experimento nº 1
Casa de América

Esto se puede mejorar, 2006.
Cortesía de la artista.

Buscando las curvas, 2006.
Buscando la linea recta, 2006.
Cortesía de la artista.

Oriol Maspons

Entre las primeras imágenes que tomó Oriol Maspons (Barcelona, 1928) destacan las relacionadas con el mundo gitano de Barcelona. Carmen Amaya y, sobre todo, *La Chunga* son protagonistas de buena parte de ellas. Adoptando la fórmula del *folclorismo*, Maspons se rebelaba de forma sutil contra el régimen franquista.

En los años sesenta y setenta, con el nacimiento del movimiento *hippie* y el incipiente erotismo de la época, Maspons realizó un gran número de retratos de mujeres. Como sus imágenes de las primeras *hippies* que llegaron a Ibiza posando en bikini o desnudas. También se convirtió en cronista del fenómeno cultural de la *Gauche Divine* catalana de la que fue miembro destacado. Sus instantáneas tienen siempre una característica ironía. Incluso cuando el tema que trata es crudo, Maspons busca el contrapunto y acaba provocando la sonrisa en el espectador a partir de las paradojas y los juegos de contrastes que plantea.

El contacto de Maspons con la fotografía comenzó en París, ciudad a la que se trasladó en 1955. Allí empezó a escribir en una revista especializada en fotografía y a frecuentar a grandes fotógrafos como Cartier-Bresson. Cuando en 1957 vuelve a Barcelona inicia su vida profesional como fotógrafo de moda, publicidad y reportaje. Su obra es reconocida internacionalmente y ha sido recogida en numerosos libros como *La caza de la perdiz roja* con texto de Miguel Delibes, *Toreo de Salón* con texto de Camilo José Cela o *Poeta en Nueva York* con texto de Federico García Lorca.

Among the earliest pictures taken by Oriol Maspons (Barcelona, 1928) are his shots of Barcelona's gypsy community: dancers Carmen Amaya, and above all, La Chunga, are his main subject. Using the "typical Spanish folklore" formula, Maspons was actually subtly protesting against the Franco regime.

During the 60s and 70s, with the birth of the hippie movement and the erotic aesthetic of the time, Maspons shot a large number of portraits of women, including his pictures of the first hippies to arrive in Ibiza, posing naked or in bikinis. He also became the chronicler of the social phenomenon known as the Catalan *Gauche Divine*, of which he himself was a leading member. His snapshots always contain a touch of irony. Even when the subject itself is crude, Maspons looks for a counterpoint and manages to extract a grin from the viewer, thanks to his use of paradox and contrast.

Maspons first came into contact with photography in Paris, when he moved there in 1955. He began to write for a photography magazine there, and meet leading photographers such as Cartier-Bresson. When he returned to Barcelona in 1957, he began to work as a professional fashion and publicity photographer and photojournalist. His work is internationally recognized and has featured in a number of books, including *La caza de la perdiz roja* (Red Partridge Shooting) with words by Miguel Delibes, *Toreo de Salón* (Learning to Bullfight), with words by Camilo José Cela or *Poeta en Nueva York* (Poet in New York), based on the poem by Federico García Lorca.

PHE01
Ironía y contrapunto
La Fábrica

Experto escaparatista de El Corte Inglés cambiando de sitio a una mujer objeto.
© Oriol Maspons.

Compradora compulsiva preservando su derecho a la intimidad.
© Oriol Maspons.

Guapa modelo con su mascota
y equipo de fotógrafos dispuestos
a realizar una sesión en la selva.
© Oriol Maspons.

Pizpiretas empleadas de Tuset
Street en su hora de asueto.
© Oriol Maspons.

Mass Observation

Desde 1937 hasta los años cincuenta trabajó en el Reino Unido una organización que, bajo el nombre de Mass Observation, se dedicaba a la investigación social. Formada por escritores, sociólogos, antropólogos, cineastas y fotógrafos, su propósito era estudiar las condiciones de vida de la gente, especialmente de la clase obrera, y su labor dio como resultado un conjunto de información escrita y visual que constituye un amplio documental sobre cómo eran los ciudadanos de aquel país.

El archivo de esta organización cuenta experiencias compartidas por gente anónima en los barrios obreros de la época, plasma asuntos cotidianos que nos acercan a la vida en la calle y al concepto de la ciudad como experiencia pública. Un proyecto colectivo parecido a los que se desarrollaron en otros países en el periodo de entreguerras, como el Farm Security Administration en Estados Unidos.

En la actualidad el archivo de esta organización se conserva en la biblioteca de la Universidad de Sussex (Reino Unido) y se puede consultar libremente. El archivo ha sido objeto de numerosísimas publicaciones y ha servido de inspiración para otras tantas como *Wartime Women* (*Mujeres durante la guerra*), editado por Dorothy Sheridan, o *Our hidden lives* (*Nuestras vidas ocultas*) de Simon Garfield.

Mass Observation, an organisation devoted to social research, was active in Britain from 1937 through to the nineteen fifties. Formed by writers, sociologists, anthropologists, filmmakers and photographers, the group's aim was to study the living conditions of people, particularly the working class, and the result of its endeavours was a set of written and visual information that comprises a broad documentary on what British citizens were like then.

The organisation's archive tells us about the daily experiences shared by anonymous people in the working neighbourhoods of the time. It records everyday events to bring us closer to life in the street and to the concept of the city as a public experience. This collective project is similar to those developed in other countries during the period between the world wars, such as the Farm Security Administration project in the United States.

Currently, this organisation's archive is preserved in the library of the University of Sussex (United Kingdom) and can be consulted freely. It has been the subject of myriad publications and has provided the inspiration for many others, including *Wartime Women*, edited by Dorothy Sheridan, and *Our Hidden Lives* by Simon Garfield.

PHE05
Centro Cultural Conde Duque

Blackpool, Olympia Pleasure Palace, Premios de muñecas gigantes.
Humphrey Spender. © Bolton Museums, Art Gallery & Aquariums BMBC.

Mirando el escaparate de la cafetería. Blackpool, Parque de atracciones fuera de temporada.
Humphrey Spender. © Bolton Museums, Art Gallery & Aquariums BMBC.

Frotando y blanqueando la acera.
Bolton, 1937-38.
Salón de té en el centro de la ciudad.
Bolton, 1937-38.

Zona abandonada. Niños orinando.
Bolton, 1937-38.
Carreras de coches. Bolton, 1937-38.

Leo Matiz

Leo Matiz (Aracataca, Colombia, 1917-1998) formó parte de la generación de fotógrafos latinoamericanos cercanos a la obra del mexicano Manuel Álvarez Bravo –de quien fue asistente entre 1942 y 1946– y de esa generación de intelectuales y artistas que asumieron una actitud más que artística y tuvieron que acabar exiliándose.
Su obra refleja la relación entre el hombre y el paisaje, donde resalta un pueblo humilde junto a sombras contrastadas que se convierten en planos dominantes. Matiz aplica la geometría a la naciente industria y a la artesanía aborigen para crear imágenes supuestamente abstractas que van ocupando el espacio estético que merecía la fotografía a partir de los años treinta. Hace retratos donde el rostro se impone sobre el cuerpo y el lugar, otorgándole un valor de denuncia social que refleja el realismo latinoamericano en la fotografía. Matiz, además de fotógrafo, ha sido caricaturista, pintor, galerista, actor, editor y publicista. Trabajó como corresponsal para las revistas *Life*, *Norte*, *Look* o *Harper's Magazine*, y en 1995 el gobierno francés le condecoró con el título de *Chevalier de l'Ordre Des Arts et les Lettres*. En 1998 Colombia le rindió un sólido homenaje como uno de los personajes más emblemáticos de su país.

Leo Matiz (Aracataca, Colombia, 1917-1998) was part of the generation of Latin American photographers who followed the work of the Mexican photographer Manuel Álvarez Bravo. It was that same generation of intellectuals and artists whose views and commitment went beyond the merely artistic, something that eventually forced many of them into exile. Matiz himself was Álvarez Bravo's assistant from 1942 to 1946.
Matiz's work reflects the relationship between man and the landscape he inhabits. He highlights a humble village, juxtaposing it against contrasting shadows, which dominate the image. He observes the geometrical play of light on industrial settings and the craftwork of indigenous peoples to create the abstract images that were the prevailing aesthetic of the 1930s. In his portraits, which are a substantial part of his oeuvre, the subject's face takes prominence over the body or the setting, in a social statement that reflects Latin-American realism in photography. Matiz, apart from being a photographer was never far from the world of art and worked as a caricaturist, painter, art gallery owner, actor, publisher and publicist. He worked as correspondent for magazines such as *Life, Norte, Harper's Magazine* and, in 1995 was knighted by the French Government, who awarded him the title of *Chevalier de l'Ordre Des Arts et les Lettres*. In 1998 Colombia paid homage to him as one of the country's most emblematic public persons.

PHE00
El ojo divino
Museo Casa de la Moneda

Magda y el enano.
Caracas, Venezuela, 1958.
Saliendo de la callejuela.
Mérida, Venezuela, 1961.

Hecha de barro, niña india.
Oaxaca, México, 1944.

Susan Meiselas

Susan Meiselas (Baltimore, Estados Unidos, 1948) trabaja con la fotografía como base para construir una obra completa basada en lo que gira alrededor de esta. "Me gusta el encuadre clásico de una fotografía pero también me gusta lo que hay fuera del recuadro", dice Meiselas. "A veces trabajo con la escritura, el vídeo, el sonido o los encuadres de otros fotógrafos. Me gusta cerrar el círculo."

Miembro de la agencia Magnum, en su primer trabajo monográfico *Carnival Strippers* explora los espectáculos de *striptease* en las tiendas traseras de las pequeñas ferias de Nueva Inglaterra en los años setenta.

En su serie *Pandora's Box*, realizada en un palacio de *dominatrix* de Nueva York veinte años más tarde, Meiselas observa un aspecto de la industria del sexo que contrasta fuertemente con el material de *Carnival Strippers*. Si bien estos temas han sido frecuentados por los fotógrafos, al igual que hace con sus fotografías de guerra, Meiselas imprime una sensibilidad especial a sus retratos de *strippers* y dominadoras.

Meiselas también ha fotografiado los conflictos de El Salvador, Chile, Nicaragua, Kurdistán o la tribu de los dani en Papúa Nueva Guinea. Su trabajo se ha podido ver en exposiciones individuales en París, Ámsterdam, Londres, Los Ángeles, Chicago o Nueva York. Ha recibido premios como la Medalla de Oro Robert Capa, la Leica Award for Excellence o la Hasselblad Foundation Photography Prize.

Susan Meiselas (Baltimore, USA, 1948) uses photography as the foundation for creating a body of work based completely on what revolves around it. Although she likes the classic framing devices of photography, she also likes what is outside the frame. Sometimes she works with writing, video, sound, or other photographers' framing devices. "I like to close the circle," Meiselas says.

A member of the Magnum agency, in her first monographic work, *Carnival Strippers,* she explored the strip shows in the back tents of small-town fairs around New England in the 1970s. In her series *Pandora's Box*, created in the palace of a New York dominatrix twenty years later, Meiselas observed a side of the sex industry that contrasts strongly with the material in *Carnival Strippers*. Although photographers have often dealt with these themes, as in her war photographs, Meiselas puts the imprint of her own special sensibility on these portraits of strippers and dominatrices.

Meiselas has also photographed conflicts in El Salvador, Chile, Nicaragua, and Kurdistan, as well as the Dani tribe in Papua New Guinea. Her work has been shown at solo exhibitions in Paris, Amsterdam, London, Los Angeles, Chicago, and New York. Her awards include the Robert Capa Gold Medal, the Leica Award for Excellence, and the Hasselblad Foundation Photography Prize.

PHE02
Íntimos desconocidos
Canal de Isabel II

La caja de Pandora. El ama Solitaire y Delilah II en el vestidor USA. Estados Unidos. Nueva York, 1995.
© Susan Meiselas / Magnum Photos / Contacto.

La caja de Pandora. Ama Catherine después de azotar, cuarto Versalles. Estados Unidos. Nueva York, 1995.
© Susan Meiselas / Magnum Photos / Contacto.

Strip-tease de carnaval.
Estados Unidos. Vermont, 1973.
© Susan Meiselas / Magnum Photos /
Contacto.

Enrique Metinides

Conocido por sus imágenes de sucesos atroces, Enrique Metinides (México D.F., 1934), *el Niño*, ha plasmado la cara más escabrosa de la ciudad de México: descarrilamientos, incendios, accidentes automovilísticos, explosiones, suicidios, asesinatos... Su obra adquiere un sentido histórico, al congelar los momentos inesperados y las realidades dramáticas que han interrumpido la vida de aquella capital. Además, fuerza al espectador a confrontar su propia fragilidad y a reconciliar la incertidumbre con la que vivimos día a día.

Su trabajo, que recuerda al de Weegee en Nueva York en la década de los treinta, puede ser descrito como sensacionalista, aunque en cada una de sus piezas hay siempre un toque de compasión hacia la condición humana y a veces, incluso, de humor. Para Metinides, el protagonista no es la víctima, sino el testigo de la tragedia, aunque su deseo de inmortalizar a estos sujetos los convierte en algo más que un simple titular de un periódico. Su labor, además, se caracteriza por el uso de una forma de composición muy peculiar y valiosa para la fotografía de reportaje. Entre 1940 y 1990, sus tomas han ilustrado la sección de sucesos –la *nota roja*– del diario *La Prensa*, alimentando la curiosidad morbosa de miles de lectores. Sus fotografías, testimonio histórico de las transformaciones de la ciudad, son cada vez más valoradas. En 2003 la Photographers' Gallery de Londres (Reino Unido), presentó la retrospectiva de su trabajo, en 2004 tuvo una exhibición individual en el Kunsthale de Rotterdam (Países Bajos), y en 2006 exhibió su primera individual en Estados Unidos en la galería Blum & Poe de Los Ángeles, California.

Known for his shots of horrific events, Enrique Metinides (Mexico City, 1934), *el Niño*, has shown the harshest side of Mexico City: train derailments, fires, car crashes, explosions, suicides, murders... His work has acquired a kind of historical sense, by freezing the most unexpected moments and dramatic real-life events that have disrupted the life of the capital city. He also forces us, as viewers, to face our own fragility, and reconcile ourselves with the uncertainty that we face every day of our lives.

His work - which is reminiscent of Weegee, in 1930s New York - could be described as sensationalist, although each piece contains a touch of compassion for the human condition, and sometimes even a little humour. To Metinides, the victim is not the protagonist but, rather, the witness of the tragedy - although his desire to immortalize his subjects does turn them into something more than just a newspaper headline. He also employs a very special form of composition in his work that is a valuable contribution to photojournalism.

Between 1940 and 1990, his shots illustrated the crime pages of the newspaper *La Prensa*, feeding the morbid curiosity of thousands of readers. His photographs are becoming more and more highly valued, and are a historical record of the transformation of the city. In 2003, The Photographers' Gallery, in London, presented a retrospective of his work. In 2004, he had a solo exhibition at the Kunsthale in Rotterdam, and in 2006, he had his first US solo exhibition, at the Blum & Poe gallery in Los Angeles.

PHE04
Casa de América

Una mujer llora a su novio muerto apuñalado en el parque de Chapultepec por mostrar resistencia a unos ladrones. Parque de Chapultepec, 1995. Cortesía Kurimanzutto. © Enrique Metinides.

Cuando cruzaba la avenida Chapultepec a la altura de la calle Monterrey, alrededor de las 14.00 horas del domingo 29 de abril de 1979, la señorita Adela Legarreta Rivas fue arrollada por un automóvil Datsun color blanco. Ciudad de México, 1979. Cortesía Kurimanzutto. © Enrique Metinides.

Duane Michals

A Duane Michals (McKeesport, Pennsylvania, Estados Unidos, 1932) nunca le ha interesado recurrir a la fotografía con el fin de reproducir el mundo real. Por el contrario, a lo largo de su legendaria e influyente trayectoria, ha tratado de rebasar las fronteras de lo imaginario y lo real al abordar la representación de algunos de los temas filosóficos más universales: el amor, la pérdida, la muerte o la inmortalidad. Así, en sus trabajos se plantea grandes preguntas: ¿qué es la muerte?, ¿cómo definir la belleza en términos visuales? o ¿cómo representar la naturaleza de la existencia y el drama de la condición humana?

El artista define arte como aquello que está relacionado con una reflexión tan profunda sobre la sociedad que permanecerá vigente tras el paso del tiempo. Y por ello, a menudo se ha descrito a sí mismo como fuera del ámbito de la fotografía por encontrarla aburrida y sin inspiración. Para alcanzar esta profundidad que defiende, el artista combina la imagen fotográfica con narraciones o símbolos que expanden el significado de la imagen y le ayudan a transmitir la experiencia o idea que quiere. En este sentido, se ve como un expresionista, "porque me expreso de acuerdo a mis necesidades", ha señalado.

La obra de Michals es universalmente reconocida como una de las más influyentes en el ámbito de la fotografía contemporánea. Ha expuesto en instituciones tan diversas como el Art Institute de Boston (Estados Unidos), el International Center of Photography o el Museo Whitney de Arte Americano (Nueva York, Estados Unidos). La fotografía de Michals también puede encontrarse en las colecciones permanentes del Metropolitan Museum, el MoMA, el Museo J. Paul Getty, el Museo de Filadelfia y numerosas colecciones internacionales como la Moderna Museet (Estocolmo, Suecia), el Museo Nacional de Arte Moderno (Kyoto, Japón), la National Gallery (Auckland, Australia) y el Museo de Israel en Jerusalén.

Duane Michals (McKeesport, Pennsylvania, USA, 1932) was never interested in using photography to depict the real world. On the contrary, over the course of his legendary and influential career, he has tried to go beyond the frontier between the imaginary and the real, by taking on the representation of some of the most universal philosophical themes: love, loss, death, immortality. Thus, his works pose such heavy questions as: What is death? How to define beauty in visual terms? How to represent the nature of existence and the drama of the human condition? The artist defines art as something that is related to a reflection on society so deep that it will remain valid as time passes. Therefore, he has often described himself as being outside the photography scene, considering it boring and uninspirational. To achieve the depth that he defends, the artist combines photographic images with narrations or symbols that expand the meaning of the image and help him to transmit the experience or idea he wants to convey. He sees himself as an expressionist, "because I express myself in accordance with my needs," he says.

Michals's body of work is universally recognised as one of the most influential on today's photography scene. He has shown at such different venues as the Art Institute of Boston (USA), the International Center of Photography and the Whitney Museum of American Art (New York). His photography can also be found in such American permanent collections as those of the Metropolitan Museum, the MoMA, the J. Paul Getty Museum, the Philadelphia Art Museum, and in many international collections, including the Moderna Museet (Stockholm), the National Museum of Modern Art (Kyoto, Japan), the National Gallery (Auckland, Australia) and the Museum of Israel in Jerusalem.

PHE98
MNCARS

Premio PHE01

Claes Oldenburg.
© Duane Michals. Cortesía Pace / MacGill Gallery, New York.

¿Quién es Sydney Sherman?, 2002, de la serie "On Contemporary Art".
© Duane Michals. Cortesía Pace / MacGill Gallery, New York.

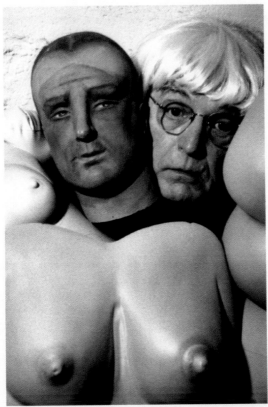

In this cunningly conceived sexual mise-en-scene,
reminiscent of his scatological shit/piss/vomit period
of the late eighties, Sidney poses with a Hans Bellmer
mannequin head as an acolyte to feminine agitprop
with ironic appropriation of Bellmer's own sexual poupees,
       but not surrealist cutesy stuff.
Thus he simultaneously trivializes Bellmer's orginality
as of no value except as a source for latter day
artistic arriviste's validation and legitimizes visual
plagiarism making Bellmer an accomplice to his own
victimization, an heroic Warholian accomplishment.

Magritte en su caballete, 1965.
© Duane Michals. Cortesía Pace /
MacGill Gallery, New York.

La casa que una vez llamé hogar, 2003.
© Duane Michals. Cortesía Pace /
MacGill Gallery, New York.

El ángel caído, 1968.
© Duane Michals.

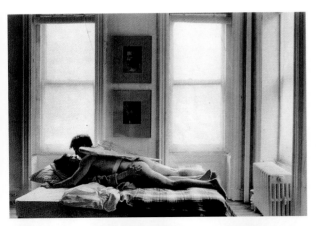

Fernando Moleres

"Una parte de mi fotografía", señala Fernando Moleres (Bilbao, 1963), "trata de documentar algunos de los problemas de nuestro tiempo, con la intención de contribuir a un debate o reflexión". Moleres, ganador de dos premios World Press Photo, se dedica a la fotografía periodística y documental desde 1987 y ha consolidado su carrera con reportajes sobre guetos de Suráfrica o sobre refugiados de Irak.

Las imágenes de *Los niños trabajadores* han sido tomadas en más de treinta países de todo el mundo. Se centra en las peores formas de explotación laboral infantil que sufren millones de niños metódicamente, planteando su visualización como un primer paso para erradicarla. Son fotografías con cierta carga estética que no trata de distraer, sino de dar magnitud a la tarea realizada y dignificar a sus protagonistas sin buscar la sensiblería.

Moleres también ha documentado el paso de la frontera de México a Estados Unidos, una escuela de niños gimnastas en China o la vida monástica. Imágenes que tienen en común el trabajo, la explotación o la ausencia de ella y que se han podido ver en el festival *Visa pour l'image* de Perpignan (Francia), el MACBA de Barcelona o en la marcha contra el trabajo infantil celebrada en Génova (Italia) en 1998.

"One part of my photography attempts to document some of the problems of our time," says Fernando Moleres (Bilbao, 1963) "with the purpose of contributing to debate and reflection." Moleres, who has won two World Press Photo Awards, has specialised in photojournalism and documentary photography since 1987 and has earned his reputation with photo essays on ghettoes in South Africa and refugees in Iraq.

The photographs in *Children at Work* were taken in over thirty countries around the world. They focus on some of the worst forms of child exploitation, as suffered systematically by millions of children. Moleres wants these photographs to raise awareness of child labour as a first step towards eradicating it. Though the photographs have a certain aesthetic quality, this is not their chief importance. The aim is not to distract the observer's attention, but rather to draw it to the enormity of the task the children are carrying out, thus dignifying them without being overly sentimental.

Moleres has also documented the Mexico-US border, a school for child gymnasts in China and life in a monastery. The common themes of work and exploitation, or the lack of it, run through these series, which have featured at festivals such as *Visa pour l'image* in Perpignan (France), the MACBA arts centre in Barcelona or the march against child labour held in Genoa in 1998.

Umzito, Natal, Sudáfrica, 1991.

Ciudad de Guatemala, 1992.
Jaipur, India, 1995.

PHE00
Los niños trabajadores
RENFE

Julie Moos

Julie Moos (Ottawa, Canadá, 1965), que además de fotógrafa es crítico de arte, explora el mundo de los opuestos. Realiza retratos de parejas de sujetos en un estudio ambulante utilizando una cámara de mediano formato y una iluminación simple. Trabajando con detalles sencillos como la ropa, la postura o la expresión facial, Moos pone de manifiesto diferentes aspectos de la cultura americana.

En *Amigos y Enemigos* Moos retrata personas opuestas en el instituto, mientras que en la serie *Domésticos* presenta retratos de parejas en los que por lo general una de las personas es blanca y la otra negra, una es el criado y la otra el "amo". Desde su ubicación en el profundo sur de los Estados Unidos y en los albores del siglo XXI, estos retratos hacen pensar en la esclavitud, en una historia de discriminación y segregación racial. En definitiva, en la compleja dinámica del poder por la que los sujetos dominantes y dominados basan una parte fundamental de su identidad en el otro.

El trabajo de Julie Moos ha sido objeto de numerosas exposiciones individuales en espacios como la Renaissance Society, la Universidad de Chicago o el Birmingham Museum of Art (Estados Unidos). Su obra también se ha podido ver en la Bienal de Whitney (Estados Unidos) de 2002.

Julie Moos (Ottawa, Canada, 1965), who is an art critic as well as a photographer, explores the world of opposites. She photographs pairs of subjects in a travelling studio using a medium-format camera and simple illumination. Working with basic details, such as clothing, posture and facial expressions, Moos highlights different aspects of the American culture.

In *Friends and Enemies*, Moos portrays secondary school friends and rivals, whereas in the *Domestic* series she offers portraits of couples in which one person is usually white and the other black, one the servant and the other the "master". Located in the American Deep South at the beginning of the twenty-first century, these photographs evoke thoughts of slavery and of a history of racial discrimination and segregation and in general of the complex dynamics of power due to which both the dominant and the dominated base a major part of their identity on the other.

Work by Julie Moos has been the subject of many solo exhibitions in venues such as the Renaissance Society, the University of Chicago and the Birmingham Museum of Art (United States). It has also been shown at the Whitney Biennial of 2002 (United States).

PHE03
Domésticos
Real Jardín Botánico

De la serie Domésticos, 2001.
Earnestine & Gaynelle.
Lawrence & Dick.
Cortesía Fredericks Freyser Gallery, Nueva York. © Julie Moos.

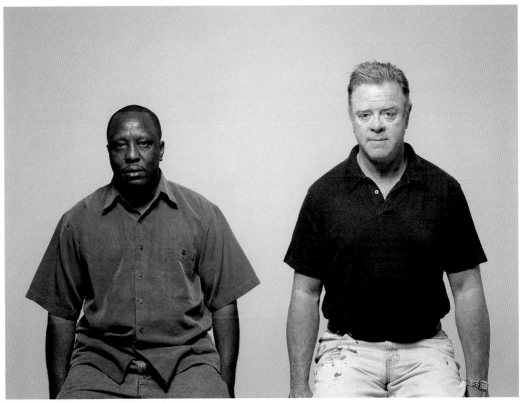

Jean Moral

Jean Moral (Marchiennes, Francia 1906-1999) inició
su carrera en 1925 fotografiando las calles de París,
sus mendigos y las grandes vallas publicitarias que
entonces comenzaban a cambiar la fisonomía de la
ciudad. En muchas de sus tomas impera lo que se ha
denominado "estética del agua", patente en sus vistas
del río Sena o de las calles mojadas por la lluvia. En
realidad, el artista utilizó casi todos los grandes recursos de la fotografía vanguardista: perspectivas bascu-
lantes, visiones pronunciadas desde arriba o desde
abajo, exagerados primeros planos, eliminación de
las anécdotas en beneficio de la estructuración de espacios y producción de rayogramas, así como la experimentación con la sobreimpresión. Asimismo, Jean
Moral desarrolló en la fotografía de moda un estilo
que ha llegado hasta nuestros días: el de las modelos
retratadas en plena calle, aparentemente captadas
de modo espontáneo. En 1933 viajó a España, donde
tomó imágenes de Barcelona y Sevilla, así como del
campo castellano.
El artista, que abandonó la fotografía en los años cincuenta para dedicarse al dibujo, mantuvo relación con
dos grandes figuras de las décadas de los veinte y
treinta, Georges Hugnet y Francis Picabia. El primero
recurrió a muchas de sus imágenes como base para
dieciocho de sus *collages*, realizados entre 1938 y
1947. El segundo empleó dos de ellas en sus pinturas
Coup de soleil (1941-42) y *Le Printemps* (1941).

Jean Moral (Marchiennes, France 1906-1999) began
his career in 1925, taking pictures of the streets of
Paris, its beggars, and the large advertising
hoardings that were beginning to change the face of
the city. In many of his shots the so-called "water
aesthetic" is predominant, and it can be clearly seen
in his views of the river Seine, or the wet, rainy
streets. In actual fact, the artist used almost all the
great techniques of avant-garde photography: tilted
perspective, overhead shots and shooting from
below, exaggerated close-ups, eliminating the
anecdote in favour of structured spaces, and
producing rayographs, as well as experimenting with
superimposed photography. Jean Moral also created
a style in fashion photography that has lasted until
today: models shot in the city streets, in apparently
spontaneous poses. In 1933, he travelled to Spain,
where he took pictures of Barcelona and Seville, as
well as the Castilian countryside.
Moral, who abandoned photography in the 1950s to
take up drawing, was an acquaintance of two great
artists of the 1920s and 30s, Georges Hugnet and
Francis Picabia. Hugnet used many of Moral's images
as the basis for eighteen of his collages, between 1938
and 1947. Picabia used two of them, in his paintings
Coup de soleil (1941-42) and *Le Printemps* (1941).

PHE04
Consejería de Cultura y Deportes

Juliette de perfil con una roca, 1932.
Cortesía APH (Atelier Photographie
Historique, París.)

Juliette (haciendo el pino en la playa),
1932.
Cortesía Galería Barbié.

Jean-Marie del Moral

Jean-Marie del Moral (Francia, 1952) ha retratado a artistas como Miquel Barceló, Joan Miró, Antonio Saura, Antonio Pérez o Sam Szafran. Una serie de retratos que comenzaron cuando en 1978 conoció a Joan Miró en su estudio de Palma de Mallorca: "Los objetos más pequeños colgando de las paredes de su taller me ayudaron a abrir los ojos a un nuevo mundo. Fue entonces cuando decidí fotografíar a pintores en su estudio, y en lo que fuera posible, trazar el camino de su imaginación". Así, sigue a estos artistas en su proceso creativo, en su taller, en sus horas de ocio, rodeados de sus objetos. Y pone de manifiesto esos pequeños detalles que pasan desapercibidos para el observador descuidado.

Ha publicado amplios estudios de la obra de Miró, Picasso o Van Gogh. Ha colaborado con medios de comunicación como *El País*, *The Observer*, *Vogue*, *Beaux Arts* o *Figaro* y ha realizado documentales para la cadena France 3 y su trabajo como fotógrafo le ha llevado a retratar a artistas como Pierre Soulages, Yvon Lambert, Richard Texier, Mariscal o Manuel Vázquez Montalbán. En el año 1985 llamó a la puerta del estudio del artista mallorquín Miquel Barceló para fotografiar un proceso creativo que se plasma en el libro *Barceló*, editado por La Fábrica en 2003, y en una exposición con una itinerancia internacional

Jean-Marie del Moral (France, 1952) has photographed artists such as Miquel Barceló, Joan Miró, Antonio Saura, Antonio Pérez and Sam Szafran. This portrait series began when he met Joan Miró at his studio in Palma de Mallorca in 1978: "The smallest object hanging from the walls helped open my eyes to a new world. It was then that I decided to photograph painters in their studios and, as far as possible, trace the path of their imagination." He follows these artists during their creative process: in their studios and their leisure hours, surrounded by their objects, highlighting the small details usually overlooked by a careless observer.

Del Moral has published detailed studies of the work of Miró, Picasso and Van Gogh. He has contributed to various media including *El País*, *The Observer*, *Vogue*, *Beaux Arts* and *Figaro* and has made documentaries for the France 3 television channel. His work as a photographer has led him to photograph artists such as Pierre Soulages, Yvon Lambert, Richard Texier, Mariscal and Manuel Vázquez Montalbán. In 1985, he knocked on the door of Mallorcan artist Barceló's studio in order to photograph a creative process that was recorded in the book *Barceló*, published by La Fábrica in 2003 and shown in an exhibition that has travelled to many countries.

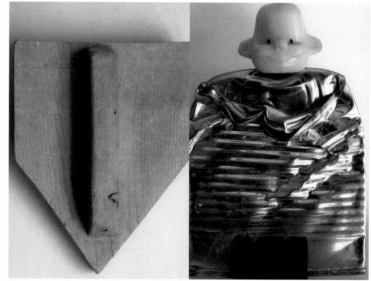

PHE07
Antonio Pérez. Fotos para un libro
Fundación Antonio Pérez; Cuenca

Sin título, 2006.
Cortesía Fundación Antonio Pérez.
© Jean-Marie del Moral

Joan Morey

Joan Morey (Palma de Mallorca, 1972) nos hace reflexionar sobre los cambios culturales y generacionales a lo largo del tiempo en sus performances, fotografías, vídeos o instalaciones. Etiquetado como artista provocador, él se define a sí mismo como *conceptual designer*, esto es, diseñador de conceptos. Reflexiona sobre distintas facetas de la cultura juvenil y las llamadas tendencias rompiendo la barrera entre alta y baja cultura. En *Nueva Ola Desencert A time to love and a Time to Die,* Morey trata temas más cercanos a la *performance* o al *fashion show* a través de soportes como la fotografía, el vídeo o la instalación. Su proyecto gira en torno a la idea de la deformación, tergiversación y/o mala interpretación de los conceptos culturales con el paso de los años. El espectador se enfrenta a una obra alejada de convencionalismos, con un mensaje disperso, fragmentado, que plantea nuevas formas y técnicas resolutivas y cuestiona el valor y el uso de la imagen dentro de las estructuras del sistema del arte contemporáneo. Joan Morey ha recibido entre otros galardones el premio al fotógrafo revelación PHotoEspaña 2004. Su obra ha sido expuesta en la Bienal de Venecia, en Milán o en Sydney. Combina su trayectoria como artista visual con colaboraciones en soportes editoriales como la revista *Suite* y es el creador de la marca *STP_Soy Tu Puta*, bajo la que trabaja interactuando con mecanismos y lenguajes de la moda y el arte.

Joan Morey (Palma de Mallorca, 1972) forces us to reflect on cultural and generational changes over time through his performances, photographs, videos and installations. Labelled a provocative artist, he defines himself as a conceptual designer. He considers various facets of the youth culture and so-called trends, breaking down the barrier between high and low culture.
In *Nueva Ola Desencert A Time to Love and a Time to Die,* Morey deals with subjects closer to performances or fashion shows using supports such as photography, videos and installations. His project revolves around the idea of the deformation, tergiversation and/or misinterpretation of cultural concepts as the years go by. The viewer is confronted with a work free of conventionalisms, filled with a dispersed and fragmented message that suggests new forms and techniques while questioning the value and use of the image within the structures of the contemporary art system.
Among other awards, Joan Morey received the Best New Photographer Prize in PHotoEspaña 2004. His work has been shown in the Venice, Milan and Sydney Biennials. He combines his career as a visual artist with contributions to publications such as *Suite* magazine and is the creator of the *STP_Soy Tu Puta* trademark under which he works interacting with the mechanisms and languages of fashion and art.

PHE05
Nueva Ola Desencert
A Time to Love and a Time to Die
INJUVE

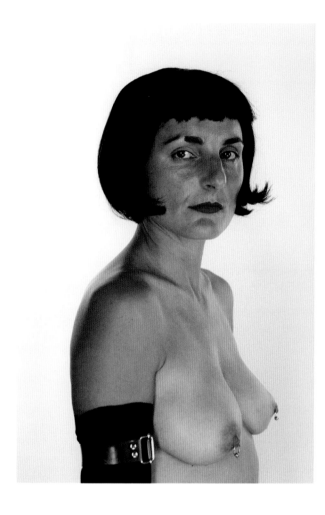

De la serie "Nueva Ola o Desencert"
(A Time to Love And a Time to Die), 2004.

Yasumasa Morimura

Yasumasa Morimura (Osaka, Japón, 1951) es uno de los artistas con mayor proyección internacional del Japón contemporáneo. La doble cultura, oriental y occidental, japonesa y extranjera, tradicional y contemporánea, en la que se educó ha marcado una fuerte impronta en su obra además de haberle aportado una interesante dosis de ambigüedad.

Este autor se dio a conocer en todo el mundo gracias a *Historia del Arte*, un conjunto compuesto por varias series, realizadas en su mayoría a partir de reproducciones de obras maestras de la pintura europea. En ellas, Morimura se apropia de lo occidental a través de sus imágenes para posteriormente convertirlas en propias, adaptándolas a su idiosincrasia particular y asumiendo con ello una actitud muy propia de la cultura nipona. Podemos observar cómo la Mona Lisa, la maja desnuda o las meninas adquieren rasgos asiáticos gracias a sus intervenciones digitales.

Una magistral metáfora de su personal "ajuste de cuentas" con el Occidente colonizador que estará presente en el resto de su obra. Especialmente fascinado por la cultura española en *Los Nuevos Caprichos*, seguirá el mismo sistema de suplantación para revisitar gran parte de la obra de Goya.

Morimura, que también juguetea con las tradicionales adjudicaciones de género y con la historia del retrato y de la representación artística en general, ha realizado gran cantidad de exposiciones individuales como *An Inner Dialogue with Frida Kahlo* en la Galería Tatintsian de Moscú (Rusia) o *Los Nuevos Caprichos* en París (Francia), Tokio (Japón) y Nueva York (Estados Unidos). También ha participado en diversas colectivas de gran resonancia, tanto en Japón como en el resto del mundo, así como en numerosas ferias internacionales de arte contemporáneo y publicaciones.

Yasumasa Morimura (Osaka, Japan, 1951) is one of Japan's most high-profile international contemporary artists. The hybrid cultural background in which he was brought up – western and oriental, Japanese and foreign, traditional and contemporary – has had a strong impact on his work, and made it interestingly ambiguous.

Morimura became known worldwide thanks to *Art History*, which encompasses several series, mostly based on reproductions of masterpieces of European painting. Using a very Japanese approach, he takes western features and turns them into his own, adapting them to match his own personal idiosyncrasies. He digitally manipulates the Mona Lisa, the Nude Maja or the Meninas, so that they acquire oriental features.

It is a skilful metaphor of his own personal vendetta against the colonizing West, also to be seen in his other work. He has a special fascination for Spanish culture, and he uses the same mechanism to supplant and revisit Goya's work, in *Los Nuevos Caprichos*.

Morimura also toys with the traditional roles of gender and the history of portraiture and pictorial art in general. His work has been shown in a large number of solo exhibitions, such as *An Inner Dialogue with Frida Kahlo,* at the Tatintsian gallery in Moscow, or *Los Nuevos Caprichos* in Paris, Tokyo and New York. It has also featured in several widely-publicized group shows, both in Japan and elsewhere, as well as in many international contemporary art fairs and publications.

PHE00
Historia del Arte
Fundación Telefónica

Retrato (Van Gogh), 1985.
Cortesía Luhring Augustine Gallery,
Nueva York.

Retrato (Futago), 1988.
Cortesía Luhring Augustine Gallery,
Nueva York.

Hija de la Historia del Arte,
Princesa B, 1990.
Cortesía Luhring Augustine Gallery,
Nueva York.

Madre (Judith II), 1991.
Cortesía Luhring Augustine Gallery,
Nueva York.

Beth Moysés

El trabajo de Beth Moysés (São Paulo, Brasil, 1960) combina fotografía, vídeo y *performance* para desarrollar un inventario y un análisis de un juego en particular: la relación entre hombres y mujeres. A partir de 1994, Moysés pasa a trabajar con el símbolo del vestido de novia, construyendo metáforas a partir de ese fetiche inmemorial, basado en la idea de pureza, objeto de tantas inversiones afectivas, de fantasías e idealizaciones.

En la serie *Noivas do Carandirú* (2000) mujeres maltratadas son retratadas con sus propios vestidos de novia. Las series *La Memoria del afecto* y *Mosaico blanco* recogen imágenes de dos *performances-manifiesto* realizadas en el 2000 y el 2001, que pretendían trascender los límites del arte. Ambas mostraban a mujeres con vestidos de novia marchando por una de las avenidas principales de São Paulo, deshojando pétalos de rosas. Al término del evento, todas ellas enterraron los gajos desnudos y punzantes en una plaza pública.

Su trabajo se ha podido ver en el Centro Andaluz de Arte Contemporáneo de Sevilla, en el IVAM de Valencia o en el Museu de Arte Contemporânea de São Paulo (Brasil). Su obra forma parte de la colección del Centro Cultural Banco do Brasil, del Museu de Arte Brasileira de São Paulo, del MNCARS o el Museo Vostell Malpartida (Cáceres).

The work of Beth Moysés (Sao Paulo, Brazil, 1960) combines photography, video and performance art to develop an inventory and analysis of one particular game: the relationship between men and women. From 1994 onward, Moysés began to work with the wedding gown symbol, building metaphors around this immemorial fetish based on the idea of purity and the subject of so many emotional attachments, fantasies and idealisations.

In her series *Noivas do Carandirú* (2000), abused women are photographed in their own wedding gowns. The series *La Memoria del afecto* and *Mosaico blanco* gather images of two performance-manifestos made in 2000 and 2001 that were designed to transcend art's limitations. Both show women in bridal gowns marching down one of Sao Paulo's main avenues as they rip the petals off roses. At the end of the event, they all bury the sharp stripped stems in a public plaza.

Work by Moisés has been shown in the Centro Andaluz de Arte Contemporáneo in Seville, in Valencia's IVAM and the Museu de Arte Contemporânea in Sao Paulo (Brazil). Her work is held in the collections of the Banco do Brasil Cultural Centre, the Museu de Arte Brasileira in Sao Paulo, the Reina Sofía Museum (MNCARS) and in the Museo Vostell Malpartida (Cáceres).

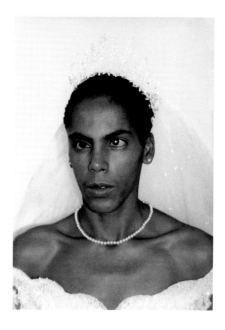

Novias de Carandirú, 2000.   Memoria del afecto, 2000.

James Nachtwey

El trabajo de James Nachtwey (Nueva York, Estados Unidos, 1948), uno de los fotoperiodistas más respetados en la actualidad, es el de un valiente testigo de la historia que ha trabajado ininterrumpidamente durante los últimos diecisiete años en los lugares más conflictivos del mundo.

Su lente ha sido testigo de la guerra de Oriente Medio; de los conflictos de Sudáfrica, Nicaragua, El Salvador, Filipinas e Indonesia; de la guerra y la hambruna en Etiopía y Somalia; del genocidio en Ruanda; de la rivalidad étnica en Sri Lanka; de los "sin techo" en Río o la polución industrial en Europa del Este. También ha documentado el trabajo de la policía y las prisiones en Estados Unidos, y Bosnia, Kosovo, la heroína de Pakistán, Chechenia, Israel, Afganistán... "Estos sucesos que he documentado no deben ser olvidados y no deben ser repetidos", ha dicho Nachtwey de su trabajo.

Sus imágenes han sido publicadas en las revistas *Time*, *Newsweek*, *National Geographic*, la edición alemana de *Geo* y *The New York Times Magazine* entre otras. Aparecen recogidas en numerosos libros como *Deeds of war*, que documenta la primera década de su carrera, o *The Inferno*. Ha participado en exposiciones individuales en el Museum of Photographic Arts de San Diego (Estados Unidos), en el Culturgest de Lisboa (Portugal) o en la Biblioteca Nacional de Francia en París (Francia).

James Nachtwey (New York, 1948) is one of the most respected photojournalists currently working. His work is considered to be that of a brave witness of history as it is being made, and he has worked uninterruptedly for the last sixteen years in all of the world's most conflictive spots.

He has trained his lens on the war in the Middle East and the conflicts in South Africa, Nicaragua, El Salvador, the Philippines and Indonesia. He has also covered the war and famine in Ethiopia and Somalia, the genocide in Rwanda and the ethnic rivalry in Sri Lanka. As well, he has portrayed homeless people in Rio de Janeiro, industrial pollution in Eastern Europe, the work of the police and prisons in the United States, Bosnia and Kosovo. He has documented the heroin trade in Pakistan and has not ignored the problems in Chechnya, Israel and Afghanistan. "The events I have recorded should not be forgotten and must not be repeated," Natchwey has said of his work.

Nachtwey's photographs have been published in magazines such as *Time*, *Newsweek*, *National Geographic*, the German edition of *Geo* and *The New York Times Magazine*. They also feature in a number of books, such as *Deeds of War*, which spans the first decade of his career, or *The Inferno*. There have been numerous solo exhibitions of his work in a wide range of venues and festivals, including the San Diego Museum of Photographic Arts (USA), the Lisbon Culturgest and the Bibliothèque Nationale de France.

PHE00
Testimonio
Círculo de Bellas Artes

Limestone County Correctional Facility, Limestone. Presos encadenados reciben instrucciones del vigilante, 1995.
© James Nachtwey / Magnum Photos.

Kabul, Afghanistan, 1996. Jaede Maiwand, antiguamente la calle comercial principal en Kabul que fue línea del frente al comienzo de la Guerra Civil.
© James Nachtwey / Magnum Photos.

Kabul, Afghanistan, 1996. Una mujer llora por la muerte de su hermano, víctima de un ataque de misiles durante la Guerra Civil. Cementerio de Kabul.
© James Nachtwey / Magnum Photos.

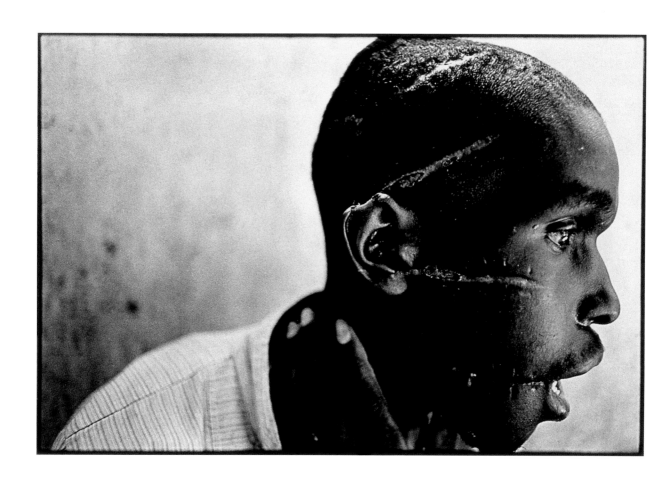

Rwanda. Víctimas de la Guerra Civil.
© James Nachtwey / Magnum Photos.

Estados Unidos. Cadena de trabajos
forzados. Alabama, 1995.
© James Nachtwey / Magnum Photos.

Rafael Navarro

Rafael Navarro (Zaragoza, 1940) funda en los setenta, junto a Manuel Esclusa, Joan Fontcuberta y Pere Formiguera, el grupo Alabern, destacando como uno de los pioneros en la reivindicación de la fotografía como arte.

Navarro encuentra en la fotografía un medio para decir algo sobre su modo de relacionarse con la materia y la luz. Entre sus hallazgos estéticos más significativos se encuentran los dípticos, que consiste en la combinación de dos imágenes aparentemente diversas para ofrecer una visión fotográfica novedosa y sorprendente. Algo que queda patente en *Ellas*, un recorrido que va del movimiento al desnudo y de la gestualidad al grafismo. Se acerca al cuerpo femenino en formatos grandes provocando una proximidad con la piel que llega a la abstracción.

Su producción está presente en los centros de arte y fondos de instituciones más representativas como la Maison Européenne de la Photographie de París (Francia), el Museo de Arte Moderno de Bruselas (Bélgica), el MNCARS de Madrid o el Yokohama Museum of Art de Japón. También es autor de libros como *Dípticos* (1986), *Le forme del corpo* (1997) y *Don't disturb* (2001).

Rafael Navarro (Zaragoza, 1940) founded the Alabern group in the nineteen seventies, together with Manuel Esclusa, Joan Fontcuberta and Pere Hormiguera. It was a pioneer in the defence of photography as art. In photography, Navarro has found a medium that lets him say something about his way of relating to matter and light. His most significant aesthetic discoveries include diptychs, the combination of two apparently different images to produce an innovative, surprising photographic vision. This is clear in *Ellas*, an exhibition that ranges from movement to the nude figure and from gestuality to graphics. He approaches the female body with large formats, creating a proximity to its skin that becomes an abstraction. Navarro's oeuvre is found in the most representative art centres and collections, including the Maison Européenne de la Photographie in Paris (France), the Brussels Museum of Modern Art (Belgium), the Reina Sofía Museum (MNCARS) in Madrid and the Yokohama Museum of Art in Japan. He is also the author of books such as *Dípticos* (1986), *Le forme del corpo* (1997) and *Don't disturb* (2001).

PHE02
Ellas
La Fábrica

Tientos 7, 1995.

Tientos 5, 1995.

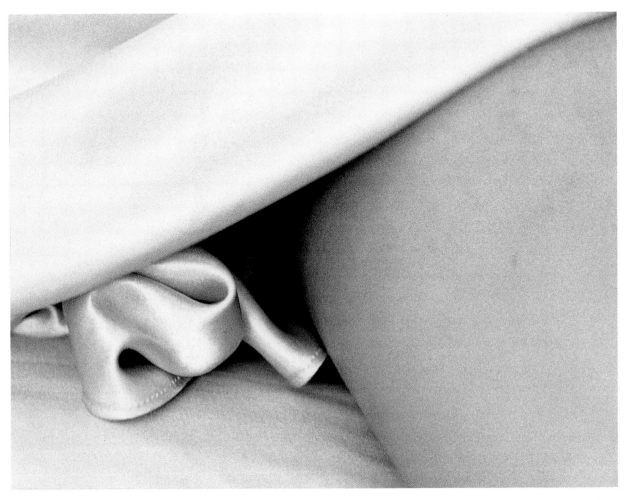

Navia

La fotografía de José Manuel Navia (Madrid, 1957) evoluciona del fotoperiodismo a una mirada más personal. Obsesionado con la capacidad de la fotografía para contar historias, la literatura nutre todas sus series de raíz profundamente ibéricas. Con esta orientación algunos de sus trabajos son: *Marruecos, fragmentos de lo cotidiano*, *Territorios del Quijote* o *Viaje a la Historia*.

Inspirado por la literatura portuguesa, en *Pisadas sonámbulas: lusofonías*, Navia fotografía durante varios años este país, recorriéndolo de norte a sur, incluyendo sus islas. Posteriormente, Navia siente el impulso de retratar las que fueran sus principales colonias: Brasil, Angola, Mozambique, Cabo Verde, Goa, Timor y Macao. Imágenes acompañadas de citas concretas de algunos escritores de lengua portuguesa cuya influencia ha sido determinante para este trabajo.

Tras ganar el premio Fotopress con un reportaje sobre el terremoto de El Salvador en 1987, Navia se integra como fotógrafo independiente en el equipo de Cover hasta 1992, año en que empieza una amplia colaboración con *El País Semanal*. Publica habitualmente sus fotografías en *Península*, *La Repubblica*, *Time*, *Newsweek*, *Altaïr*, *Viajar*, *Geo*, *Gazeta* de Polonia, *Le Monde*, *Libération*, *Die Zeit* y su obra ha sido expuesta en numerosas ocasiones.

The work of José Manuel Navia (Madrid, 1957) gradually evolved from photojournalism towards a more personal approach. Obsessed with photography's capacity for storytelling, literature is the source for all his series, which have profoundly Iberian roots. These works include *Marruecos, fragmentos de lo cotidiano*, (Morocco, Fragments of Everyday Life) *Territorios del Quijote* (Quixote Territory*) and *Viaje a la Historia* (Journey into History). Inspired by Portuguese literature, in *Pisadas sonámbulas: lusofonías*, Navia spent several years photographing Portugal, travelling the country from north to south. He also visited the Portuguese islands. He then felt the urge to portray Portugal's main ex-colonies: Brazil, Angola, Mozambique, Cape Verde, Goa, Timor and Macao. These pictures are accompanied by quotations from authors writing in Portuguese, whose work had a decisive impact on the project.

After receiving the Fotopress award for a report on the El Salvador earthquake in 1987, Navia joined the Cover team as a free-lance photographer until, in 1992, he began to work with the Spanish colour supplement, *El País Semanal*. His work features regularly in *Península*, *La Repubblica*, *Time*, *Newsweek*, *Altaïr*, *Viajar*, *Geo*, *Gazeta* (Poland), *Le Monde*, *Libération* and *Die Zeit,* and his work has been shown on many occasions.

PHE01
Pisadas sonámbulas: lusofonías
Real Jardín Botánico

Escuela de Caconda, Angola, 1996.
Los Palos, Timor, 2000.
© Navia

Cortijo de los hermanos León,
en la aldea de La Vegallera.
Sierra de Riópar, 1997.
© Navia

Arnold Newman

Arnold Newman (Nueva York, Estados Unidos, 1918-2006) es conocido mundialmente como el padre de lo que se ha llamado "retrato de ambiente". Ha demostrado su habilidad para crear complejos trabajos a partir de las personas y lo que les rodea, siempre con el objetivo de evocar el mundo interior de los personajes retratados. En muchas ocasiones Newman ha retratado a las personalidades más influyentes del mundo de la cultura, la política y la empresa del siglo pasado y de este, como por ejemplo, Pablo Picasso, Piet Mondrian, John F. Kennedy, Harry Truman, Igor Stravinsky o Eleanor Roosevelt.

"No quería que se tratara solamente de una fotografía. El segundo plano tenía que sumarse a la composición y ayudar a comprender al personaje", diría el fotógrafo. "Hacer sólo el retrato de alguien famoso no significa nada."

La carrera de Newman comenzó en Miami, Estados Unidos, en 1938, y no fue hasta mitad de los años cuarenta que empezó a retratar a personajes de la vida pública norteamericana. Durante su extensa trayectoria Newman ha trabajado como fotógrafo para algunas de las revistas más populares como *Life*, *Look* o *The New Yorker*.

Arnold Newman (New York, USA, 1918-2006) was world-renowned as the father of what has come to be called "environmental portraiture". He showed his ability to create complex compositions out of people and the things that surrounded them, always with the aim of evoking the inner world of these subjects. Often, they were leading figures in the worlds of 20th-century culture, politics and business, including Pablo Picasso, Piet Mondrian, John F. Kennedy, Harry Truman, Igor Stravinsky and Eleanor Roosevelt. Newman said that he didn't just want to take pictures of people; the background, to him, was just as important to the overall composition, and as a way of understanding the person being shown. "Just making a portrait of someone famous doesn't mean anything." He started working as a portraitist in Miami in 1938, although it was not until the mid 1940s that he began to focus on figures from American public life. During his long career, Newman has contributed work to some of the most popular magazines in the country, including *Life*, *Look* and *The New Yorker*.

PHE98
*El regalo de Newman: 50 años
de fotografía*
Centro Cultural de la Villa

Yasuo Kuniyoshi, Nueva York, 1941.

Pablo Picasso, Vallauris, Francia, 1954.

(págs 406-407)
Edward Hopper y Jo, Truro,
Massachusetts, 1960.
Francis Bacon, Londres, 1975.

Helmut Newton

Helmut Newton (Berlín, Alemania, 1920-2004) es uno de los más conocidos y admirados fotógrafos del mundo de la moda además de retratista de la alta sociedad. Su mundo es extremadamente complejo y diverso. Considerado chocante y provocador en los años sesenta, goza en la actualidad de la reputación de un fotógrafo que pudo imaginar y visualizar a las mujeres del nuevo milenio.

Moda, desnudos, retratos, fotomontajes, estas son las categorías en las que Newton divide su trabajo, aunque un disparo de moda pueda convertirse luego en un retrato o en un desnudo y viceversa. Helmut Newton trajo el aura del Berlín de los años veinte a nuestro tiempo y sus fotografías describen, con un gran sentido del drama, nuestros miedos y deseos con un toque de sofisticada decadencia.

En 1940 Newton huye de la Alemania nazi y se establece en Melbourne (Australia) donde sirve cinco años en el ejército australiano. A partir de 1961 comienza a trabajar para la edición francesa de *Vogue*, la revista de moda que a lo largo de veinticinco años publicaría sus mejores fotos. También ha trabajado para las ediciones americanas, italianas y alemanas de *Vogue*, *Linea Italiana*, *Queen*, *Nova*, *Marie Claire* y *Elle*. Su obra ha sido objeto de numerosísimas publicaciones y exposiciones en todo el mundo.

Helmut Newton (Berlin, Germany, 1920-2004) was one of the fashion world's best known and most admired photographers and a high society portrait artist. His world is extremely complex and diverse. Considered shocking and provocative in the nineteen sixties, he now holds a reputation of having been the photographer able to imagine and visualise the women of the new millennium.

Fashion, nudes, portraits and photomontages are all categories among which Newton divided his work, although one of his fashion shots may have become a portrait or a nude or vice versa. Helmut Newton brought the aura of Berlin in the nineteen twenties to our time and with a great sense of drama his photographs describe our fears and desires with a touch of sophisticated decadence.

Newton fled Nazi Germany in 1940 and settled in Melbourne (Australia) where he served in the Australian army for five years. From 1961 onward, he began to work for the French edition of *Vogue*, the fashion magazine in which he was to publish his best photographs for twenty-five years. He also contributed to the American, Italian and German editions of *Vogue*, *Linea Italiana*, *Queen*, *Nova*, *Marie Claire* and *Elle*. His work has been the subject of innumerable publications and exhibitions all over the world.

PHE02
Trabajo
Fundación Telefónica

Industria de cigarros, Milán, 1997.

Gran desnudo IX, París, 1991.

(págs 410-411)
Evi como un policía, Beverly Hills, 1997.

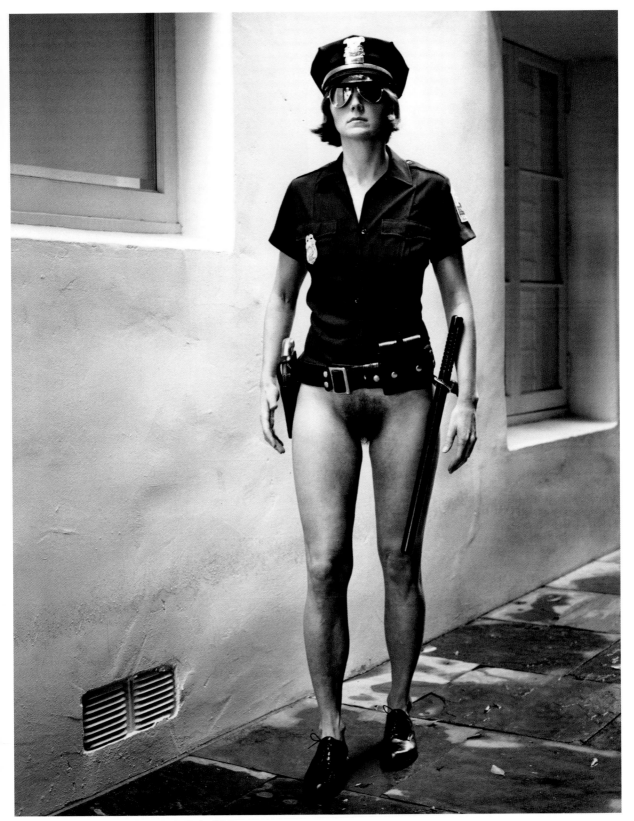

Vesselina Nikolaeva

A Vesselina Nikolaeva (Bulgaria, 1976) le interesan los hechos de trascendencia histórica, ya sea más antigua o reciente. "Documento el hecho de que todo se va para siempre", dice esta fotógrafa que trabaja habitualmente como corresponsal de varios medios de comunicación. Quizá por ello se centra en fotografiar la historia efímera de la transición política y geográfica de la llamada *nueva Europa*.

Galardonada en 2005 con el Premio Descubrimientos de PHotoEspaña, en *The Coming of Age in an Adolescent Society* (*La mayoría de edad en una sociedad adolescente*) documenta la realidad de unos muchachos que tienen la misma edad que la Bulgaria libre y que se enfrentan a un entorno en el que los estereotipos del pasado han desaparecido y no han sido sustituidos por unos nuevos.

Esta temática de incertidumbre por el futuro causada por una traumática ruptura con el pasado se ve reflejada en otros proyectos de Nikolaeva, como *No Man's Land on the Edge of Europe* (*Tierra de nadie en el borde de Europa*), donde retrata la frontera de Bulgaria con Turquía, una zona que no había sido fotografiada o filmada desde el final de la Segunda Guerra Mundial.

Vesselina Nikolaeva (Bulgaria, 1976) is very interested in events having historic transcendence, be they ancient or recent. "I document the fact that everything goes away forever," says this photographer, who regularly does work for various communications media. Perhaps for this reason she focuses on photographing the ephemeral history of the political and geographic transition of the so-called *New Europe*.

Awarded the Discoveries Prize at the 2005 edition of PHotoEspaña, in *The Coming of Age in an Adolescent Society* she documents the reality of kids who are the same age as free Bulgaria, and who face an environment in which the stereotypes of the past have disappeared – but there are no new ones to take their place.

This theme of an uncertain future caused by a traumatic break with the past is reflected in other projects by Nikolaeva, such as *No Man's Land on the Edge of Europe*, which depicts Bulgaria's border with Turkey, an area which had not been photographed or filmed since the end of the Second World War.

PHE06
La mayoría de edad en una sociedad adolescente
Museo Municipal de Arte Contemporáneo de Madrid

Durante un recreo de diez minutos.
El toque.
Lubo fumando una pipa de agua.
De la serie "Escuela nr.7", 2004-2005.
Cortesía de la artista.

Kety y Martin en la fiesta de graduación.
Ping pong en la escuela.
Diana en casa
De la serie "Escuela nr.7", 2004-2005.
Cortesía de la artista.

Martin y Yana besándose en la fiesta de graduación.
Con la calefacción estropeada, 2005.
Colección Estopeadi.
Yanush en el pupitre de clase.
De la serie "Escuela nr.7", 2004-2005.
Cortesía de la artista.

Corinne Noordenbos

En 1993, la ciudad de Ámsterdam le hizo un encargo a Corinne Noordenbos (Ámsterdam, Países Bajos, 1950) sobre las diferentes manifestaciones del duelo en distintas culturas a raíz de la famosa catástrofe de Bijlme, donde se estrelló un avión israelí a las afueras de la ciudad. Ese mismo año, la fotógrafa se interesa por la enfermedad de Alzheimer y retrata a algunas de las personas afectadas minimizando los detalles de su entorno y centrándose en el sujeto.

Al año siguiente, en el contexto del Año de la Familia, Noordenbos fotografía la vida cotidiana de una familia holandesa, donde el universo particular e íntimo adquiere una dimensión universal. Esta aparente paradoja entre individualidad y universalidad se manifiesta también en *La Madonna Moderna*: retratos de jóvenes madres posando con sus niños en brazos, con el paisaje periférico de fondo.

Noordenbos ejerce varias funciones en el campo de la fotografía e imparte clases en la Escuela Superior de Artes de Utrecht (Países Bajos). Colabora sobre todo para revistas holandesas pero prefiere realizar series que le permitan un análisis más profundo de determinados temas.

In 1993, the city of Amsterdam commissioned a piece from Corinne Noordenbos (Amsterdam, 1950) about different forms of mourning in different cultures, after the famous Bijlme catastrophe, when an Israeli aeroplane crashed on the outskirts of the city. That same year, the photographer became interested in Alzheimer's, and started to take portraits of people affected by the disease, minimising the details of their surroundings and focusing on the subject.

The following year, as part of the Year of the Family, Noordenbos took pictures of the daily life of a Dutch family, a series in which their particular intimate world took on universal dimensions. This apparent paradox between individuality and universality can also be seen in *La Madonna Moderna* (The Modern Madonna): portraits of young mothers posing with their children in their arms, with a peripheral landscape in the background.

Noordenbos has held various posts in the photography field, and teaches at the Utrecht Arts School (Netherlands). She is a regular contributor to Dutch magazines, although she prefers to create series, which enable her to analyse certain themes more in depth.

PHE02
La Madonna Moderna
Hotel NH Nacional

De la serie "Madonna Moderna",
1989-1992.

Nophoto

Nophoto es un colectivo formado por fotógrafos nacidos entre 1968 y 1978 que sirve como plataforma para proyectos individuales y conjuntos de reflexión sobre el medio. Galardonado con el Premio Revelación en la edición 2006 de PHotoEspaña, Nophoto no renuncia a ninguna forma de creación y apuesta por el contagio con disciplinas como el vídeo y la literatura.

Una interesante mezcla entre colectivo artístico y agencia de fotógrafos que combina cauces de difusión clásicos con otros más novedosos como Internet o proyecciones públicas. Consiguen combinar la fotografía personal con la profesional, la artística con la documental o la foto con el vídeo y otros formatos híbridos. En *Muta Matadero* documentan la transformación de Matadero Madrid, nuevo símbolo cultural de la capital, de antigua nave frigorífica a espacio expositivo. Nophoto realiza trabajos de encargo para entidades como el Ayuntamiento de Madrid o ARCO, también han sido responsables de editar un número de la prestigiosa revista fotográfica *Ojo de Pez* y han publicado como colectivo en revistas como *El País Semanal*.

Nophoto is a group formed by fourteen photographers born between 1968 and 1978 and it acts as a platform for individual and collective projects that reflect on the medium. Awarded the Best New Photographer Prize in the 2006 edition of PHotoEspaña, Nophoto does not reject any form of creation and is in favour of contagion from disciplines like video and literature.

The group is an interesting mixture of an artistic collective and a photographers' agency and it combines classic distribution channels with others that are more innovative such as Internet or public screenings. Its members are able to combine personal and professional photography, artistic photography with documentaries, photographs with videos and other hybrid formats. *Muta Matadero* documents the transformation of Matadero Madrid, Madrid's new cultural symbol, from an old refrigerated warehouse to an exhibition space. Nophoto has accepted commissions from institutions such as the City Council of Madrid and the ARCO Art Fair and has also been in charge of editing an issue of the prestigious photographic magazine *Ojo de Pez*. Their group works have been published in magazines such as *El País Semanal*.

PHE07
Muta Matadero x Nophoto
Matadero Madrid

Jorquera, Metro Legazpi.
© Jorquera / Nophoto 2007.

Marta Soul, Foto de familia.
© Marta Soul / Nophoto 2007.

Paulo Nozolino

La obra de Paolo Nozolino (Lisboa, Portugal, 1955),
Premio Nacional de Fotografía de Portugal en 2006,
gira en torno a reportajes intimistas y subjetivos cuyos protagonistas adquieren características escultóri-
cas. Otra de sus marcas de autor es el protagonismo
de la penumbra, más que el habitual contraste entre
luces y sombras, Nozolino parece querer retratar lo
que va a desaparecer.
En *Tuga* Nozolino realiza un trabajo sobre las cicatri-
ces de la guerra de Bosnia-Herzegovina, la continuación lógica del proyecto *Solo* que el autor ha realizado
sobre Europa. Con Sarajevo, Nozolino cierra un ciclo
que empezó en Auschwitz y cuyo principal objetivo es
aprender de los errores del pasado.
Licenciado en Bellas Artes en la especialidad de
pintura, obtuvo su diploma en fotografía del London
College of Printing en 1975. Ha vivido en Londres y
París y ha viajado por Europa, el mundo árabe, América
del Sur y del Norte o Macao. Sus imágenes han sido
publicadas en numerosos libros como *Penumbra* en
1966, una colección de fotografías tomadas en Siria,
Yemen, Jordán, Egipto o Mauritania.

The work of Paolo Nozolino (Lisbon, Portugal, 1955),
winner of Portugal's National Photography Prize in
2006, revolves around intimate, subjective photo
essays whose protagonists take on sculptural
characteristics. Another of Nozolino's signature
features is the leading role given to the half-light.
Rather than presenting the usual contrast between
light and shadow, he seems to want to portray what is
about to disappear.
In *Tuga*, Nozolino offers a work on the scars left by the
war in Bosnia-Herzegovina. It is a logical continuation
to the *Solo* project that the artist made on Europe. With
Sarajevo, Nozolino closes a cycle that began in
Auschwitz with the purpose of learning from the errors
of the past.
A graduate in Fine Art with a painting speciality,
Nozolino obtained his diploma in photography from the
London College of Printing in 1975. He has lived in
London and Paris and travelled throughout Europe, the
Arab world, North and South America and Macao.
His images have been published in numerous books
including *Penumbra* in 1966, a collection of
photographs taken in Syria, Yemen, Jordan, Egypt
and Mauritania.

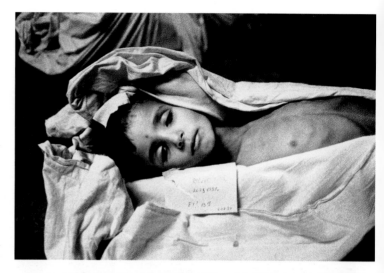

PHE00
Tuga
Círculo de Bellas Artes

Niño muerto / Despegue,
de la serie "Tuga", Sarajevo, 1997.
Cortesía Encontros de Fotografía 1997.
© Paulo Nozolino.

Pavo real, de la serie "Solo",
Lisboa, 1992.
© Paulo Nozolino.

Metro, de la serie "Solo", Berlín, 1996.
Sin título, de la serie "Solo", Lisboa, 1995.
© Paulo Nozolino.

Padre e hijo, de la serie "Solo",
Berlín, 1996.
© Paulo Nozolino.

José Ortiz Echagüe

José Ortiz Echagüe (Guadalajara, 1886-1982) destacó en la vida tanto por su carrera de ingeniero como por sus trabajos como fotógrafo. En 1911 obtiene el tercer título de piloto en la historia de la aviación española y en 1950 funda la compañía de automóviles SEAT. Estos son sólo unos pocos datos de una vida industrial, marcada por el intento de la modernización de España. Paradójicamente, su creación artística no va encauzada hacia el progreso tecnológico que él mismo desarrollaba, sino que, retomando el espíritu de la Generación del 98, retrotrae su mirada hacia el pasado, para recuperar algo que se está perdiendo: trajes, folclore, fiestas, paisajes, castillos. Sus fotografías originales están realizadas con el procedimiento artesanal Carbon-Fresson que él mismo positivaba, y cuyo método era uno de los utilizados por el movimiento pictorialista de comienzos de siglo, momento en el que comienza su andadura como fotógrafo. Sin embargo se distingue de esta corriente estilística en su posición de documentación sistemática.

Otra faceta muy remarcable es su labor como editor. Su primer libro *Spanische Köpfe* se edita en Alemania en 1929, le siguen *Tipos y Trajes* en 1930, *España: Pueblos y Paisajes* en 1938, *España Mística* en 1943 y *España: Castillos y Alcázares* en 1956. De estos volúmenes se han vendido más de 200.000 ejemplares.

José Ortiz Echagüe (Guadalajara, Spain, 1886-1982) was known during his lifetime as a prominent engineer, as well as for his work as a photographer. In 1911, he became the third person in the history of Spanish aviation to obtain a pilot's license, and in 1950, he founded the SEAT automotive company. These are just a few highlights from the life of this industrialist, marked by his efforts to modernise Spain.

Paradoxically, his artistic creations did not follow the lines of technological progress that he pioneered; rather, they harked back to the spirit of Spain's turn-of-the-century "Generation of '98", looking back to the past in order to recover what was being lost: traditional costumes, folklore, festivals, landscapes, castles. His original photographs were taken using the artisanal direct carbon process, and he developed them himself, according to methods used by the painterly movement of the early 20th century, which was when he first started his career as a photographer. However, he set himself apart from that stylistic trend with his attitude of systematic documentation.

Another of his remarkable facets is his work as a publisher. His first book, *Spanische Köpfe* (Spanish Heads) was published in Germany in 1929, followed by *Tipos y Trajes* (Types and Costumes), in 1930; *España: Pueblos y Paisajes* (Spain: Towns and Landscapes), in 1938; *España Mística* (Mystic Spain), in 1943; and *España: Castillos y Alcázares* (Spain: Castles and Fortresses), in 1956. More than 200,000 copies of these books have been sold.

Lagarteranas en misa, 1920-1923.
© José Ortiz-Echagüe / Fondo Fotográfico
Universidad de Navarra.
Fundación Universitaria de Navarra.

El ciego, 1910.
José Ortiz-Echagüe / Fondo Fotográfico
Universidad de Navarra.
Fundación Universitaria de Navarra.

Pedro Ortuño

Las líneas de investigación de Pedro Ortuño (Valencia, 1966) se centran en tres bloques temáticos: género e identidad social, los *media* como reflejo de lo social, y el arte público como reivindación social. Profesor de escultura en la Universidad Miguel Hernández de Murcia, en sus vídeos y videoinstalaciones investiga las implicaciones de la imagen, el sonido, el vector temporal y la impresión del movimiento con lo escultórico.

En su trabajo *Las líneas del cielo. Fragmentos de un horizonte* retrata las posiciones ideológicas y estéticas de los movimientos sociales y culturales que cobraron fuerza en los años setenta en Barcelona. A partir de tres proyecciones simultáneas hilvana un conjunto de miradas y voces de cineastas de la época que miran al presente a través de los ecos de la transición.

Licenciado en Bellas Artes en las facultades de Valencia y Barcelona, Pedro Ortuño ha participado en numerosas exposiciones colectivas e individuales y en proyectos de arte público en Valencia, Madrid, Valladolid, Barcelona, México D.F., Lima, Buenos Aires o Nueva York.

In his lines of research, Pedro Ortuño (Valencia, 1966) focuses on three thematic blocks: gender and social identity, the media as a reflection of social affairs and public art as a social demand. A professor of sculpture at the Universidad Miguel Hernández in Murcia, Ortuño investigates in his videos and video installations the implications that images, sound, the time vector and the impression of movement have for what is sculptural.

Las líneas del cielo. Fragmentos de un horizonte (Skylines. Fragments of a Horizon) portrays the ideological and aesthetic positions of the social and cultural movements that gained strength in the nineteen seventies in Barcelona. Starting with three simultaneous projections, Ortuño links together a group of gazes and voices belonging to the filmmakers of that period, who look at the present from amidst the echoes of Spain's transition to democracy.

A graduate in Fine Art from the universities of Valencia and Barcelona, Pedro Ortuño has participated in numerous group and solo exhibitions and in public art projects in Valencia, Madrid, Valladolid, Barcelona, Mexico City, Lima, Buenos Aires and New York.

PHE04
Centro Cultural Conde Duque

Proyecto "Las líneas del cielo.
Fragmentos de un horizonte", 2002.
3 Proyecciones simultáneas.
© Pedro Ortuño. Metronom (Barcelona)

Selina Ou

Selina Ou (Kota Kinabalu, Malasia, 1977) explora en su obra la mecánica de la sociedad de consumo. Sin distinción geográfica o cultural, busca localizaciones genéricas y retrata de un modo sencillo e irónico a toda clase de personas en sus lugares de trabajo o en sus momentos de ocio.

En las series *China* y *Goldcoast,* unas imágenes hiperrealistas nos muestran la alienación del individuo y su pérdida de señas personales en dos sistemas políticos y sociales aparentemente antagónicos: el comunismo y el capitalismo. *China* retrata a ciudadanos de todo tipo y edad en un país con estructuras muy definidas y unas normas sociales inquebrantables. Mientras que *Goldcoast* plasma a los habitantes de la ciudad de Goldcoast, uno de los principales destinos turísticos de Australia. Muestra la materialización del sueño americano de riqueza, salud y placer: un lugar al que la gente va para evadirse de la realidad de un modo superficial.

Con su estilo hiperrealista y repleto de color el trabajo de Selina Ou ha sido galardonado con varias distinciones en el medio como el Pat Corrigan Artists Grant en 2002.

Selina Ou (Kota Kinabalu, Malaysia, 1977) explores the mechanics of the consumer society in her work. Making no geographical or cultural distinctions, she seeks generic locations and in a simple and ironic way photographs all sorts of people in their working places or leisure moments.

In her series *China* and *Gold Coast,* hyperrealist images show us the individual's alienation and loss of personal identity in two political and social systems that are apparently antagonistic: communism and capitalism. *China* portrays citizens of all different kinds and ages in a country with well-defined structures and unbreakable social rules. *Gold Coast* records the inhabitants of the city of Gold Coast, one of Australia's most popular tourist destinations. It shows the materialisation of the American dream of wealth, health and pleasure: a place where people go to superficially avoid reality.

Selina Ou's work, with its colourful hyperrealist style, has been awarded various distinctions in the medium such as the Pat Corrigan Artists Grant in 2002.

PHE05
NH Nacional

Serie "China".
Seguridad del hotel, 2003.
Policía Changchun, 2003.

Serie "Gold Coast".
Club de Bolos Burleigh Heads, 2004.
Recién casados japoneses en su luna de miel, 2004.
Salvavidas en Seaworld, 2004.
Marilyn de Movieworld, 2004.

Bill Owens

Bill Owens (California, Estados Unidos, 1938) es un fotógrafo poco convencional. En los años setenta y principios de los ochenta realizó una de sus series más reconocidas, *Suburbia*, un proyecto documental sobre los barrios periféricos de su ciudad. Tras esta experiencia, colgó su cámara porque la fotografía no le estaba dando de comer y se dedicó a su *hobby*, destilar alcohol, montó tres *pubs* y fundó la revista *American Brewer Magazine*.

En *Suburbia* el fotógrafo eligió como ejemplo su propio barrio, el suburbio de la Comunidad de San José en California, y retrató a sus vecinos en diferentes momentos de su vida doméstica. Entrando con los retratados en sus hogares y fotografiándolos junto a sus familias y posesiones. Son personas que están orgullosas de la vida que tienen y el artista los retrata en sus momentos mejores con cierto toque de humor e ironía.

El trabajo de Owens se incluye dentro de la llamada foto sociorealista norteamericana. Junto a fotógrafos como Bruce Davidson o Danny Lyon, está considerado uno de los principales cultivadores de este género y ha expuesto su obra en París (Francia), Seattle (Estados Unidos), Toronto (Canadá) o Londres (Reino Unido) entre otras ciudades.

Bill Owens (California, United States, 1938) is an unconventional photographer. In the nineteen seventies and at the beginning of the eighties, he made one of his most famous series, *Suburbia*, a documentary project on the outlying neighbourhoods of his city. After this experience, he hung up his camera because he was not making a living with photography and devoted himself to his hobby, distilling alcohol, eventually founding three pubs and the *American Brewer Magazine*.

In *Suburbia*, the photographer chose his own neighbourhood, the suburbs of San José, California, as his example and he portrayed his neighbours at different moments in their domestic lives. He entered into their homes with them and photographed them together with their families and possessions. These are people who are proud of the life they lead and the artist photographs them in their best moments with a certain touch of humour and irony.

Owens's work is included in what is termed American social realist photography. Together with photographers like Bruce Davidson and Danny Lyon, he is considered one of the leading representatives of this genre and has exhibited his work in Paris (France), Seattle (United States), Toronto (Canada) and London (United Kingdom), among other cities.

PHE05
Suburbios
Centro Cultural de la Villa

Sin título, de la serie "Ocio".
© Bill Owens.

Pensamos que conoceríamos algunos chicos en las carreras de coches, de la serie "Ocio". Cortesía de aMAZElab. © Bill Owens. Encuentro del Equipo de Natación de Amateurs 'Athletic Union', de la serie "Ocio". © Bill Owens.

"Disfruto cuando celebro una fiesta Tupperware en mi casa. Me da la oportunidad de hablar con mis amigas. Ahora en serio, Tupperware es el sueño del ama de casa. Ahorras tiempo y dinero porque los alimentos se conservan mejor", de la serie ""Suburbios", 1971. © Bill Owens.
Sin título, de la serie ""Suburbios", 1971. © Bill Owens.

Richie en su triciclo, de la serie "Suburbios", 1972. © Bill Owens.

Max Pam

Los trabajos que Max Pam (Melbourne, Australia, 1949) ha realizado en Asia, Oceanía o África no tienen nada del reportaje documental habitual. Viajero por antonomasia, su mirada sobre el mundo no es ni descriptiva, ni objetiva, sino más bien narrativa y autobiográfica. Manifiesta en cada imagen una relación sensible con los personajes fotografiados. No hay imágenes robadas, sino una complicidad evidente entre el sujeto y el fotógrafo. Sus fotografías, de sorprendente composición, a veces desequilibradas o movidas, llevan impresa la huella de la ternura. Lo anodino y lo doméstico se revisten de verdadera poesía.

Ciudadano del mundo, este australiano agobiado por su sociedad local y especialmente atraído por Asia, viajó con diecinueve años a Katmandú y quedó hechizado. Era la época de los *hippies*, del poder del amor y de la búsqueda de una espiritualidad distinta. Desde entonces sigue yendo a este continente fascinado por los grandes espacios y la poderosa naturaleza, pero también por el bullicio de las ciudades y las situaciones extremas.

Max Pam es un fotógrafo de reconocimiento internacional y muy apreciado en su país. Ha expuesto individualmente en varias ocasiones en el Australian Centre of Photography o en el Museum of Contemporary Art, ambos en Sydney (Australia). Además trabaja habitualmente como fotógrafo independiente y su trabajo está recogido en colecciones públicas y privadas de Australia, Reino Unido, Francia y Japón.

The work produced by Max Pam, (Melbourne, Australia, 1949) in Asia, Australasia and Africa, is far removed from the usual kind of documentary reportage. A traveller above and beyond anything else, his pictures are neither descriptive nor objective; instead they are narrative and autobiographical. In every shot he conveys a sensitive relationship with his subject. There are no stolen shots – just an obvious complicity between the subject and the photographer. The composition of his pictures is surprising; at times unbalanced, or blurred, they bear the hallmark of tenderness. The dull and domestic take on a truly poetic feel.

This Australian citizen of the world, overwhelmed by his own home society and with a strong attachment to Asia, travelled to Kathmandu at the age of nineteen and was bewitched. It was the hippie era, when love and the quest for an alternative form of spirituality were the fashion. He has continued to return to Asia ever since, fascinated by the wide open spaces and the power of nature, as well as by the bustle of its big cities and extreme situations.

Max Pam is a world-famous photographer who is greatly respected back home in his own country. He has had a number of solo exhibitions at the Australian Centre of Photography and the Museum of Contemporary Art, both in Sydney. He also works regularly as a freelance photographer, and his work features in public and private collections in Australia, the United Kingdom, France and Japan.

Mr. Bombay, India, 1989.
© Max Pam.

Salvavidas, India, 1983.
© Max Pam.

Martin Parr

Martin Parr (Surrey, Gran Bretaña, 1952) recorre el mundo y lo reinterpreta en su estilo particular, acercándose mucho a lo que quiere fotografiar y haciendo resaltar los detalles que de otra manera pasarían desapercibidos. Parr se considera a sí mismo un artista promiscuo por trabajar como fotógrafo artístico, como editor o haciendo películas. Conocido por su uso extremo del color, su inteligente y satírico acercamiento a distintos aspectos de la sociedad moderna como el consumismo, el turismo, la familia, las relaciones sociales, la comida o el mundo del automóvil, no deja impasible al espectador.

En *Parking Spaces (Aparcamientos)* el artista explora y plantea uno de los efectos de la globalización a través de un hecho cotidiano: aparcar el coche. Imágenes de aparcamientos fotografiados en más de 28 países que muestra una situación que muchos espectadores han vivido en su ciudad: la búsqueda de un lugar donde aparcar el coche se convierte a veces en una especie de utopía. Un viaje por todo el mundo retratando espacios libres entre varios automóviles que habla de la falta de espacio donde estacionar en esa ciudad global en la que vivimos.

Martin Parr es uno de los grandes maestros de los nuevos lenguajes de la fotografía documental. Su trabajo ha sido reconocido en numerosas exposiciones colectivas e individuales, incluida una gran retrospectiva que pudo verse en el MNCARS en 2004. Es miembro de la agencia Magnum y su obra se encuentra en museos y colecciones de todo el mundo.

Martin Parr (Surrey, Great Britain, 1952) tours the world and reinterprets it in his personal style, coming very close to what he wants to photograph and underscoring details that would otherwise be ignored. He considers himself a promiscuous worker because he is an artistic photographer, editor and filmmaker. Known for his use of colour, Parr's intelligent and satirical approach to various aspects of modern society, such as consumerism, tourism, the family, social relations, food and automobiles, never fails to affect viewers.

In *Parking Spaces,* the artist explores and highlights one of the effects of globalisation in an ordinary event: parking a car. Photographs of parking lots in more than 28 countries show a situation that many viewers have experienced in their own city; the search for a space to park the car can at times become a kind of utopia. This journey around the world photographing empty spaces between cars speaks of the lack of parking space in this global city in which we live.

Martin Parr is one of the grand masters of the new documentary photographic languages. His work has been recognised by numerous group and solo exhibitions, including a large retrospective that could be seen in the Reina Sofía Museum (MNCARS) in 2004. He is a member of Magnum Photos and his work is found in museums and collections all over the world.

PHE05
Aparcamientos
Círculo de Bellas Artes

EE.UU., Chicago, de la serie "2002 Aparcamientos", 2002.
© Martin Parr / Magnum Photos / Contacto.

Saint Moritz, Suiza, de la serie "2002
Aparcamientos", 2002.
© Martin Parr / Magnum Photos /
Contacto.

Japón, Tokio, de la serie "2002
Aparcamientos", 2002.
© Martin Parr / Magnum Photos /
Contacto.

Federico Patellani

La obra del fotoperiodista Federico Patellani (Monza, Milán, 1911-1975) está vinculada a la estética neorrealista italiana por la fidelidad con la que su cámara captura acontecimientos de la realidad, su vocación de cronista fidedigno de un tiempo histórico concreto y por su papel de lúcido observador del comportamiento de sus conciudadanos.

La más bella eres tú es el resultado de cubrir periódicamente durante varios años el concurso de belleza "Miss Italia". Retratando las ambiciones, esperanzas e ilusiones de jóvenes que buscan un veloz salvoconducto para escapar de la miseria. Gina Lollobrigida, Silvana Mangano, Sofia Loren o Lucía Bosé son algunas de las protagonistas de esta aventura con final feliz. La obra de Patellani ha sido confiada por sus herederos al Museo de Fotografía Contemporánea de Villa Ghirlanda en Casinello Balsamo de Milán (Italia) y constituye un importante testimonio de la sociedad italiana entre los años 1935 y 1976. El resultado de la larga colaboración de este autor con el semanal *Tempo* y con otras publicaciones como *Epoca*, *La Domenica del Corriere* o *Staria Ilustrata*.

The work of photojournalist Federico Patellani (Monza, Milan, 1911-1975) is linked to the Italian neorealist aesthetic in that his camera captures real events; he has a vocation as a faithful chronicler of a specific historical time, and he plays the role of a lucid observer of the behaviour of his fellow countrymen.

La más bella eres tú is the result of having provided press coverage for the "Miss Italy" contest for several years. He photographed the ambitions, hopes and illusions of young women searching for a rapid safe-conduct to escape poverty. Gina Lollobrigida, Silvana Mangano, Sofia Loren and Lucía Bosé are some of the protagonists of this story with a happy ending. Patellani's heirs have entrusted his works to the Villa Ghirlanda Contemporary Photography Museum in Casinello Balsamo in Milan (Italy), and it represents an important testimony to Italian society between 1935 and 1976, the result of a long collaboration between this photographer and the weekly *Tempo* and other publications such as *Epoca*, *La Domenica del Corriere* and *Staria Ilustrata*.

PHE02
La más bella eres tú
Centro Cultural Conde Duque

San Remo, 1949.

Sofía Loren, cerca de Roma, 1955.

Mirella Ciotti, 1949.   Stresa, 1949.

Irving Penn

Asociada profesionalmente al mundo de la moda, la fotografía de Irving Penn (Nueva Jersey, Estados Unidos, 1917) se caracteriza por su sobriedad, contrapuesta en su momento a los excesos de las puestas en escena de los fotógrafos de moda. Introduciría en este campo lo que años después sería un elemento característico de la fotografía americana: la austeridad y la parquedad de elementos.

Reconocido mundialmente como uno de los grandes maestros de la fotografía, Penn ha permanecido siempre fiel a las tomas en estudio con un fondo invariable y bajo determinadas condiciones de iluminación. De esta forma consigue por una parte valorizar al individuo extrayéndolo del anonimato, y por otra realzar su personalidad. También provoca que el espectador preste una especial atención a la vestimenta, muy importante para el objetivo de sus encargos del mundo de la moda.

A lo largo de su trayectoria, Penn ha fundido sus propios intereses fotográficos y la fotografía de encargo en una misma cosa: la expresión de una visión del mundo y de un especial interés por el medio fotográfico, que ofrece la posibilidad de aproximarse de una forma muy particular a sus semejantes y al medio circundante. "Fotografiar una tarta puede ser arte", afirmaría rotundo.

Irving Penn se formó en el Philadelphia Museum School of Industrial Art con Alexey Brodovitch, quien publica los dibujos de este en *Harper´s Bazaar* a finales de 1930. En 1934, mientras trabajaba para la revista *Vogue* como diseñador, comienza a realizar fotografías. Su obra está presente en las más prestigiosas colecciones como la del MoMA, el Metropolitan Museum o el Museum of Art de Baltimore (Estados Unidos).

Associated professionally with the fashion world, the photography of Irving Penn (Plainfield, New Jersey, USA, 1917) is known for its stripped-down style, which contrasted in its day with the excesses of other fashion photographers. He introduced into this field what would become, over the years, the hallmark of American photography: austerity and spareness of elements.

World-renowned as one of photography's great Modern Masters, Penn has always stayed faithful to working in a studio, against a plain backdrop, and under certain lighting conditions. Thus, he has been able to highlight the value of individuals, taking them out of their anonymity to bring out their personality. Moreover, this tactic leads the viewer to pay special attention to the clothes – a very important goal for his commissions in the fashion world.

Throughout his career, Penn has blended his own photographic interests and his work-for-hire into a single thing: an expression of his vision of the world, and his special interest in the photographic medium, which offers him the possibility of approaching other people and their surrounding environment in a very special way. "Photographing a cake can be art," he asserted.

Irving Penn trained at the Philadelphia Museum School of Industrial Art under Alexey Brodovitch, who published some of his drawings in *Harper´s Bazaar* at the end of 1930. In 1934, while he was working at *Vogue* as a designer, he started taking photographs. His work is present in the most prestigious collections in America, such as the MoMA, the Metropolitan Museum in New York, and the Baltimore Museum of Art.

Pablo Picasso, 1957.
Jean Cocteau, 1948.

Marlene Dietrich, 1950.
© Irving Penn.

Los años cuarenta, Dorian Leigh, 1949.   Moda, 1950.
© Irving Penn.

Photo League

Photo League (Nueva York, Estados Unidos, 1936-1951) es la principal organización de fotografía social que ha dado Estados Unidos. Formada por más de cuarenta autores, nació como parte de un movimiento internacional de fotografía, que tuvo sus orígenes en los años veinte en Alemania y que, posteriormente, se extendió a otros países europeos dando el salto al otro lado del Océano Atlántico.

Al principio denominada como Film & Photo League, su propósito inicial fue proveer de imágenes fotográficas y cinematográficas de las huelgas y manifestaciones políticas a la prensa de izquierdas. Pero en 1936, en Nueva York, los fotógrafos del grupo se reorganizaron y dirigieron su atención a la documentación de la forma de vida de la clase trabajadora. Entre sus componentes cabe destacar a Paul Strand, Walter Rosenblum, Sid Grossman o Lewis Hine.

Después de la Segunda Guerra Mundial, Photo League pierde su espíritu colectivo y los fotógrafos se expresan de un modo más singular. Durante la "era McCarthy" la Liga aparece en la lista negra como organización subversiva antiamericana y ante esta acusación y el clima político antiliberal acaban disolviéndose en 1951.

Photo League (New York, USA, 1936-1951) was the leading organization of social photography in the United States. Comprising over forty authors, it emerged as part of an international photographic movement that had its roots in 1920s Germany and which later spread to other European countries, before crossing over to the other side of the Atlantic.

Initially called the Film & Photo League, its main purpose was to supply film and photographic images of strikes and political protests to the left-wing press. But in 1936, in New York, the photographers of the group reorganized, and focused on documenting the way of life of the working classes. Its members included such names as Paul Strand, Walter Rosenblum, Sid Grossman and Lewis Hine.

After the Second World War, Photo League lost its collective spirit and its photographers expressed themselves in more individual ways. During the McCarthy era, the League was blacklisted as a subversive and anti-American organization, and this accusation, along with the anti-liberal climate, brought about its dissolution in 1951.

PHE99
Nueva York en los años 30 y 40
Fundación Telefónica

Morris Engle.
Harlem, c. 1938.
Cortesía Howard Greenberg
Gallery, NYC.

Jerome Liebling.
Niño mariposa, 1949.
Cortesía Howard Greenberg
Gallery, NYC.

Sid Grossman.
Coney Island, h. 1947.
Cortesía Howard Greenberg
Gallery, NYC.

Rebecca Lepkoff.
Sin título (Nueva York), c. 1948.
Cortesía Howard Greenberg
Gallery, NYC.

Pierre et Gilles

Pierre et Gilles llevan trabajando juntos desde 1976 formando una entidad artística cuyo trabajo es inseparable de su vida y su universo doméstico. Durante más de treinta años han sido fieles a un estilo inconfundible y han creado escuela mediante una iconografía basada en imágenes *pop* mitológicas, irónicas y religiosas. Su trabajo supera las cuatrocientas obras, caracterizadas por un componente erótico, sensual y erógeno.

Todo su trabajo está formado, básicamente, por retratos y autorretratos que guardan una estética ambigua de inspiración barroca, en la línea de las décadas que van de los veinte a los cincuenta del pasado siglo.

Su estilo es característico por la exageración de sus formas y la exaltación del color. Funcionan a medio camino entre la identificación con la realidad y la parábola. Pierre fotografía y Gilles pinta las imágenes.

La obra de Pierre et Gilles está íntimamente ligada al mundo de la moda y la música. Han trabajado con diseñadores como Thierry Mugler o Jean-Paul Gaultier publicando sus fotografías en revistas como *Playboy* o *Marie Claire*. También han realizado portadas de discos para Erasure, Boy George, Dee Lite, Khaled o Marc Almond y su obra ha sido objeto de exposiciones en todo el mundo como una gran retrospectiva en el Museo de Arte Contemporáneo de Shangai (China) en 2005. En 2007 han sido invitados por el Museo D'Orsay en París (Francia) para realizar una instalación dentro de la exposición *Correspondances*.

Pierre et Gilles have worked together since 1976 forming an artistic unit whose work is inseparable from their lives and domestic universe. For over thirty years, they have remained faithful to their unmistakable style and have created their own school through an iconography based on mythical, ironic and religious pop images. Their oeuvre includes over four hundred pieces characterised by an erotic, sensual and erogenous component.

Basically, this entire work is made up of portraits and self-portraits that offer an ambiguous aesthetic with a baroque inspiration similar to that prevailing from the twenties to the fifties in the last century. Their style is characteristic due to the exaggeration of forms and exaltation of colour. They work halfway between identification with reality and parable. Pierre takes the photographs and Gilles paints the images.

The oeuvre of Pierre et Gilles is closely linked to the worlds of fashion and music. They have worked with designers like Thierry Mugler and Jean-Paul Gaultier and have published their photographs in magazines like *Playboy* and *Marie Claire*. They have also made record covers for Erasure, Boy George, Dee Lite, Khaled and Marc Almond, and their work has been the subject of exhibitions all over the world such as the large retrospective held in the Museum of Contemporary Art in Shanghai (China) in 2005. In 2007, they have been invited by the Musée d'Orsay in Paris (France) to make an installation within the exhibition titled *Correspondances*.

PHE07
Doble Je (1976-2007)
Le Jeu de Paume, París

Los payasos, 2003. Modelos: Pierre et Gilles. Fonds national d'Art contemporain, Ministère de la Culture et de la Communication, Paris, n° inv. 02-1583. Cortesía Galerie Jérôme de Noirmont, París. © Pierre et Gilles.

Mujer de Hielo, 1994.
Modelo: Sylvie Vartan.
Collection François Pinault. Cortesía Galerie Jérôme de Noirmont, París.
© Pierre et Gilles.

Viva Francia, 2006.
Modelos: Serge, Moussa y Robert.
Collection Steiner. Cortesía Galerie
Jérôme de Noirmont, París.
© Pierre et Gilles.

Flores de Shanghai, 2005.
Modelo: Mireille Mathieu.
Galerie Jérôme de Noirmont, Paris.
Cortesía Galerie Jérôme de Noirmont,
París. © Pierre et Gilles.

Mathew Pillsbury

Matthew Pillsbury (Neully, Francia, 1973) utiliza una cámara de mediano formato, película de blanco y negro y largas exposiciones para las que cuenta como única iluminación las pantallas de televisión, ordenadores, teléfonos móviles o simples lámparas que habitan los espacios que documenta.

Pillsbury está especialmente interesado en el impacto que tiene la tecnología en nuestra sociedad. Como él comenta, "me sorprende la poca atención que se le ha prestado en el arte contemporáneo al papel que tiene en nuestras vidas la televisión y otras tecnologías modernas". De esta manera, aunque sus imágenes nacen de su admiración por estas tecnologías, el espectador suele percibir una gran sensación de vacío y soledad.

Galardonado con el premio HSBC de fotografía en 2007, está licenciado en Bellas Artes por la Universidad de Yale y su obra ha sido mostrada en Nueva York, Los Angeles, Lisboa, Bruselas, Salzsburgo, Vancouver, Londres y Roma. Además está presente en las colecciones del MoMA, el Whitney Museum of American Art, ambos en Nueva York (Estados Unidos) o en el High Museum of Art de Hanover (Alemania).

Matthew Pillsbury (Neully, France, 1973) uses a medium-format camera, black-and-white film and long exposures. His only lighting comes from the screens of the televisions, computers, cell phones or simple lamps found in the spaces he documents. Pillsbury is particularly interested in the impact that technology has on our society. He has expressed surprise that contemporary art has paid so little attention to the role that television and other modern technologies play in our lives. Although his images stem from his admiration for these technologies, the viewer usually also perceives a great feeling of emptiness and solitude.

Pillsbury, who was awarded the 2007 HSBC Photography Prize, graduated in Fine Art from Yale University, and his work has been shown in New York, Los Angeles, Lisbon, Brussels, Salzburg, Vancouver, London and Rome. His work is held in the collections of the MoMA, the Whitney Museum of American Art, both located in New York (United States) and in the High Museum of Art in Hannover (Germany).

Autorretrato contemplando Wapiti. Galardonados 2007 de la Fondation HSBC pour la Photographie.

Autorretrato en San Francisco. Galardonados 2007 de la Fondation HSBC pour la Photographie.

Sylvia Plachy

Las imágenes de Sylvia Plachy (Budapest, Hungría, 1943), especialmente atentas al movimiento, captan escenas a medio suceder que crean una tensión misteriosa con la realidad. Una manera de abordar la fotografía que más que contar historias permite imaginarlas.

Las fotografías de Plachy encabezaron entre 1982 y 1993 el índice del semanario neoyorquino *The Village Voice*. Una serie de secuencias anónimas en las que no parece ocurrir nada especial y que fueron atrayendo el interés de muchos lectores que descubrían en ellas una realidad poco representada: la cotidiana.

Le siguen las series recogidas en *Red Light* (*Luz roja*) sobre la industria del sexo y *Self Portrait with Cows Going Home* (*Autorretrato con vacas yendo a casa*), sobre su tierra natal, que tuvo que abandonar durante la revolución húngara.

Sylvia Plachy ha colaborado con publicaciones como *The New Yorker, Newsweek, Wired, Life* o *The New York Times* y su obra está representada en colecciones de centros de arte como el MoMA o el Metropolitan Museum de Nueva York, o el Museo de Arte Moderno de San Francisco, y ha sido expuesta en Francia, Inglaterra, Alemania, Hungría, Canadá, Japón y Estados Unidos.

Images by Sylvia Plachy (Budapest, Hungary, 1943) pay particular attention to movement and capture scenes while they are still unfolding to create a mysterious tension with reality. Her approach to photography rather than just telling stories enables us to imagine them.

Plachy's photographs appeared at the head of the contents page of the New York weekly *The Village Voice* between 1982 and 1993. This series of anonymous sequences in which nothing special seemed to happen attracted the interest of many readers who discovered in them a reality that was rarely portrayed: that of everyday life. They were followed by the series contained in *Red Light*, about the sex industry, and *Self Portrait with Cows Going Home*, about Plachy's native land, which she was forced to abandon during the Hungarian Revolution.

Sylvia Plachy has contributed to publications such as *The New Yorker, Newsweek, Wired, Life* and *The New York Times*. Her work is represented in the collections of art centres such as New York's Metropolitan Museum, the MOMA and the San Francisco Museum of Modern Art and has been shown in France, England, Germany, Hungary, Canada, Japan and the United States.

Asiento de atrás, 1980.
© Sylvia Plachy.

Velo rosa, 1979.
© Sylvia Plachy.

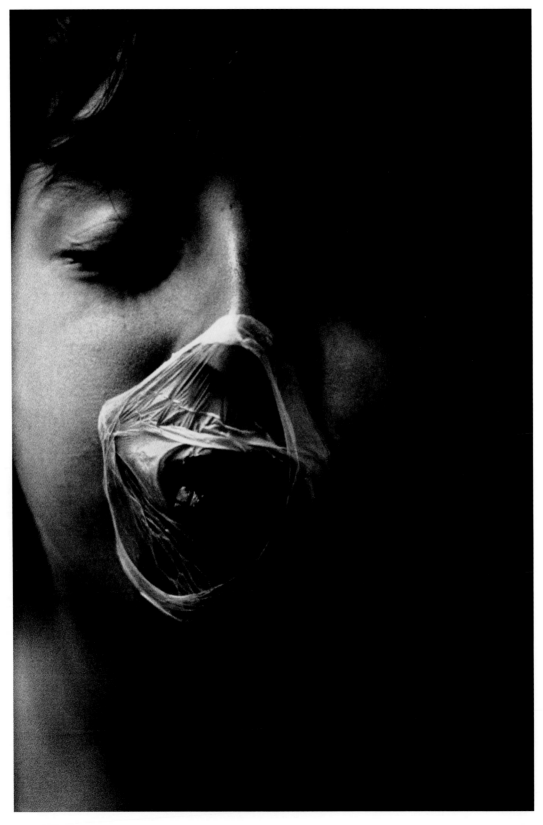

Tanit Plana

Tanit Plana (Barcelona, 1975), Premio
Descubrimientos PHE02, dirige su mirada hacia el
mundo de lo privado, lo íntimo y lo cotidiano. Más allá
del documento social, una íntima necesidad parece
moverle en su acercamiento al otro. Pese a la inme-
diatez de su temática, Plana consigue un extrañamiento por su singular tratamiento del color, el encuadre y el detalle.
En ese teatro de los microacontecimientos Plana
retrata su propia experiencia. En *Casa*, la artista
ensaya una reconstrucción de su identidad en un
recorrido retrospectivo por sus sucesivos domicilios,
confrontando realidad y recuerdos, mirando a quienes ahora viven allí y buscando sus propias huellas.
La serie de retratos *Yayos*, nace a partir de un acontecimiento: sus abuelos entran en una residencia y la
artista empieza a visitarles a menudo documentando
su vida.
Licenciada en Comunicación Audiovisual, Plana ha
sido galardonada con la Beca FotoPres 2001 y la
nominación para el Joop Swart Marterclass del World
Press Photo en 2004. Ha expuesto en el festival Terre
d'images 2004 y en la Primavera Fotográfica de
Barcelona en 2002 y 2004. En 2005 es seleccionada
por la Fundación Getty para la exposición *New
Photographers 2006* celebrada en el Festival
Publicitario de Cannes.

Tanit Plana (Barcelona, 1975), winner of the PHE02
Descubrimientos Prize, focuses her gaze on a private,
intimate, ordinary world. More than mere social
documentary, Plana appears moved by a personal
need to approach the other. In spite of the immediacy
of her subject matter, Plana's unique treatment of
colour, framing and detail produces an estrangement.
In this theatre of micro-events, Plana portrays her own
experience. In *Casa*, the artist tries to reconstruct her
identity in a retrospective tour of her former homes,
confronting reality and her memories, looking at those
who now live there and searching for her own tracks.
The *Yayos* portrait series stemmed from an event: her
grandparents entered a residence and the artist
began to visit them often, documenting their life.
A graduate in Audiovisual Communication, Plana has
been awarded the FotoPres 2001 Grant and
nominated for the Joop Swart Masterclass in the 2004
World Press Photo. She has shown her work at the
Terre d'images 2004 Festival and at the Barcelona
Primavera Fotográfica in 2002 and 2004. In 2005, she
was selected by the Getty Foundation for the
exhibition *New Photographers 2006* held in the
Cannes Advertising Festival.

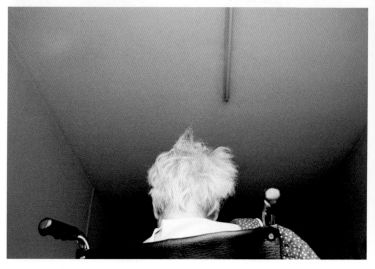

PHE03
Centro Cultural Conde Duque

Passadís, de la serie "Iaios",
2001, Berga.
De la serie "Iaios", 2001, Berga.
© Tanit Plana.

Tremp, 2003. Commande publique
du Ministère de la Culture
et de la Communication, Francia.
© Tanit Plana.

Gonzalo Puch

Gonzalo Puch (Sevilla, 1950) procede del mundo de la pintura abstracta y ha trabajado con la escultura de connotaciones arquitectónicas. En sus imágenes fotográficas se refleja su atracción por los lugares de aprendizaje como aulas, despachos o laboratorios, formando puestas en escena en las que una o varias figuras humanas actúan frente a fondos cubiertos con mensajes de apariencia críptica o cifrada, a la manera de metáforas de la perplejidad a la que conduce el propio conocimiento.

Una de las constantes en su trabajo es la naturaleza, un elemento que llama la atención sobre el necesario equilibrio entre la teoría y la práctica, entre las fórmulas matemáticas y físicas y el incontrolable crecimiento y desarrollo de la vegetación. De esta manera puede centrar toda su atención alrededor del agua, ese líquido elemental que constituye un laboratorio en el que se representa el principio de la existencia.

A partir de esta base líquida, el artista construye, escenifica y desarrolla una serie de ideas referentes a la ecología, la ciencia, la supervivencia y el ciclo vital de los seres humanos. Complejas combinaciones de objetos que dan una idea de relación fallida con este líquido vital.

Gonzalo Puch ha expuesto en Estados Unidos, Brasil, Eslovenia y Portugal. Ha participado en la Bienal LisboaPhoto 2005 y su obra se ha mostrado en el MARCO de Vigo, en el Museo de Arte Contemporáneo de Sevilla y en el Museo de Bellas Artes de Santander. Además, sus trabajos están incluidos en más de una treintena de colecciones tanto públicas como de instituciones y empresas.

Gonzalo Puch (Sevilla, 1950), comes from the world of abstract painting, and has also worked on sculpture with architectural connotations. His photography reflects his attraction to places of learning, such as classrooms, offices or laboratories, and he sets up scenes in which one, or several, human figures perform in front of backgrounds covered with apparently cryptic or ciphered messages that are like metaphors for the perplexity to which knowledge itself can lead.

One of the constant factors in his work is nature, an element that calls our attention to the necessary balance between theory and practice, and between mathematical and physics formulae, and to the uncontrollable growth and development of plant life. He is thus able to focus entirely on water, a liquid element that serves as a laboratory in which we can view the very principle of existence. From this liquid starting point, the artist builds up, stages, and develops a series of ideas based on ecology, science, survival, and the life cycle of human beings. His complex combinations of objects convey the idea of a failed relationship with the vital liquid.

Gonzalo Puch has exhibited his work in the United States, Brazil, Slovenia, and Portugal. He has taken part in the 2005 LisboaPhoto Biennial, and his work has been shown at MARCO, in Vigo, the Seville Museum of Contemporary Art, and the Santander Museum of Fine Arts. His work has been included in over thirty public, institutional and corporate collections.

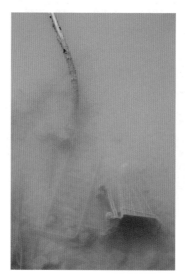 

PHE06
Real Jardín Botánico

Sin título, 2006.
Cortesía de la Galería Pepe Cobo.

Caio Reisewitz

Caio Reisewitz (São Paulo, Brasil, 1967) plantea reflexiones sobre la disonancia existente entre la evolución de la sociedad y la presencia de la naturaleza en todo ese proceso. A través de sus fotografías el artista retrata los cambios que sufre su país y analiza fenómenos como el movimiento de los "sin tierra" o las transformaciones del sistema agrario.

Las monumentales imágenes de Reisewitz suelen aparecer bañadas de una luz difusa que aparentemente impide al espectador contemplar con claridad los elementos del paisaje. Sin embargo, su gran precisión revela detalles que permiten percibir la acción del hombre en cada una de sus fotografías. Aunque no haya presencia humana en las instantáneas, las consecuencias de su actuación siempre están reflejadas a través de edificaciones u otras alteraciones del entorno.

Reisewitz es uno de los artistas brasileños con mayor proyección internacional y su obra se ha podido ver en las bienales de Venecia, São Paulo y Buenos Aires. Su formación en artes visuales a caballo entre Brasil y Alemania se pone de manifiesto en la utilización de los grandes formatos, característicos de las corrientes germanas pero que él emplea para abordar temáticas muy próximas a la realidad de su país de origen.

Caio Reisewitz (São Paulo, Brazil, 1967) provides food for thought on the discord that exists between the evolution of society and the place of nature in the process. In his photographs, the artist portrays the changes that his country has undergone, and analyzes phenomena such as the *sin terra*, or landless movement, or the transformation of the farming system. Reisewitz's momentous pictures are usually bathed in a blurred light that seems to prevent the viewer from getting a clear look at the features of the landscape. However, with great precision, he shows details that reveal the actions of mankind in each of the pictures. Although no humans are present in his shots, the consequences of their actions are always apparent in buildings or other alterations to the surroundings. Reisewitz is one of Brazil's most well-known international artists, and his work has been shown at the Venice, São Paulo and Buenos Aires Biennials. His visual arts training in both Brazil and Germany is clear from his use of large format, a feature typical of German photography, but which he uses to deal with issues that closely involve his homeland.

PHE06
Reforma Agraria
Casa de América

Aquidauana 1, 2006.
Jaraguarí 1, 2006.
Cortesía del artista.

Goiana 3, 2003.
Cortesía del artista.

Rosângela Rennó

La línea de trabajo que viene realizando Rosângela Rennó (Belo Horizonte, Brasil, 1962) se basa, fundamentalmente, en la apropiación de imágenes fotográficas ya existentes, que encuentra y rescata de archivos y lugares diversos para, posteriormente, someterlas a un proceso de manipulación y presentación. La artista se adueña de esas fotografías desprovistas de valor estético para insertarlas en el circuito artístico institucionalizado. En todo ello subyace una operación destinada a devolver la identidad y a rescatar del olvido a personas y vivencias perdidas en el anonimato.

En la serie *Ceremonia del Adiós* que realiza de 1997 a 2003 la autora parte de una serie que encontró en La Habana de negativos de fotografías de bodas hechas a parejas dentro de coches o sobre motocicletas, después de la ceremonia. El título juega irónicamente con la imposibilidad de salir de Cuba. En *Vulgo*, de 1998, recupera fotografías abandonadas de presidiarios anónimos en el archivo de la penitenciaría de São Paulo, y devuelve el color al individuo fotografiado en blanco y negro, poniendo de relieve su carácter singular dentro del todo.

La carrera de Rennó comienza con fotografías de moda, expuestas en Brasil a partir de 1985. En 1996 se reconoce su trabajo internacional gracias a la muestra llevada a cabo en el Museo de Arte Contemporáneo de Los Ángeles (Estados Unidos). En 1997 es nombrada Doctora por la Escuela de Arte y Comunicación de São Paulo. Ha participado en numerosas exposiciones como la Bienal de Berlín (Alemania) de 2001 o la Bienal de Venecia (Italia) de 2003.

The line of work followed by Rosângela Rennó (Belo Horizonte, Brazil, 1962) is mainly based on the appropriation of existing photographs, which she finds and rescues from various archives and other sources and submits to a process of manipulation and presentation. The artist takes over these photographs with no aesthetic value in order to insert them into the institutionalised art circuit. Underlying all of this is an action designed to return identity and save these anonymous people and experiences from oblivion.

For the *Cerimônia do Adeus* series carried out from 1997 to 2003, the artist began with a series of negatives she found in Havana of wedding photographs that depict newly-wed couples after the ceremony in cars or on motorcycles. The title plays ironically with the impossibility of leaving Cuba. In *Vulgo* (The Masses), 1998, she recovered photographs of anonymous prisoners that had been abandoned in the archives of the Sao Paulo penitentiary. She gave colour back to each individual photographed in black and white, thus highlighting his unique nature within the whole.

Rennó's career began with fashion photographs shown in Brazil from 1985 onward. In 1996 her work was internationally recognised due to the show held at the Los Angeles Museum of Contemporary Art (United States). In 1997, she received a doctorate from the School of Art and Communication in Sao Paulo. She has participated in numerous exhibitions including the Berlin Biennial (Germany) in 2001 and the Venice Biennale (Italy) in 2003.

Rax Rinnekangas

Rax Rinnekangas (Rovaniemi, Finlandia, 1954) es un polifacético artista que combina la fotografía con la escritura, la música o el cine. Desarrolla sus propuestas artísticas bajo la convicción de que "el artista que entiende la luz, recibe el don de la memoria otorgado por esta, y puede discernir entre lo esencial y lo no esencial".

En su trabajo aborda temas como la Europa cultural, la Rusia social, la realidad metafísica del invierno nórdico o los campos de Auschwitz. *Spiritus Europæus* es un ensayo fotográfico que reflexiona sobre el concepto de Europa a partir de imágenes donde se yuxtaponen campos semánticos individuales y colectivos. El subtítulo de *Tradición* se refiere a la ambigua frase de Eugenio D'Ors: "En esta vida, todo lo que no es tradición es plagio", una sentencia poliédrica desde la que Rax Rinnekangas propone una colección de retratos y escenarios en los que conviven, a veces simultáneamente, una iconografía urbana contemporánea y las huellas culturales locales.

Sus fotografías no eluden una cierta descripción documental pero basan su personalidad en la atmósfera literaria que las envuelve. Rax Rinnekangas realiza habitualmente incursiones en el cine y en los cortometrajes documentales. Ha recibido el Premio Nacional de Literatura y de Fotografía en Finlandia, publica ensayos críticos sobre arte, participa como intérprete y compositor en grupos de *jazz* y un largo etcétera que nos habla de su desbordante inquietud creativa.

Rax Rinnekangas (Rovaniemi, Finland, 1954) is a versatile artist who combines photography with writing, music and films. He develops his artistic proposals with the conviction that the artist who understands light receives from it the gift of memory and can distinguish between what is essential and what is not.

In his work he addresses such varied subjects as cultural Europe, social Russia, the metaphysical reality of the Nordic winter or the Auschwitz concentration camp. *Spiritus Europæus* is a photo essay that reflects on the concept of Europe based on images that juxtapose individual and collective semantic fields. The subtitle *Tradition* refers to an ambiguous phrase by Eugenio d'Ors to the effect that in this life anything that is not tradition is plagiary, a polyhedral statement that inspires Rax Rinnekangas to propose a collection of portraits and settings where contemporary urban iconography and local cultural traces coexist, sometimes simultaneously.

Photographs by Rinnekangas do not avoid some documentary description, but their personality is based on the literary atmosphere that envelops them. He makes regular incursions into films and documentary shorts. He has received Finland's National Literature and Photography Prize, published critical essays on art, participated as a musician and composer in jazz groups and been involved in a long list of other activities that inform us about his overwhelming creative curiosity.

PHE03
Spiritus Europæus. Tradición
MNCARS

Cuadrilla, España, 1986.

Piernas, Finlandia, 1991.

Miguel Rio Branco

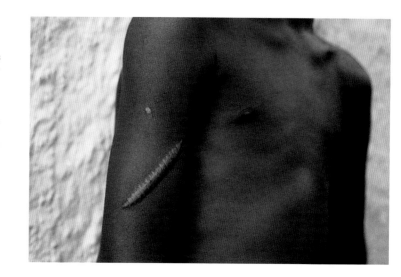

Miguel Rio Branco (Rio de Janeiro, Brasil, 1946) es un fotógrafo que ha sabido captar los aspectos rituales que subyacen en la vida cotidiana y extraer de ellos símbolos universales. Se trata de alejar las fotografías de aquello que representan y viajar con ellas por el territorio de la evocación.

A través de las fotografías realizadas en ciudades como La Habana, São Paulo, París, Barcelona o Nueva York, y de sus instalaciones, que combinan imágenes, música, espejos y proyecciones, Rio Branco recrea situaciones de un gran dramatismo, que simbolizan la soledad y el dolor. Sus naturalezas muertas (objetos encontrados en la calle, muescas del pavimento o de las paredes) son el testimonio silencioso de la vida que transcurre en los márgenes de la sociedad.

Hijo de un diplomático brasileño, la infancia de Rio Branco transcurre en ciudades de todo el mundo como Buenos Aires, Lisboa o Nueva York. Su trabajo más conocido es el que le vincula con su labor como corresponsal de la agencia Magnum en Latinoamérica a partir de 1980. Ha recibido numerosos premios periodísticos, entre los que destaca el Premio Kodak de la Crítica Fotográfica en 1982.

Miguel Rio Branco (Rio de Janeiro, Brazil, 1946) has managed to capture the underlying rituals of everyday life and extract universal symbols from them. It's all a question of distancing photographs from what they represent, and accompanying them on a journey into evocative territory.

With pictures shot in cities such as Havana, São Paulo, Paris, Barcelona and New York, and installations that combine images, music, mirrors and projections, Rio Branco recreates situations of high drama that represent loneliness and pain. His still-life shots - objects he finds in the street, dents in pavements and walls - are the silent witnesses of life on the very edge of society.

The son of a Brazilian diplomat, Rio Branco's childhood was spent in a variety of cities all over the world: Buenos Aires, Lisbon, New York... He is best known for his work as Latin American correspondent for the Magnum agency from 1980 onwards. He has been the recipient of many awards for journalism, including the Kodak Critics Prize in 1982.

PHE01
Entre los ojos
Centro Cultural de la Villa

Fuera de la nada (fragmento), 1994.
Instalación con audio.

Fuera de la nada (fragmento), 1994.
Instalación con audio.

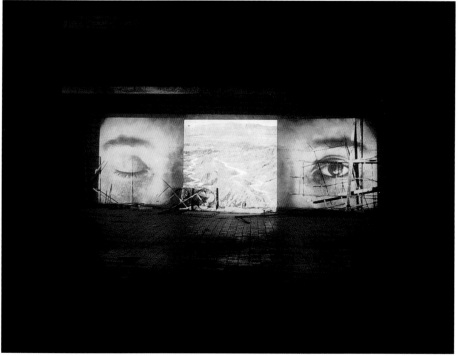

Breves reflexiones sobre una cierta
bestialidad (fragmento), 1990.
Instalación audiovisual con audio.
Entre los ojos el desierto (fragmento),
1997. Proyección audiovisual continua
con audio.

Fuera de la nada (fragmento), 1994.
Instalación con audio.

Miguel Ángel Ríos

Miguel Ángel Ríos (Catamarca, Argentina, 1943) combina la fotografía y el vídeo con la pintura. Interesado en el folclore, la identidad y el autoconocimiento, irrumpe en la escena artística internacional de los años ochenta con una serie de mapas donde mostraba la arbitrariedad de todo sistema de ordenación espacial pretendidamente universal.

Aquí es una videoinstalación en la que desarrolla uno de los temas recurrentes de su obra: la peonza. Durante su trayectoria artística Ríos ha estudiado estos juguetes de madera realizados por artesanos mexicanos y los ha dotado de una poderosa carga metafísica que sugiere metáforas sobre la guerra y la muerte, aislando estos objetos del folclore.

Ríos se formó como pintor en la Academia Nacional de Bellas Artes de Buenos Aires (Argentina). Ha expuesto su trabajo en centros como el Museo de Arte Moderno de México D.F., el Museo de Arte Moderno de Buenos Aires y en galerías de Berlín, Tokio, Nueva York o São Paulo.

Miguel Ángel Ríos (Catamarca, Argentina, 1943) combines photography and video with painting. Interested in folklore, identity and self-knowledge, he entered the international art world of the nineteen eighties with a series of maps showing the arbitrary nature of any supposedly universal system of spatial organisation.

Aquí is a video installation in which Ríos develops one of the recurrent themes in his work: the spinning top. During his artistic career, he has studied these wooden toys made by Mexican craftsmen and endowed them with a powerful metaphysical significance that suggests metaphors on war and death and isolates these objects from folklore.

Ríos was trained as a painter in the National Academy of Fine Art in Buenos Aires (Argentina). He has shown his work in centres such as the Museums of Modern Art in Mexico City and Buenos Aires and in galleries in Berlin, Tokyo, New York and Sao Paulo.

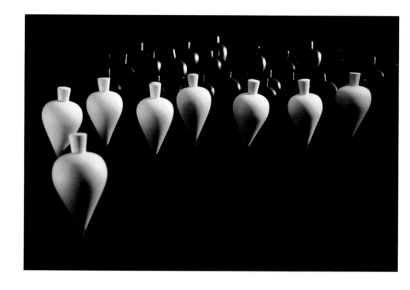

PHE07
Aquí
Matadero Madrid

Serie "Aquí", 2005-2006:
Sin título #552.
© Miguel Ángel Ríos.

Serie "Aquí", 2005-2006:
Sin título #474.
Sin título #519.
© Miguel Ángel Ríos.

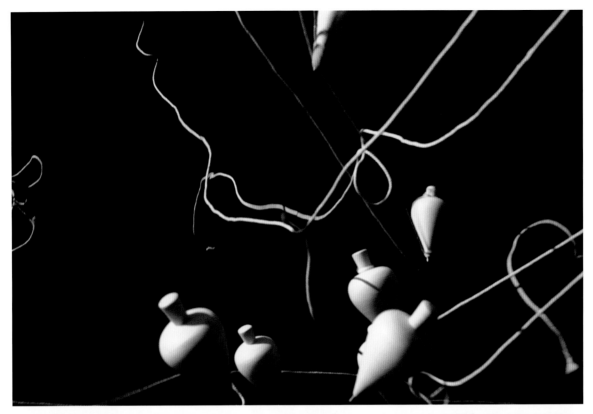

Humberto Rivas

Humberto Rivas (Buenos Aires, Argentina, 1937), Premio Nacional de Fotografía 1997, viajó a Europa desde su Argentina natal y desde entonces vive en Barcelona aunque no ha dejado de estar en contacto con la cultura argentina. Rivas es un gran fotógrafo de ciudades desiertas, de naturalezas muertas y de interiores, pero quizá sean sus poderosos retratos los que lo han situado en primera línea de la fotografía española.

Descarnados y enigmáticos, realizados generalmente con amigos o conocidos como modelos, sus retratos logran una tremenda penetración psicológica: desnudan el alma del modelo, que queda detenido en un momento de su existencia, a punto de volver a la vida, a punto de contarnos algo importante. En *España, retrato de fin de siglo*, Rivas realiza una serie de diecisiete retratos de inmigrantes, un número igual al de autonomías españolas. Una metáfora visual de los nuevos ciudadanos españoles, pero sobre todo, un canto a la tolerancia y a la solidaridad.

Rivas ha realizado numerosas exposiciones individuales en el MNAC de Barcelona, en el IVAM de Valencia o en el CGAC de Santiago de Compostela, entre otros. Además, su obra está presente en diversas colecciones particulares, museos y fundaciones como el CCCB de Barcelona, MNAC de Barcelona o el Museum of Contemporary Photography de Chicago (Estados Unidos).

Humberto Rivas (Buenos Aires, Argentina, 1937), a 1997 National Photography Award winner, came to Europe from his native Argentina, and since then has lived in Barcelona, although he has never lost contact with the Argentine cultural scene. Rivas is a great photographer of deserted cities, of still lifes and interiors, but perhaps his powerful portraits are what have situated him as one of the leading figures in Spanish photography.

Stark and enigmatic, generally using friends and acquaintances as models, his portraits achieve a tremendous degree of psychological penetration: they strip bare the soul of the models, who are captured at a moment in their existence, about to come back to life, about to tell us something important. In *España, retrato de fin de siglo* (Spain, a Turn-of-the-Century Portrait), Rivas creates a series of seventeen portraits of immigrants – the same number as Spain's autonomous regions. A visual metaphor for these new Spanish citizens, but above all, a call to tolerance and solidarity.

Rivas has organised many solo shows at Barcelona's MNAC, the IVAM in Valencia, and the CGAC in Santiago de Compostela, among others. Moreover, his work is present in many private collections, museums and foundations, such as Barcelona's CCCB and MNAC, and the Museum of Contemporary Photography in Chicago (USA).

PHE98
España, retrato de fin de siglo
Torre Caja Madrid

Mercè. 1986.

(págs 480-481)
Maru, 1985.
María, 1979.

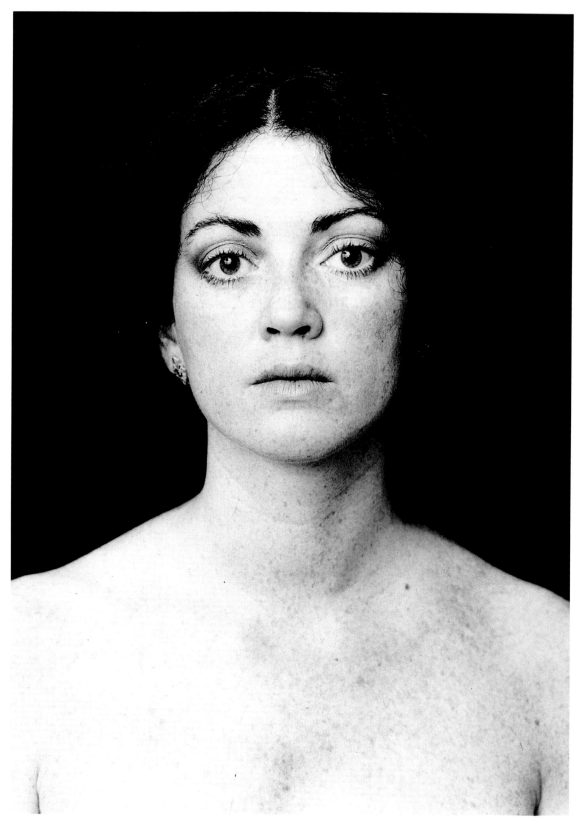

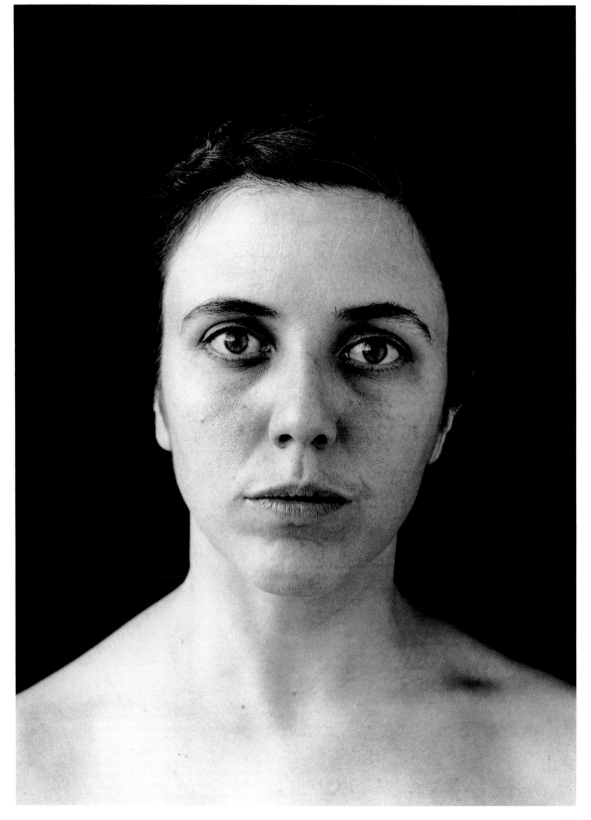

George Rodger

George Rodger (Hale, Reino Unido, 1908-1995), fundador de la agencia Magnum, fue un prestigioso fotoperiodista y aventurero. A final de los años veinte, siendo aún muy joven, se unió a la Marina Mercante británica y navegó alrededor del mundo descubriendo en este viaje su pasión por la fotografía. En 1936, ya de vuelta en Londres, comenzará su primer trabajo como fotógrafo para la BBC y dos años después empezará a trabajar para la agencia Black Star.

Durante la Segunda Guerra Mundial, Rodger fue el único fotógrafo independiente británico que pudo tomar fotografías de la liberación de los campos de concentración, y fue el primer fotógrafo en entrar en el campo de concentración de Bergen-Belsen en 1945. De esta manera dio a conocer el horror de la Alemania nazi, un mérito que le valió su consagración como fotoperiodista y un trabajo como corresponsal de guerra en la revista *Life*.

Las visiones del horror en su trabajo le llevaron a sentirse profundamente atraído por las poblaciones aborígenes de África como los bachimbiri y los wakonjo de Uganda o los nubas del Sudán. Fue aquí donde tomó una de sus fotos más emblemáticas: el retrato del campeón de lucha Korongo llevado a hombros por un adversario vencido. Gran parte de sus fotografías sobre África han sido publicadas en *National Geographic*.

George Rodger (Hale, United Kingdom, 1908-1995), was a founder member of the Magnum agency, and a leading photojournalist and adventurer. At the end of the 1920s, when he was still very young, he joined the Merchant Navy and sailed the world, discovering his passion for photography. In 1936, back in London, he found work as a photographer for the BBC, and two years later began to work for the Black Star agency.

During the Second World War, Rodger was the only independent British photographer to take pictures of the liberation of the concentration camps, and was the first photographer to enter Bergen-Belsen, in 1945. This was how the horrors of Nazi Germany became known to the outside world, and it made his name as a photojournalist, as well as getting him a job as *Life* magazine's war correspondent.

These views of horror turned him away from war photography, and led him towards the native tribes of Africa, such as the Bachimbiri and Wakonjo of Uganda, or the Nubas in the Sudan. Here, he took one of his most famous photographs: the portrait of Korongo, the wrestling champion, carried shoulder high by his defeated opponent. A large number of his African photographs were published by *National Geographic*.

Kordofan, Sur del Sudán. Campeón
de un combate de Nubas del Korongo
llevado a hombros, 1949.
© George Rodger / Magnum Photos.

Los Nuba, 1949.
© George Rodger / Magnum Photos.

Comenius Roethlisberger

Comenius Roethlisberger (Basilea, Suiza, 1971), ganador del premio Descubrimentos PHE04, ha realizado retratos de numerosos artistas, raperos o grupos de *rock* como Sinéad O'Connor, Faith No More, INXS o Pipilotti Rist. En *Historias y abstracciones*, Roethlisberger continúa esta serie de retratos pero centrándose en detalles de las esferas privadas de estos creadores. Como por ejemplo el cuarto oscuro de Wolfgang Tillmans o la guardería de Björk. Pero va un paso más allá y retrata las paredes de instituciones como la Tate Gallery o la Saatchi Gallery.

Con este trabajo el artista entra en una línea de abstracción total y deja que el público se enfrente a fotografías de fragmentos de una pared cualquiera y active su imaginación para evocar momentos o situaciones diversas que podrían haberse dado entre esos muros. Roethlisberger evoca lo que contarían las paredes si pudieran hablar, recurriendo a un sencillo pie de foto que indica el lugar fotografiado y que sorprendentemente sugestiona nuestra fantasía.

Este joven artista suizo ha participado en exposiciones individuales en Alemania, Suiza o Reino Unido y en colectivas en Francia, Alemania, Suiza, Estados Unidos, Italia, Polonia o Finlandia. Además su obra puede verse en la versión *online* de la galería Saatchi.

Comenius Roethlisberger (Basel, Switzerland, 1971), winner of the Descubrimentos Prize in PHE04, has photographed numerous artists, rappers and rock groups such as Sinéad O'Connor, Faith No More, INXS and Pipilotti Rist. In *Histories and Abstracts*, Roethlisberger continues this portrait series but now focuses on details of these creators' private habitats. Take, for example, the darkroom belonging to Wolfgang Tillmans or Björk's nursery. And he goes even further and photographs the walls of institutions like the Tate Gallery or the Saatchi Gallery.

This work marks the artist's turn to a line of total abstraction. Viewers are now faced with photographs of fragments from an anonymous wall and they have to activate their imaginations to envisage moments or situations that may have taken place within these walls. Roethlisberger evokes what the walls would say if they could talk by means of a simple caption indicating the venue photographed, something that surprisingly stimulates our imagination.

This young Swiss artist has had solo exhibitions in Germany, Switzerland and the United Kingdom and he has participated in group exhibitions in France, Germany, Switzerland, United States, Italy, Poland and Finland. His work can also be seen in the Saatchi gallery's online version.

PHE05
Historias y abstracciones
Museo Municipal de Arte Contemporáneo de Madrid

Clínica psiquiátrica, Sección C, cuarto de estar, Basilea, Suiza, 2002.
Estudio de Wolfgang Tillmans, Londres, Inglaterra, 2004.
© Comenius Roethlisberger.

Metallica, Centro de operaciones, San Rafael, USA, 2004.
Basel Zoo, Casa de elefantes, Basilea, Suiza, 2002.
© Comenius Roethlisberger.

Walter Rosenblum

Walter Rosenblum (Nueva York, Estados Unidos, 1919-2006) se inició en la fotografía con diecisiete años a través de la organización Photo League. Fue fotógrafo en la línea de combate de la Segunda Guerra Mundial donde presenció el desembarco de Normandía. Rodó sus primeras imágenes en movimiento en el campo de concentración de Dachau y recibió numerosas condecoraciones de guerra como la Estrella de Plata. Su carrera fotográfica ha ido pareja a los mayores eventos del siglo XX como la experiencia de inmigración a América, la citada Segunda Guerra Mundial o la salida de refugiados de la Guerra Civil Española. También ha tomado numerosas imágenes de barrios como Harlem o el Bronx, imágenes de gran contenido social, escenas protagonizadas por los ciudadanos en una época en la que la gente pasaba gran parte de su tiempo en las calles. El artista plasma la rica vida urbana de Nueva York con un estilo documental conocido como fotografía humanista.

Rosenblum ha dedicado gran parte de su vida a enseñar fotografía en instituciones como Brooklyn College, Yale Summer School of Art o Les Rencontres de La Photographie de Arles. Su obra está presente en colecciones como la del J. Paul Getty Museum y el MoMA de Nueva York (Estados Unidos), la Biblioteca Nacional de París (Francia) o el Alte Museum de Berlín (Alemania).

Walter Rosenblum (New York, United States, 1919-2006) made his photographic debut at the age of seventeen thanks to the Photo League organisation. He was a photographer in the front lines during the Second World War and witnessed the Normandy landing. He shot his first moving images at the Dachau concentration camp and received numerous military decorations such as the Silver Star. His photographic career has paralleled the main events of the twentieth century, including the experience of immigrating to America, World War II as already mentioned and the exodus of Spanish Civil War refugees. He also took many photographs of neighbourhoods like Harlem or the Bronx, images with a great social content and scenes featuring city residents at a time when people spent a good part of their lives in the street. The artist captures New York's rich urban life with a documentary style known as humanist photography.

Rosenblum devoted much of his life to teaching photography at institutions such as Brooklyn College, Yale Summer School of Art and Les Rencontres de La Photographie in Arles. His work is held in collections such as those of the J. Paul Getty Museum and the MoMA in New York (United States), the National Library in Paris (France) and the Alte Museum in Berlin (Germany).

PHE05
Calle Mayor. Fotografía urbana en América
Centro Cultural de la Villa

East Harlem, 1952.
© Walter Rosemblum

Chico en el tejado.
Pitt street, Nueva York, 1942.
© Walter Rosemblum

Niña en un columpio, Pitt Street,
Nueva York, 1938.

Rayuela, 105th Street, New York, 1952.
© Walter Rosenblum.

Martin Rosenthal

Martin Rosenthal (Buenos Aires, Argentina, 1953) combina la fotografía documental con la docencia. Sus fotografías están llenas de referencias autobiográficas que descubren tanto el lugar donde ha estado como lo que ha sentido. De esta manera se aleja de las restricciones que la supuesta objetividad ha impuesto a la fotografía documental entendida como una "ventana al mundo" alejada de nociones sobre un estilo formal, una ideología personal o una experiencia práctica.

En la serie *En ruta: Planeta Solitario*, Rosenthal crea su propio destino a través de una combinación de vídeos del programa documental de viajes *Planeta Solitario* (*Lonely Planet*), un televisor y su cámara Polaroid. Desde su habitación Rosenthal se mueve a través de una fascinante combinación de representación y documento. La experiencia es ensalzada con copias a gran escala de unas imágenes tan vívidas y personales como la de cualquier viajero. Este y otros trabajos de Rosenthal han podido verse en su país en numerosas ocasiones, así como en Texas, Nueva York o Boston (Estados Unidos).

Martin Rosenthal (Buenos Aires, Argentina, 1953) combines documentary photography with teaching. His pictures are full of autobiographical references that reveal both the place he has been to, and what he felt there. In this way he has managed to free himself from the restrictions that so-called objectivity has imposed on documentary photography, which considers it a "window on the world", remote from any idea of formal style, personal ideology or hands-on experience.

In his series *En ruta: Planeta Solitario*, Rosenthal creates his own destination, using a combination of video tapes of the travel show, Lonely Planet, a TV screen and his Polaroid camera. From his workroom, Rosenthal is able to move through a fascinating combination of representation and document. The experience is heightened by large-scale prints of images that are as much a part of personal experience as those of any traveller. These and other works of Rosenthal's have been frequently shown in Argentina, as well as in Texas, New York and Boston.

PHE01
En ruta: Planeta Solitario
Hotel NH Nacional

© Martin Rosenthal.

Daniela Rossell

Daniela Rossell (Ciudad de México, México, 1973) retrata la sociedad mexicana desde un lugar acomodado, su propio entorno de clase alta. En su serie más elaborada, *Ricas y Famosas*, Rossell documenta durante siete años el estilo de vida de los multimillonarios mexicanos en sus espacios privados.

Dando un giro sobre la fotografía documental que suele hacerse en estos países, en lugar de documentar la vida de los pueblos indígenas, la pobreza urbana, o las exóticas escenas populares, Daniela elige explorar el hábitat, las costumbres y tradiciones de la minoría más pequeña de México: los ultraricos.

Daniela Rossell ha estudiado en el Núcleo de Estudios Teatrales y en la Escuela Nacional de Artes Plásticas de México D.F. Del interés despertado por su trabajo es prueba su nutrida participación en exposiciones colectivas en grandes centros de arte contemporáneo como el Museum of Contemporary Art de Chicago, el New Museum of Art de Nueva York o el Berkeley Museum de California (Estados Unidos). También ha participado en la Bienal de Valencia en 2001.

Daniela Rossell (Mexico City, Mexico, 1973) portrays Mexican society from a privileged viewpoint: her own upper class surroundings. In her most elaborated series, *Rich and Famous*, Rossell spent seven years documenting the lifestyle of Mexican millionaires in their private environments.

Rossell's work is an innovation in comparison with the documentary photography usually made in these countries. Instead of recording the life of the indigenous communities, urban poverty or exotic popular scenes, she decided to explore the habitat, customs and traditions of the smallest minority in Mexico: the ultra rich.

Daniela Rossell studied at the Núcleo de Estudios Teatrales and at Mexico City's Escuela Nacional de Artes Plásticas. The interest that her work inspires is proven by her repeated participation in group exhibitions in major contemporary art centres such as the Chicago Museum of Contemporary Art, the New Museum of Art in New York and the Berkeley Museum in California (United States). She also participated in the 2001 Valencia Biennial.

Sin título, 1994-2001.

PHE02
Ricas y famosas
Casa de América

Jaroslav Rössler

Jaroslav Rössler (Smilov, República Checa, 1902-1990) comenzó su carrera como aprendiz en el taller de Frantisek Drtikol en Praga, entre 1917 y 1921. En 1923 conoce a Karel Teige y se une al grupo vanguardista Devetsil (Nueve Fuerzas). Sus fotografías son publicadas en las revistas *Pásmo*, *Disk*, *Stavba* y *ReD*. En esa época realiza construcciones de luces y sombras, en las que algunas veces integra un objeto (un tazón, una vela), como simple alusión al mundo real, en perfecta armonía con el resto de la composición abstracta.

En 1927 colabora con la revista *Pestry Tyden* como fotógrafo publicitario e industrial. Atraído por París, pasa allí temporadas trabajando para el estudio Lorelle. Cercano a la corriente denominada "nueva objetividad", realiza un ciclo sobre la Torre Eiffel tomando imágenes en picado y contrapicado. No obstante se sume en una grave depresión tras ser detenido en el transcurso de una manifestación y decide volver a Praga donde abre su propio estudio en el que trabaja entre 1935 y 1951. Posteriormente participa en los trabajos del Studio Fotografia hasta 1964. A finales de los años cincuenta, vuelve a sus antiguas experiencias, realizando montajes y paisajes con un prisma delante del objetivo.

Jaroslav Rössler (Smilov, Czech Republic, 1902-1990), began his career as an apprentice in the studio of Frantisek Drtikol in Prague, between 1917 and 1921. In 1923, he met Karel Teige and joined the avant-garde group *Devetsil* (Nine Forces). His pictures were published in magazines such as *Pásmo*, *Disk*, *Stavba* and *ReD*. During this period he constructed images using light and shadow, sometimes introducing an object – a mug, perhaps, or a candle – merely as a reference to the real world, and in perfect harmony with the rest of the otherwise abstract composition. In 1927, he worked on the magazine *Pestry Tyden* as a publicity and industrial photographer. He was attracted by Paris, where he spent some time working for the Lorelle studio. A follower of the New Objectivity movement, he produced a series on the Eiffel Tower, using high and low angle shots. However, he fell into a deep depression after being arrested during a demonstration, and decided to return to Prague, opening his own studio, where he worked from 1935 to 1951. He later took part in projects by the Studio Fotografia, until 1964. Towards the end of the 1950s, he returned once more to his earlier experiments, producing photomontages and landscapes using a prism placed in front of the lens.

PHE01
Jaroslav Rössler (1902-1990):
Fotografías, collages y dibujos.
Ministerio de Cultura y Deporte

Sin título, 1926.
Cortesía Museo de Artes Decorativas de Praga.

Sin título, 1920.
Cortesía Museo de Artes Decorativas de Praga.

Sin título. Cortesía Museo
de Artes Decorativas de Praga.
Señorita Gerta, 1924.
Galería Moravian, Brno.

Sin título.
Cortesía Museo de Artes Decorativas
de Praga.

Sebastião Salgado

El trabajo de Sebastião Salgado (Aimorés, Brasil, 1945) se articula en torno a tres ejes: trabajo, migraciones y naturaleza. A diferencia de otros autores, Salgado no aborda imágenes aisladas, sino que trabaja los temas en profundidad, desarrollando grandes series durante periodos de hasta diez años. Otra de las señas de identidad de su trabajo es que no f otografía ni la violencia ni la guerra, sino los esfuerzos del ser humano para lograr una vida digna.

Algunas de sus series más conocidas son *Los niños: refugiados y migrantes*, *Mega-ciudades*, *La lucha de los Sin Tierra* o *Trabajadores: una arqueología de la era industrial*. En todas ellas Salgado documenta la vida de los más desfavorecidos, los que luchan por un pedazo de tierra, los que viven en las cloacas de las grandes ciudades, los desplazados por los conflictos. Sebastião Salgado, Premio Príncipe de Asturias de las Artes en 1998, empezó en la fotografía en 1973 tras abandonar la Organización Internacional del Café. Ha sido miembro de Magnum Photos y es el fundador de Amazonas Images. Su trabajo se ha expuesto en los principales centros de arte del mundo, además de en espacios como la sede de las Naciones Unidas, y ha sido recogido en libros como *Otras Américas*, *Trabajadores* y *Migraciones*.

The work of Sebastião Salgado (Aimorés, Brazil, 1945) revolves around three main themes: work, migration and nature. Unlike other photographers, Salgado doesn't just shoot isolated images but instead uses an in-depth approach, producing long series of pictures over periods of up to ten years. Another of his hallmarks is that he doesn't take pictures of violence or warfare, only of human efforts to achieve a dignified life.

Some of his best known series include *Los niños: refugiados y migrantes*, (The Children: Refugees and Migrants) *Mega-ciudades* (Mega-cities), *La lucha de los Sin Tierra* (The Struggle of the Landless) and *Trabajadores: una arqueología de la era industrial* (Workers: Archaeology of the Industrial Age). In all of these, Salgado documents the life of the underprivileged: those who struggle to own a piece of land; those who live in the sewers of the big cities; or those who have been displaced by conflict.

Sebastião Salgado received the Prince of Asturias Award for Art in 1998. He began to work as a photographer in 1973 after leaving his job at the International Coffee Organization. Since then, he has become a member of Magnum Photos and has founded Amazonas Images. His work has been shown in the main international art venues, as well as in other spaces such as the UN Headquarters, and has been featured in books including *Otras Américas* (Other Americas), *Trabajadores* (Workers) and *Migraciones* (Migrations).

PHE07
África
BBVA. Sala de exposiciones Azca

Al regresar a casa, los refugiados mozambiqueños comienzan una nueva vida y se dedican a labrar la tierra abandonada quince años atrás.
Provincia de Zambeze (Mozambique), 1994.
© Sebastião Salgado / Amazonas images / Contacto.

Interior de una casa dinka tradicional en el pueblo de Ger en cuya pared aparecen representados unos cuernos tallados. Sur de Sudán, 2006.
© Sebastião Salgado / Amazonas images / Contacto.

Ceremonia religiosa durante la cual algunas viudas mozambiqueñas exorcizan los espíritus de sus maridos muertos en combate antes de su regreso a Mozambique.
Sur de Malawi, 1994.
© Sebastião Salgado / Amazonas images / Contacto

Un grupo de refugiadas se prepara para regresar a Mozambique.
Campo provisional de Mbamba Bay, en Tanzania, 1994.
© Sebastião Salgado / Amazonas images / Contacto

Juan de Sande

Juan de Sande (Madrid, 1964) busca en el desorden de almacenes a punto de derrumbarse o esquinas de fábricas una huella noble. Así, a través de su mirada, estos objetos en descomposición adquieren un significado propio, algo así como una personalizada trascendencia. Para ello utiliza distintas técnicas, blanco y negro, polaroid, color, fotografía digital o fotografía de mediano formato.

Arquitecturas o paisajes exentos de presencia humana. Juan de Sande recrea mundos alternativos de una teatralidad semejante a la de la obra de Bernd y Hilla Becher, su mayor referente por su encuadre y racionalidad. Siguiendo esta línea, sus fotografías se convierten en escultura, aunque el dominio de la frontalidad también nos habla de una noción tan pictórica como el retrato.

Licenciado en derecho, Juan de Sande, que empezó en el arte como pintor, es un fotógrafo autodidacta galardonado en el concurso de fotografía Purificación García en 2005 y con el premio de fotografía Villa de Madrid en 2006. Empieza a ganarse la vida como fotógrafo en 1994 y en 1998 presenta su primera exposición *Ocho fotografías, cuatro mares*. Desde entonces su obra ha podido verse en numerosas ferias y galerías.

Juan de Sande (Madrid, 1964) searches for a noble trace amidst the mess left in warehouses about to fall down or in the corners of factories. Through his gaze, these decomposing objects acquire their own meaning, something like a personalised transcendence. To accomplish this, he uses various techniques, black and white, Polaroid and colour film and digital or medium format photography.

Whether dealing with architecture or landscapes bereft of any human presence, Juan de Sande recreates worlds with a theatricality similar to that found in the work of Bernd and Hilla Becher, his main reference in terms of framing and rationality. Following this line, his photographs become sculpture, although their dominant frontality also recalls a notion as pictorial as the portrait.

A law graduate, Juan de Sande, who began in art as a painter, is a self-taught photographer who won an award in the Purificación García photography contest of 2005 and the Villa de Madrid photography prize of 2006. He began to earn his living as a photographer in 1994 and in 1998 he presented his first exhibition *Ocho fotografías, cuatro mares*. Since then, his work has been shown in numerous fairs and galleries.

PHE01
Relevos: Christine Spengler / Juan de Sande
Torre Caja Madrid

Árbol de noche, 2000.
© Juan de Sande.

Sin título (Desierto), 1999.
Sin título (Desierto), 1999.
© Juan de Sande.

August Sander

August Sander (Herdorf, Alemania, 1876-1964) es recordado como el padre de la fotografía moderna alemana y ha sido una enorme influencia en numerosas generaciones de artistas. Nacido en una zona minera cercana a Colonia, comienza a trabajar muy joven en la mina, hasta que un día le eligen por azar para acompañar como guía a un fotógrafo que documenta el paisaje minero. Este le permite observar el mundo a través de su objetivo, una experiencia clave que convence a Sander de que lo que quiere es estudiar fotografía.

En 1910 abre un estudio fotográfico en Colonia y como trabajo de campo comienza a tomar imágenes de los campesinos de la región de Westerwald, donde pasó su infancia. Tras la Primera Guerra Mundial empieza a retratar a personas de todas las clases sociales centrándose en su oficio. Sus granjeros, artistas, albañiles, músicos, taxistas, burócratas, bailarines, industriales, secretarias, desempleados o discapacitados se convierten en auténticos iconos.

Durante la época nazi Sander retrata a sus compatriotas como son, sin glorificar la raza aria, y es perseguido por ello. Por esta razón se centra en la naturaleza y en la arquitectura. Tras la guerra emprende la labor de reconstruir su archivo fotográfico que será reconocido tanto nacional como internacionalmente y que ha sido expuesto en numerosísimas ocasiones en todo el mundo.

August Sander (Herdorf, Germany, 1876-1964) is remembered as the father of modern German photography and he has had an enormous influence on many generations of artists. Born in a mining area near Cologne, he began to work in the mine when he was very young until one day he was chosen at random to accompany and guide a photographer who was documenting the mining landscape. This gave him a chance to observe the world through a lens, a crucial experience that convinced Sander he wanted to study photography.

He opened a photographic studio in Cologne in 1910 and as fieldwork began to take images of the peasants in the Westerwald region, where he spent his childhood. After the First World War, he began to photograph people from all the social classes, focusing on their trades. His farmers, artists, masons, musicians, taxi drivers, bureaucrats, dancers, businessmen, secretaries, and the unemployed or handicapped became authentic icons.

During the Nazi era, Sander portrayed his compatriots as they were, without glorifying their Aryan race, and he was persecuted for not doing so. For this reason, he then centred his work on nature and architecture. After the war, he began to reconstruct his photographic archive which eventually received recognition, both nationally and internationally, and has been displayed on myriad occasions throughout the world.

PHE02
Retratos
Fundación BSCH

Secretaria de la emisora Westdeutsche Rundfunk de Colonia, 1931.

La esposa de un pintor (Helene Abelen), 1926.

(págs 508-509)
El dadaísta Raoul Hausmann (con Hedwig Mankiewitz y Vera Broïdo), 1929.
Mi esposa entre alegre y triste, 1911.
© Die Photographische Sammlung / SK Stiftung Kultur-August Sander Archiv, Köln.

508

Joaquín Santamaría

Joaquín Santamaría (La Antigua Veracruz, México, 1890-1975) es el fotógrafo por excelencia del Puerto de Veracruz, México. Un artista local que comienza a registrar las imágenes de su ciudad a partir de 1919 y continúa hasta 1975. Como fotógrafo de estudio captó los distintos tipos de la sociedad porteña, y como reportero gráfico llegó a cubrir gran parte de las actividades presidenciales de Lázaro Cárdenas, al igual que las de Miguel Alemán Valdés (primero gobernador de Veracruz y más tarde presidente de la república) o las de Adolfo Ruiz Cortines.
En sus fotos se pueden encontrar tanto catástrofes y accidentes como personajes del lumpen y prostitutas. Registró acontecimientos militares y de la marina, actos sociales y oficiales, que constituyen parte de la vida porteña. Su temática incluye asuntos agropecuarios, políticos, deportivos, festejos familiares, arquitectónicos y urbanísticos, actividades empresariales, paisajes, publicidad, así como de la sucesión de acontecimientos rituales que determinan los festejos del Puerto: un archivo cercano a veinte mil imágenes que constituye una referencia obligada con la que los pobladores de Veracruz se identifican.

Joaquín Santamaría (La Antigua, Veracruz, Mexico, 1890-1975) was the photographer par excellence of the Port of Veracruz in Mexico. He was a local artist who began taking photographs of his home town in 1919 and continued until his death in 1975. As a studio photographer he captured a whole cross-section of his city's society. As a press photographer he covered much of Lázaro Cárdenas' presidency, as he did with his successors, first Miguel Alemán Valdés (first as Governor of the State of Veracruz, later as President of the Republic) and then Adolfo Ruiz Cortines.
His photographs depict a range of subjects, from catastrophes and accidents to low life characters and prostitutes. He photographed military and naval events, social and official functions, all of which were part of Veracruz life. His themes run the whole gamut, including agricultural, architectural and urban matters, political events, sporting occasions, family parties, entrepreneurial activities, landscapes and advertising as well as local festivities. The archive he left as a legacy consists of around twenty thousand images and constitutes an obligatory reference point for the people of Veracruz, and one with which they identify.

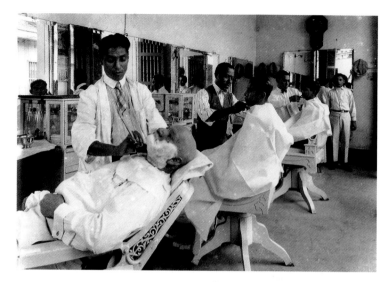

PHE00
Mirada con vaivén de hamaca
Casa de América

Barbería, Veracruz, 1926.
Esquina de Hidalgo y Lerdo, 1924.

Carteros junto al edificio de Correos, Veracruz, 1930.

Antonio Saura

Antonio Saura (Huesca, 1930-1998) es un artista multidisciplinar ampliamente conocido por su obra pictórica que comienza a pintar de forma autodidacta tras una larga enfermedad juvenil. Ya en 1950 expone por primera vez en Zaragoza y dos años después en Madrid, para trasladarse poco después a París donde se suma al grupo de los surrealistas .

Ya de vuelta a España en 1957 funda junto a otros artistas el grupo El Paso que propugna un lenguaje cercano al informalismo europeo y al expresionismo abstracto americano. A partir de 1958 Saura dedica gran parte de sus energías al papel donde sus figuras son sometidas a una violenta distorsión expresionista. En 1976 esta experimentación con el lenguaje pictórico se traduce en una serie de 18 serigrafías basadas en los retratos fotográficos que su hermano, el fotógrafo y cineasta Carlos Saura, le había realizado con anterioridad. Esta serie, *Moi*, permite al espectador ver cómo ambos artistas se influyen de forma recíproca y reflexionan acerca del concepto retrato-antirretrato y la fragmentación de la imagen. Saura ha sido galardonado con numerosísimos premios como el Premio Guggenheim en Nueva York en 1960, la Medalla de oro de Bellas Artes de España en 1982 o el Gran premio de la ciudad de París en 1995. En 1958 participa junto a Antoni Tàpies y Eduardo Chillida en la Bienal de Venecia y en 1959 es invitado a la segunda edición de Documenta de Kassel en la que participa también en 1964 y 1977.

Antonio Saura (Huesca, 1930-1998) is a multidisciplinary artist widely known for his pictorial artworks, a self-taught undertaking that he begins fallowing a prolonged illness in adolecence. In 1950 he exhibits his work for the first time in Zaragoza, and two years later in Madrid. Shortly thereafter he moves to Paris where he joins a group of surrealists. Returning to Spain in 1957, he and other artists founded the group El Paso, which advocated an artistic language similar to the European Informalism and American Abstract Expressionism. Since 1958, Saura dedicates a great part of his energy to works on paper, in which the figures are subjected to a violent expressionist distortion. In 1976, his experimentation with the pictorial language materializes in a series of 18 silk-screens based on photographic portraits taken by his brother, photographer and film director Carlos Saura. This series entitled Moi, allows spectators to see how both artists influenced one another in a reflection on the idea of potraiture-antipotrature and the fragmentation of the image.

Saura has been honored with numerous awards, including: the Guggenheim Award in New York, 1960; the Gold Metal of Fine Arts in Spain, 1982; and the Grand Award of the city of Paris, 1995. In 1958 he participated together with Antoni Tàpies and Eduardo Chillida in the Venice Biennale and in 1959 he was invited to show is work in the second edition of Documenta in Kassel, where he later participated in 1964 and 1977.

PHE07
Moi. 18 serigrafías a partir de retratos de Antonio Saura, realizados por Carlos Saura.
Fundación Antonio Pérez, Cuenca

Sin título, de la serie "Moi", 1976.
© Antonio Saura.

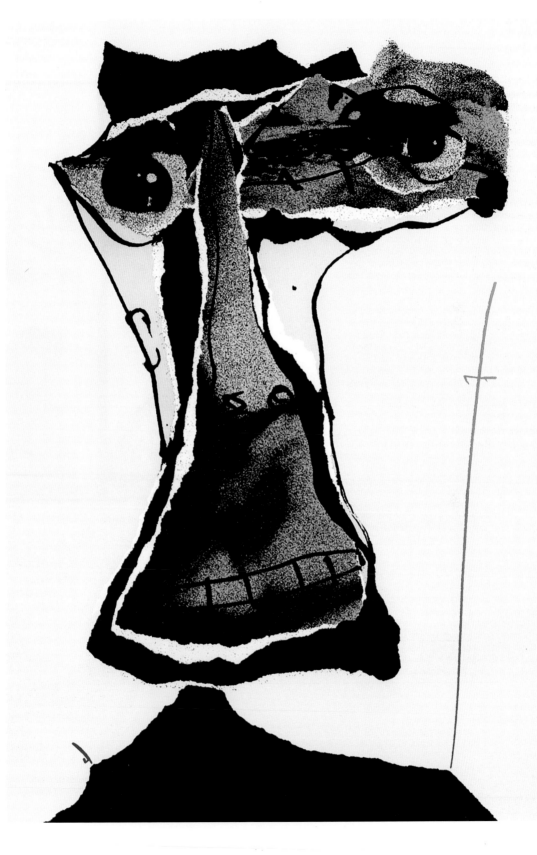

Joachim Schmid

Joachim Schmid (Balingen, Alemania, 1955) ha coleccionado durante casi veinte años fotografías anónimas, abandonadas o perdidas, que ha encontrado en la calle o en archivos olvidados. Se interesa por las imágenes privadas que fueron desechadas por sus dueños, cuya conservación y exposición representa un *antimuseo* fotográfico. Sus secuencias, marcadas por el deterioro natural del paso del tiempo, se convierten en un fascinante catálogo visual y forman una peculiar colección que oscila entre el documental y la creación artística. En *Decisive Portraits*, Schmid presenta fotografías auténticas de soldados estadounidenses de la Segunda Guerra Mundial. Como un antropólogo de la fotografía, mezclando rigor y humor, el autor invita a adivinar las posibles historias que hay detrás de cada instantánea "encontrada" y las razones por las que acabó siendo despreciada. Su trabajo es una muestra de la importancia actual de la cultura de archivo y de los nuevos planteamientos documentales.
Joachim Schmid ha realizado muestras individuales en la Foto Biennale (Rotterdam, Países Bajos), en el Museum of Contemporary Photography (Chicago, Estados Unidos) o en la Galerie Blickensdorff (Berlín, Alemania). Su obra forma parte de las colecciones de la Bibliothèque Nationale y la Maison Européenne de la Photographie (París, Francia), el Stedelijk Museum (Ámsterdam, Países Bajos) o el San Francisco Museum of Modern Art (Estados Unidos).

Joachim Schmid (Balingen, Germany, 1955) has, for nearly 20 years, been collecting anonymous, discarded, or lost photographs, which he has found on the street or in forgotten archives. He is interested in the private images that were thrown away by their owners, whose conservation and exhibition transforms them into a photographic *anti-museum*. His sequences, marked by the natural deterioration of the passing of time, become a fascinating visual catalogue, and make up a peculiar collection oscillating between documentation and artistic creation.
In *Decisive Portraits*, Schmid presents authentic photographs of American soldiers from World War II. Like a photographic anthropologist, mixing rigour and humour, he invites us to guess the possible stories behind each "found" snapshot, and the reasons why it wound up being thrown away. His work is an example of the current importance of archival culture, and the new documentary approaches.
Joachim Schmid has had solo shows at the Foto Biennale (Rotterdam, The Netherlands), at the Museum of Contemporary Photography (Chicago, USA), and at Galerie Blickensdorff (Berlin) His work forms part of the collections of the Bibliothèque Nationale and Maison Européenne de la Photographie (Paris), the Stedelijk Museum (Amsterdam), and the San Francisco Museum of Modern Art (USA).

PHE04
Retratos decisivos
Estación de Metro Nuevos Ministerios

De la serie "Retratos decisivos",
1998-2004.
© Joachim Schmid.

Versiones fotogénicas.
© Joachim Schmid.

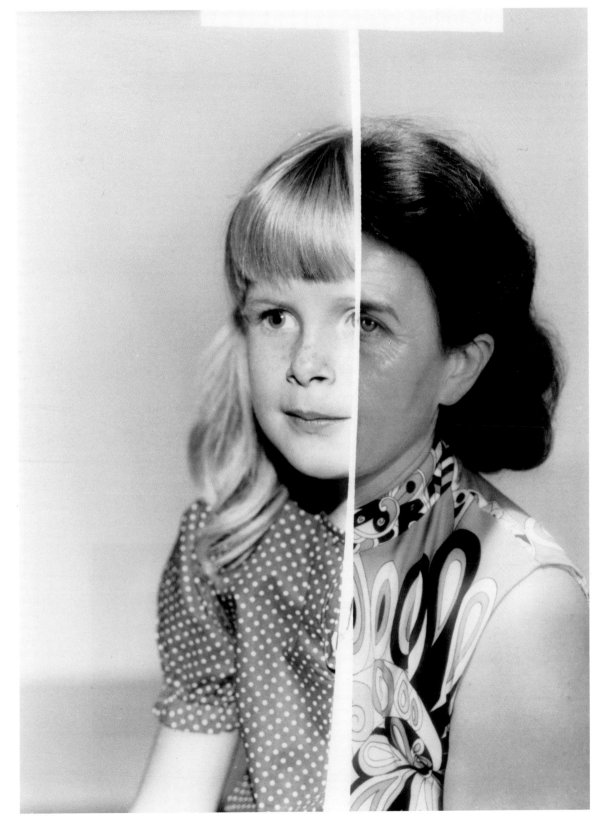

Alberto Schommer

Especialmente conocido por el gran público por sus retratos de personalidades de la vida española contemporánea, Alberto Schommer (Vitoria, 1928) tiene una extensa carrera de más de cuarenta años fotografiando diferentes aspectos del mundo entero. De mente inquieta y espíritu innovador, ha investigado en torno al retrato en series como *Retratos Psicológicos,* en los que se centra en reflejar el rol social de los individuos que fotografía, o en *Descubrimientos* y *Máscaras.* También ha experimentado con el lenguaje fotográfico inventando nuevas técnicas; como en *Cascografías,* donde utiliza papel arrugado y una determinada emulsión en el revelado para dotar a sus imágenes de más volumen.

También es reconocido por sus imágenes de la época de la transición, cuando se erigió como uno de sus documentalistas rechazando la tentadora oferta de hacerse fotógrafo de moda a las órdenes de Balenciaga. "Me di cuenta de que tenía en mis manos un poder terrible, pero no podía trabajar como Richard Avedon o Irving Penn, que vivían en países libres", ha dicho Schommer. En *Visiones del Museo,* el concepto es fundir los dos mundos del museo: los visitantes y las obras de arte. "La mirada se interrelaciona con la obra y se crea un todo", explica el artista, "las obras se entrecruzan entre sí formando otra diferente. Las penumbras, las vibraciones o la superposición dan vida a un nuevo museo". Schommer ha publicado más de una treintena de libros como *Schommer Shanghai-el futuro* junto al filósofo Javier Echevarría, *Paisajes Ordenados*, *Flamenco* o *Zero Huts* junto a Ernesto Sábato, por mencionar algunos. Además ha intervenido en numerosas exposiciones y es Académico de la Real Academia de Bellas Artes de San Fernando de Madrid.

Especially known to the public for his portraits of famous Spaniards from all walks of contemporary life, Alberto Schommer (Vitoria, 1928) has a long career — more than forty years — behind him, photographing different subjects around the world. His restless mind and innovative spirit have led him to explore the portrait form in series such as *Retratos Psicológicos* (Psychological Portraits), where he focuses on the social role of the individuals he photographs, and *Descubrimientos* (Discoveries) and *Máscaras* (Masks). He has also experimented with photographic language, inventing new techniques, as in his *Cascografías,* in which he uses wrinkled paper and a certain kind of development emulsion to give his images more volume. Schommer is also known for his images from the period of Spain's transition to democracy in the 1970s, becoming one of its principal documenters after rejecting a tempting offer to become a fashion photographer for the house of Balenciaga. "I realised that I had a terrible power in my hands, but I couldn't work like Richard Avedon or Irving Penn, who lived in free countries," he said.

In *Visiones del Museo* (Visions of the Museum), the concept is to fuse the museum's two worlds: its visitors and its artworks. "The gaze interrelates with the work and creates a whole," explains the artist. "The artworks blend together and form another, different one. These shadows, vibrations, and superimpositions give birth to a new museum."

Schommer has published more than thirty books, including *Schommer Shanghai-El Futuro,* with the philosopher Javier Echevarría, *Paisajes Ordenados* (Orderly Landscapes), *Flamenco* and *Zero Huts,* with Ernesto Sábato, to mention only a few. Moreover, he has participated in many exhibitions, and is a member of the San Fernando Royal Academy of Fine Art in Madrid.

PHE98
Visiones del Museo
Museo Thyssen-Bornemisza

Eduardo Chillida. Escultor, 1972.
© Alberto Schommer

Roma-New York, 1996.
© Alberto Schommer

Tazio Secchiaroli

Tazio Secchiaroli (Roma, Italia, 1928-1998) se hizo famoso a finales de los años cincuenta fotografiando a los personajes de la vida mundana que frecuentaban Via Veneto. En aquel periodo conoció a Federico Fellini y le aportó diversas ideas para su película *La dolce vita*. En 1960 el gran director le abrió las puertas de Cinecittà, lo que le sirvió para apartarse de su pasado como *paparazzo* y convertirse en un autor que, entre claqueta y claqueta, robaba a los personajes del cine miradas y gestos que formaban una galería de hermosísimos retratos cuyo conjunto define la atmósfera de los rodajes.

En 1964 se convierte en el fotógrafo personal de Sofía Loren y recorre el mundo con ella. También colabora con otros directores como Pasolini o De Sica y con actores como Silvana Mangano, Peter Sellers, Tony Curtis, Brigitte Bardot o Gregory Peck entre otros. Todo hasta que en 1983 decide retirarse: "La fotografía, como todas las artes, requiere una gran energía vital. Sentí que esa energía se había agotado dentro de mí, así que lo dejé".

Tazio Secchiaroli (Rome, Italy, 1928-1998) became famous towards the end of the 1950s, when he shot pictures of the rich and famous who gathered in the Via Veneto. At this point, he met Federico Fellini, giving him a number of ideas for his film *La Dolce Vita*. In 1960, the great Italian director brought him into Cinecittà. This helped the photographer to distance himself from his *paparazzo* past and become an artist who, between scenes, shot the looks and gestures of stars and people on the film set, building up a gallery of delightful portraits that, together, convey the special atmosphere of film-making.

In 1964, he became Sofia Loren's personal photographer and travelled the world in her company. He also worked with other directors such as Pasolini and De Sica, and with actors Silvana Mangano, Peter Sellers, Tony Curtis, Brigitte Bardot and Gregory Peck, amongst others. Then, in 1983, he decided to retire: "Like all art, photography requires a large amount of energy. I felt that my energy was exhausted, so I stopped".

PHE99
Dolce Vita
UGC Cine Cité

Sophia Loren, Almería, 1972.
Virna Lisi.

Federico Fellini y Marcello
Mastroianni en el set de *8 1/2*, 1963.
Strip Tease en el Rugantino, 1958.

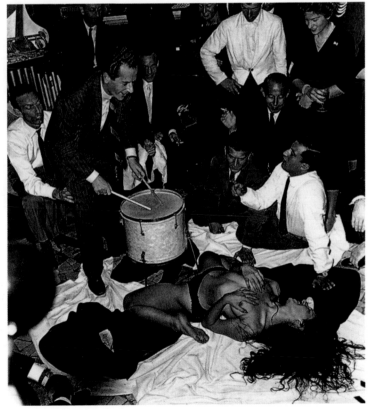

Andres Serrano

Desde sus comienzos, a principios de los años ochenta, las imágenes de Andres Serrano (Nueva York, Estados Unidos, 1950) han abordado los asuntos más controvertidos y polémicos del mundo contemporáneo. Los fluidos del cuerpo, la exclusión, el fanatismo, la religión, la enfermedad o la muerte, están presentes en todas sus series. Quizás por eso su obra haya sido vista a menudo bajo el prisma de la polémica, como cuando su nombre saltó a la fama internacional a raíz de la denuncia que dos senadores hicieron de su obra *Piss Christ* (1987) ante el Senado de los Estados Unidos en 1989.

La elección de los temas y el modo de tratarlos han situado igualmente su obra en los parámetros de la controversia. La contundencia de sus imágenes se apoya sobre los mecanismos de la publicidad: en el recurso de la iluminación y, sobre todo, en el uso que hace del lenguaje, en la precisión de los títulos, en la utilización, en definitiva, de las palabras de un modo a la vez breve y elocuente.

Andres Serrano ha recibido la Medalla de Oro del Art Directors Club y su obra se ha expuesto en los principales centros de arte del mundo, como el MoMA, los museos de Arte Contemporáneo de Nueva York y Chicago (Estados Unidos), el MACBA o el Museo de Arte Contemporáneo de Zagreb (Croacia).

From the time they first appeared at the beginning of the nineteen eighties, images by Andres Serrano (New York, United States, 1950) have addressed the contemporary world's most controversial issues. Body fluids, exclusion, fanaticism, religion, disease or death are found in all of his series. This may explain why his work has often been the subject of heated debate as when his name achieved international fame after two senators denounced his work *Piss Christ* (1987) on the floor of the United States Senate in 1989.

Serrano's choice of subjects and his way of dealing with them have also placed his work within the parameters of controversy. The forcefulness of his images is based on advertising devices such as his use of lighting and particularly the way he employs language: the precision of his titles and the use of words in a simultaneously brief and eloquent manner. Andrés Serrano has received the Gold Medal from the Art Directors Club and his work has been shown at the world's major art centres, including the MoMA, the Museums of Contemporary Art in New York and Chicago (United States), the MACBA (Spain) and the Zagreb Museum of Contemporary Art (Croatia).

PHE07
El dedo en la llaga
Círculo de Bellas Artes

Bello Nock, el mejor payaso de América, de la serie "América", 2003.
Colección Enrique Ordóñez Falcón, San Sebastián. © Andres Serrano.

Jewel-Joy-Stevens, la pequeña Miss Yankee de América, de la serie "América", 2003.
Cortesía Galería Juana de Aizpuru, Madrid.
© Andres Serrano.

El otro Cristo, de la serie
"La interpretación de los sueños", 2001.
Colección particular, Málaga.
© Andres Serrano.

Antonio y Ulrike, de la serie
"Una Historia del sexo", 1995.
Colección particular, Bruselas.
© Andres Serrano.

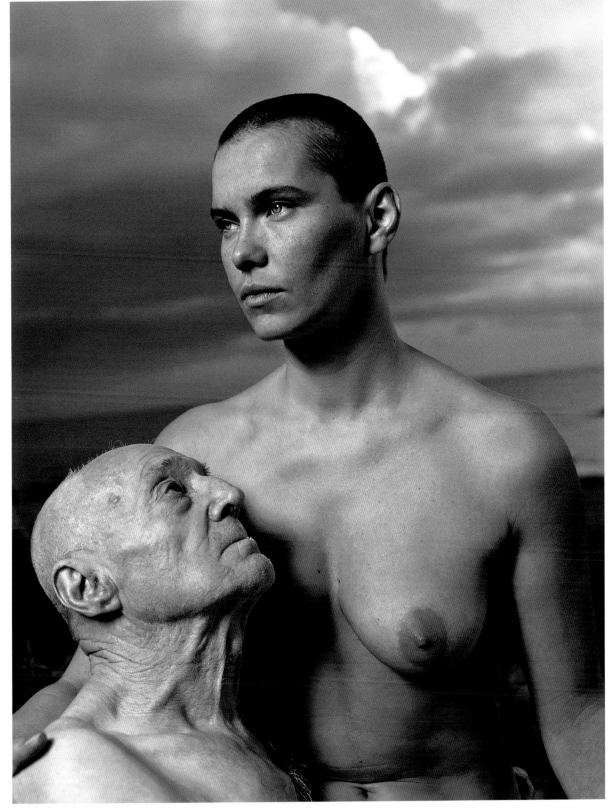

Shobha

Shobha (Palermo, Italia, 1956) es una fotoperiodista que busca, más allá de documentar el hecho concreto de la crónica o de la tradición, la personalidad, la sensibilidad o las situaciones emotivas que una crónica o tradición específica encierran.

A lo largo de su trabajo Shobha ha retratado mujeres en Estados Unidos, India o Italia. Las mujeres de sus retratos poseen rostros intensos, fuertes carcajadas, miradas altivas. En *Sicilianas* compone una galería de retratos que narran una vida cotidiana rica en contrastes, variada y fascinante. Mujeres protagonistas y víctimas de los estragos de la mafia, adolescentes en vilo en medio de un presente duro y un futuro incierto, hijas de la burguesía y de los privilegios o de una nobleza dorada pero perdida.

Shobha empieza a retratar el mundo político y social de Palermo para el diario *L'Ora* en 1980. En unos conflictivos años de guerra entre la mafia siciliana, Shobha da vida a un laboratorio que convoca a grandes fotógrafos internacionales. Desde 1988 ha publicado en los más destacados medios de prensa italianos y extranjeros, y entre sus libros figuran *Gli Ultimi Gattopardi*, *Auguri Comandante* o los dedicados a Giovanni Falcone o Rita Atria y los arrepentidos de la mafia. Son muchas las exposiciones en las que ha participado, entre ellas la Bienal de Venecia (Italia) de 1995.

Shobha (Palermo, Italy, 1956) is a photojournalist who goes beyond documenting the specific facts of a chronicle or tradition and strives to record the personality, sensitivity or emotional situations that underlie it.

In her work, Shobha has photographed women in the United States, India and Italy. The women in her portraits have intense faces, haughty glances and hearty laughter. In *Sicilianas*, she composes a portrait gallery that narrates a daily life rich in contrasts, varied and fascinating. These are the women who are the protagonists and victims of the Mafía's damage, tense teenagers in the midst of a difficult present and facing an uncertain future, daughters of the bourgeoisie and its privileges or of a golden but bygone aristocracy.

Shobha began to photograph the political and social world of Palermo for the *L'Ora* newspaper in 1980. In the troubled years of the Sicilian Mafia war, Shobha created a laboratory that attracted great international photographers. Since 1988, her oeuvre has been published in the most eminent Italian and international printed media, and her books include *Gli Ultimi Gattopardi*, *Auguri Comandante* and those devoted to Giovanni Falcone, Rita Atria and repentant *Mafiosi*. Her works have also been shown in many exhibitions including the Venice Biennale (Italy) of 1995.

Gobane. Creyente siciliana, 1998.

Mujeres de Corleone, 1997.

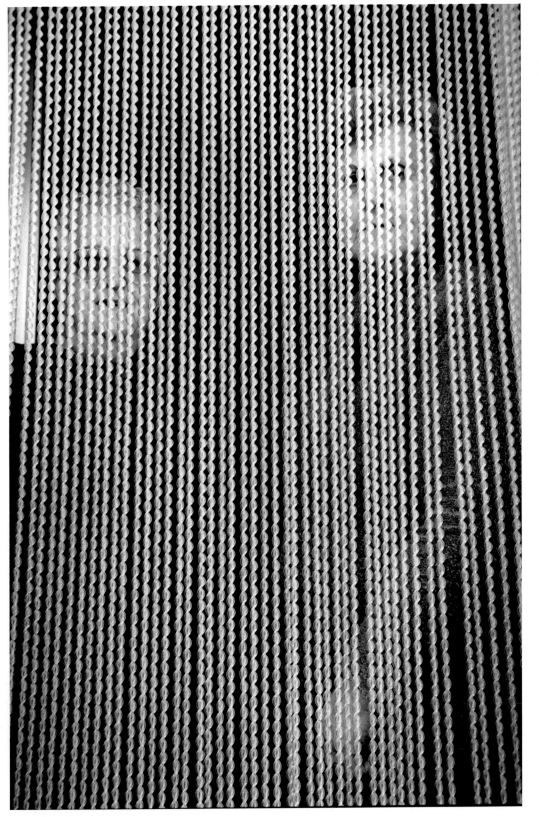

Stephen Shore

Stephen Shore (Nueva York, Estados Unidos, 1947) está considerado como uno de los grandes maestros de la fotografía en color. Autodidacta, comenzó a realizar fotografías a color con nueve años y con diez recibió una copia del libro de Walker Evans, *American Photographs,* que tanto ha influido en su estilo. Su carrera como fotógrafo profesional comenzó precozmente a los catorce años.

En la serie *Uncommon Places*, Shore retrata paisajes, urbanos y naturales, realizados al azar durante un viaje en carretera en los años setenta. Imágenes en las que la presencia humana desaparece y los temas fotografiados pasan a ser coches, calles, aparcamientos o praderas. El espectador observa cómo las periferias de las ciudades han dejado de ser paisajes naturales para pasar a convertirse en estructuras semidesérticas y suburbanas. Utilizando un color casi monocromo y buscando escenas sin significados emocionales, el artista consigue dar a su obra un estilo frío y objetivo que ha influido en fotógrafos y cineastas tan reconocidos como Gus Van Sant o Jim Jarmusch.

Stephen Shore estudió fotografía con Minor White y formó parte de la Factoría de Warhol durante los años sesenta. Su trabajo fue reconocido en la muestra colectiva *New Topographics: Photographs of a Man-Altered Landscape (Nueva topografía: fotografías de paisajes alterados por el hombre),* donde expuso su obra junto a artistas como Bernd y Hilla Becher, creando nuevos modelos de representaciones urbanas.

Stephen Shore (New York, United States, 1947) is considered one of the greatest masters of colour photography. Self-taught, he began to take colour photographs at the age of nine. When he was ten he received a copy of Walker Evans's book, *American Photographs,* which has had a great influence on his style. His career as a professional photographer began early, at the age of fourteen.

In his *Uncommon Places* series, Shore photographs urban and natural landscapes at random during a road trip in the nineteen seventies. These are images in which all human presence disappears and the subjects portrayed are cars, streets, parking lots or fields. The viewer observes how the outskirts of cities are no longer natural landscapes but semi-deserted suburban structures. Using almost monochrome images and searching for scenes that lack any emotional implication, the artist endows his works with a cool, objective style that has influenced such well-known photographers and filmmakers as Gus Van Sant and Jim Jarmusch.

Stephen Shore studied photography with Minor White and in the nineteen seventies belonged to Warhol's Factory. His work received recognition in the group show *New Topographics: Photographs of a Man-Altered Landscape,* where he showed his photographs together with those of artists like Bernd and Hilla Becher, creating new models of urban representation.

PHE05
Lugares no-comunes
Centro Cultural de la Villa

Trail's End Restaurant, Kanab, Utah,
10 de agosto de 1973.
De la serie "Lugares no-comunes".

Holden Street, North Adams,
Massachussetts, 13 de julio de 1974.
De la serie "Lugares no-comunes".

Second Street y South Main Street,
Kalisppel, Montana, 22 de agosto
de 1974.
De la serie "Lugares no-comunes".

West Fifteenth Street y Vine Street,
Cincinatti, Ohio, 15 de mayo de 1974.
De la serie "Lugares no-comunes".

Malick Sidibé

Malick Sidibé (Soloba, Malí, 1936) realiza sus primeros reportajes en 1957, para posteriormente abrir el Estudio Malick en Bamako en 1962. Además de sus fotografías de estudio, Sidibé practica el reporterismo gráfico documentando, por ejemplo, las veladas de fiestas sorpresa en las que las bandas organizadas en clubs compiten entre ellas. En sus fotos en blanco y negro vive la espontaneidad que transmite el ambiente de fiesta, los juegos, la risa, los bares, los jóvenes, las discotecas, la música pop, soul o el rock and roll. Inmortaliza así una época de la juventud de Bamako durante los primeros años de la descolonización.
Sus imágenes son sencillas, llenas de verdad, fuera de lo espectacular y lo decorativo. Instantáneas de lo cotidiano y lo familiar, del tiempo de ocio, donde se adivina una complicidad permanente entre el fotógrafo y sus modelos. Sidibé cree que la fotografía es la mejor manera de inmortalizar tanto al fotógrafo como a la persona retratada, y considera que el rostro es el elemento más importante y auténtico.
La obra de Sidibé es conocida en Europa, Estados Unidos y Japón y ha formado parte de exposiciones como 100 % África en el Museo Guggenheim de Bilbao o Bamako 03 en el CCCB de Barcelona.

Malick Sidibé (Soloba, Mali, 1936) made his first photo essays in 1957 and subsequently opened the Malick Studio in Bamako in 1962. In addition to his studio photos, Sidibé acted as a photojournalist documenting, for example, surprise parties where gangs now reorganised as clubs competed with each other. His black-and-white photos are alive with a spontaneity that conveys the party atmosphere: games, laughter, bars, young people, discotheques, pop, soul and rock-and-roll music. This way he immortalised Bamako's early years following independence.
His images are simple, filled with truth and avoid both the spectacular and the decorative. They are shots of daily life and familiar things, of leisure time where the understanding between the photographer and his models is clear. Sidibé believes that photography is the best way to immortalise both the photographer and his subject and thinks the face is the most important and authentic element.
Sidibé's work is well known in Europe, the United States and Japan, and he has participated in exhibitions such as 100% África at the Guggenheim Museum in Bilbao and Bamako 03 in Barcelona's CCCB.

Boxeador, 1966.
Cortesía C.A.A.C. The Pigozzi Collection.
© Malick Sidibé.

Velada de boda Drissa Dalo, 1967.
Cortesía C.A.A.C. The Pigozzi Collection.
© Malick Sidibé.

Combate de amigos con piedras, 1976.
Cortesía C.A.A.C. The Pigozzi Collection.
© Malick Sidibé.

Picnic en la calzada, 1976.
Cortesía C.A.A.C. The Pigozzi Collection.
© Malick Sidibé.

Montserrat Soto

El trabajo de Montserrat Soto (Barcelona, 1961) parte del soporte fotográfico, normalmente de grandes dimensiones, en el que representa espacios arquitectónicos o naturales solitarios, pese a que se adivina en ellos la presencia humana. Su trabajo se centra fundamentalmente en dos áreas: la exploración del paisaje y el espacio en el que se desarrolla el arte. En la serie *Paisaje secreto*, la artista documenta casas de coleccionistas de arte contemporáneo ofreciendo una mirada distinta al arte actual al retratar obras de arte inmersas en una cotidianeidad muy alejada de la sacralización que suele acompañarlas. Mientras que en *Tracking Madrid* Soto reflexiona sobre la ciudad y su evolución. Sus imágenes hacen referencia a la pérdida de la urbe tradicional y al nuevo futuro que se oferta, registran la destrucción y la construcción, la relación del hombre con su entorno y la crisis en el significado del término paisaje natural. Montserrat Soto ha mostrado su obra en Art Unlimited, Art 33 Basel (Basilea, Suiza), además de en Art Forum (Berlín, Alemania), y en las exposiciones *Plural. El arte español ante el Siglo XXI* en el Senado (Madrid), *Big Sur* en la Hamburger Bahnhof (Berlín, Alemania) o *Los límites de la percepción*, en la Fundación Joan Miró (Barcelona). Su obra también se ha podido ver en el MACBA de Barcelona o el Museo Carlottenbourg de Copenhague, Dinamarca.

The work of Montserrat Soto (Barcelona, 1961) is photo-based, usually large-format, and features architectural spaces or solitary natural ones, in spite of the fact that one can detect a human presence. Her work is basically focused on two areas: exploring landscape and the space in which art develops. In the series *Paisaje secreto* (Secret Landscape), the artist documents houses of contemporary art collectors, offering a different gaze by depicting artworks immersed in an everyday setting far removed from the sacralisation that tends to go along with today's art. In *Tracking Madrid,* Soto reflects on the city and its evolution. Her images refer to the loss of a traditional urban centre, and the new future being offered; it records destruction and construction, man's relationship with his environment, and the crisis in the meaning of the term *natural landscape*. Montserrat Soto has shown her work at Art Unlimited, Art 33 Basel (Basel, Switzerland), as well as at Art Forum (Berlin), and in the collectives *Plural: Spanish Art Faces the 21st Century* at the Spanish Senate (Madrid), *Big Sur* in the Hamburger Bahnhof (Berlin) or *The Limits of Perception* at Fundación Joan Miró (Barcelona). Her work has also been on display at Barcelona's MACBA and the Carlottenbourg Museum in Copenhagen.

PHE04
Paisaje secreto

PHE 05
Registrando Madrid

Paisaje secreto, 1998-2003. Fragmento.
Cortesía Galería Helga de Alvear.
© VEGAP.

Christine Spengler

Christine Spengler (Francia, 1945) descubrió su vocación por la fotografía en El Chad, donde había llegado con su hermano Eric desde París en una huida hacia delante para olvidar la muerte de su padre. Allí presenció el ataque de los rebeldes tubus a helicópteros franceses. Los hermanos fueron acusados de espías, encerrados en la cárcel y finalmente expulsados del país: "A partir de ahora quiero ser corresponsal de guerra y testimoniar las causas justas", se dijo Spengler entonces.

La fotógrafa se considera totalmente autodidacta, no cree en las escuelas ni en la enseñanza de la fotografía. A su juicio, hacen falta tres requisitos fundamentales para ejercer la profesión: valor, ternura y saber mirar. Con su Nikon de 28 mm y su lema "para mí, siempre el corazón es lo primero", ha fotografiado los conflictos armados de Irlanda del Norte, Vietnam, Kosovo, Camboya, Nicaragua o Afganistán.

Sus imágenes han dado la vuelta al mundo, ocupando las páginas de publicaciones internacionales como *The New York Times*, *Life*, *Time* y *Neewsweek*. En sus instantáneas se revela la complicidad que establece con los sujetos fotografiados, sobre todo mujeres y niños, que miran frontalmente a la cámara. En 1983 muere su hermano Eric, momento en el que comienza a levantar pequeños altares funerarios en su memoria y por primera vez fotografía en color. En 1985 presenta *El duelo por Eric* en el Festival Internacional de Fotografía de Arles (Francia), un montaje audiovisual donde alterna las fotos de guerra en blanco y negro con las imágenes oníricas en color.

Christine Spengler (France, 1945) discovered her photographic vocation in Chad, where she arrived with her brother Eric from Paris in their attempt to carry on and forget their father's death. There she witnessed an attack by Tubu rebels on French helicopters. Brother and sister were accused as spies, imprisoned and finally expelled from the country. At the time Spengler said, "From now on, I want to be a war correspondent and testify to just causes."

The photographer considers herself completely self-taught. She does not believe in schools or in teaching photography. In her opinion, there are three basic requirements for her profession: courage, tenderness and knowing how to look. With her 28mm Nikon and her motto "for me, the heart always comes first," Spengler has photographed armed conflicts in Northern Ireland, Vietnam, Kosovo, Cambodia, Nicaragua and Afghanistan.

Her images have circled the world on the pages of international publications such as *The New York Times*, *Life*, *Time* and *Newsweek*. Her shots reveal the understanding she establishes with her subjects, primarily women and children, who look directly at the camera. Her brother Eric died in 1973 and ten years later she began to build small funeral altars in his memory and began to take colour photographs for the first time. In 1985 she presented *Mourning for Eric* at the International Photography Festival in Arles (France). It is an audiovisual assemblage alternating black-and-white war photos with dream-like colour images.

PHE01
*Relevos: Christine Spengler /
Juan de Sande*
Torre Caja Madrid

PHE03
Los Años de Guerra
Sala Canal de Isabel II

La salida de los americanos,
Vietnam, 1973.
© Christine Spengler.

Cementerio de los Mártires, Irán, 1979.
Carnaval en Belfast, Irlanda del Norte, 1972.
© Christine Spengler.

...ia 1915-1978),
...zó con la práctica de la
...nda pasión y por necesidades
...s a sus estudios. Se inició en el ofi-
...Alemania en ruinas tras la Segunda Guerra
Mundial y acabó siendo un reputado fotógrafo e histo-
riador de la fotografía alemana.
Es uno de los fundadores del grupo Fotoform, cuya
primera manifestación, que tiene lugar en 1950, sacude
violentamente el medio fotográfico académico alemán.
En sendas facetas de teórico y fotógrafo, Steinert
desarrolla una nueva corriente, la *Subjektive Fotografie*
(Fotografía subjetiva), cuyas tres exposiciones, que
tienen lugar en 1951, 1954 y 1958, abren sus puertas a
la élite mundial de los jóvenes fotógrafos modernos.
Después de haber definido las diferentes etapas del
trabajo fotográfico, de la simple copia a la creación
absoluta, justifica la elaboración de la obra fotográfica
mediante la elección de los elementos específicos
del medio: encuadre, temporalidad, perspectivas fotográficas o transcripciones ópticas y químicas.
En 1959 se integra en la Folkwangschule de Essen, y
con su enseñanza rigurosa y su distinguida personalidad consigue atraer a estudiantes del mundo entero.
Su producción, poderosa y variada, aborda numerosos géneros como la naturaleza muerta, el paisaje,
el retrato, el reportaje y los efectos gráficos en blanco
y negro. Todo ello es la ilustración perfecta de sus
teorías creativas.

Otto Steinert (Sarrebruck, Germany 1915-1978), was a
doctor by profession. He took up photography due to
his passion for the medium, as well as for financial
reasons linked to his studies. He began working in a
Germany that stood in ruins following the Second
World War, and he ended up becoming one of
Germany's most prestigious photographers and
photographic historians.
He was a founder of the Photo-form group, whose
appearance in 1950 violently rocked the academic
world of German photography. Both as a theorist and
a hands-on photographer, Steinert developed a new
movement, *Subjektive Fotografie* (Subjective
Photography), organizing three exhibitions, in 1951,
1954 and 1958, that opened their doors to the young
international elite of modern photography. After
defining the various stages of photographic work,
from simple copy-making to absolute creation, he
justified it by focussing on specific features such as
framing, timing, photographic perspective, and optical
and chemical transcriptions.
In 1959 he joined the Folkwangschule in Essen,
where, thanks to his thorough approach to teaching
and his distinct personality, he attracted students
from all over the world. His powerful and varied work
encompasses several genres, such as still life,
landscape, portraiture, reportage and graphic black
and white shots. They are all perfect illustrations of
his creative theories.

PHE00
El fotógrafo Otto Steinert
Museo Colecciones ICO

Un peatón, 1950.
Cortesía Colección de Fotografías
del Museo Folkwang, Essen, Alemania.

Sin título, 1953.
Cortesía Colección de Fotografías
del Museo Folkwang, Essen, Alemania.

Sombra nerviosa, 1951.
Cortesía Colección de Fotografías
del Museo Folkwang, Essen, Alemania.

Llamamiento, 1950.
Cortesía Colección de Fotografías
del Museo Folkwang, Essen, Alemania.

Joel Sternfeld

La obra que Joel Sternfeld (Nueva York, Estados Unidos, 1944) desarrolla desde los años setenta se caracteriza por su capacidad para captar anécdotas e historias reales, y enmarcarlas en los amplios paisajes americanos. Podría decirse que Sternfeld es un precursor de la fotografía posmoderna, aunque en las escenas que retrata no exista ningún tipo de manipulación por parte del autor. Así, en sus imágenes pueden aparecer elefantes en mitad de una carretera americana o coches despeñados frente a urbanizaciones donde la vida parece perfecta.

Paralelamente al planteamiento estético con el que aborda el tema de la naturaleza, Sternfeld imprime en sus fotografías contenidos políticos, culturales y ambientales que constituyen una reflexión acerca de la relación entre el hombre y su entorno.

La trayectoria de Joel Sternfeld comenzó en la década de los setenta y en la actualidad es uno de los personajes más relevantes de la fotografía norteamericana contemporánea. Sus primeros trabajos se encuadraron en el entonces género predominante de la *street photography*, hasta la publicación en 1978 de *American Prospects* (*Perspectivas americanas*), serie en la que demuestra su maestría en el modelo documental. Ha publicado una decena de libros y expuesto en los espacios artísticos más importantes de Estados Unidos. Además, algunas de sus colecciones se exhiben de manera permanente en museos de arte moderno como los de Nueva York, San Francisco o Houston.

A highlight of the work that Joel Sternfeld (New York, 1944), has been producing since the 1970s, is his ability to capture real-life anecdotes and stories with the backdrop of the wide-open spaces of the American landscape. Sternfeld might be described as a pioneer of post-modern photography, although the scenes he shoots are in no way manipulated. The subjects of his pictures range from elephants in the middle of a US highway, to wrecked cars in front of picture-perfect residential suburbs.

Along with his aesthetic approach to nature, Sternfeld's shots also contain political, cultural and environmental aspects that are a reference to the relationship between humans and their surroundings. Joel Sternfeld's career began in the seventies, and he is today one of the most significant contemporary US photographers. His early work was part of the prevailing genre at that time, street photography.

Then, in 1978, he published *American Prospects*, a series in which he displayed his mastery of documentary photography. He has published some ten books, and his work has been shown in leading US art spaces. Some of his collections are on permanent display in modern art museums such as those in New York, San Francisco or Houston.

Rancho Mirage, California, 1979, de la serie "Perspectivas americanas". Cortesía del artista y de la Galería Luhring Agustine, Nueva York.
© Joel Sternfeld.

Elefante exhusto renegado,
Woodland, Washington, 1979,
de la serie "Perspectivas americanas".
Cortesía del artista y de la Galería
Luhring Agustine, Nueva York.
© Joel Sternfeld.

McLean, Virginia, 1978,
de la serie "Perspectivas americanas".
Cortesía del artista y de la Galería
Luhring Agustine, Nueva York.
© Joel Sternfeld.

Hiroshi Sugimoto

Hiroshi Sugimoto (Tokio, Japón, 1948), premio PHotoEspaña 2006, juega con el tiempo y el espacio congelándolo en una serie de imágenes de distintas temáticas pero atributos similares. Con una gran precisión técnica, una cámara de gran formato y largas exposiciones, consigue una estética única entre el arte minimal y el conceptual.

Sugimoto empezó su trabajo a mediados de los años setenta con *Dioramas*, una serie de ejercicios en los que retrataba bodegones en los museos de historia natural, naturalezas muertas que, plasmados en fotografías, aparentaban ser paisajes reales. En otra de sus series, *Portraits*, que comenzó alrededor del cambio del milenio, Sugimoto retrata figuras de cera de Enrique VIII y sus mujeres con una iluminación similar a la de los óleos realizados en el siglo XVI. Galardonado con el Premio Hasselblad en 2001, la obra de Sugimoto ha sido recogida en numerosas publicaciones y expuesta en instituciones como el Museo Guggenheim de Berlín, MoMA de Nueva York o en el Mori Art Museum de Tokio. Su obra además está presente en las colecciones del Museum of Contemporary Art de Chicago y de Los Ángeles, el Metropolitan Museum of Art de Nueva York o en el Guggenheim de esta misma ciudad.

Hiroshi Sugimoto (Tokyo, Japan, 1948), winner of the 2006 PHotoEspaña Prize, plays with time and space, freezing them in a series of images with different themes but similar characteristics. With great technical precision, a large format camera and long exposures, he achieves a unique aesthetic somewhere between minimal and conceptual art. Sugimoto began his work in the mid-nineteen seventies with *Dioramas*, a series of exercises in which he photographed the animal dioramas in natural history museums. Once recorded as photographs, they seemed to be real landscapes. In another of his series, *Portraits*, which he began at the turn of the millennium, Sugimoto photographed wax figures of Henry VIII and his wives with lighting similar to that found in sixteenth-century oil paintings. Awarded the Hasselblad Prize in 2001, Sugimoto's work has been included in numerous publications and shown in institutions such as the Guggenheim Museum in Berlin, the MoMA in New York and the Mori Art Museum in Tokyo. Furthermore, his work is present in the collections of the Museums of Contemporary Art in Chicago and Los Angeles and the Metropolitan Museum of Art and Guggenheim Museum in New York.

Engranajes espuela.

Mecanismo de retorno rápido utilizado para cortar metal.

Trinquete.   Piñón interno.

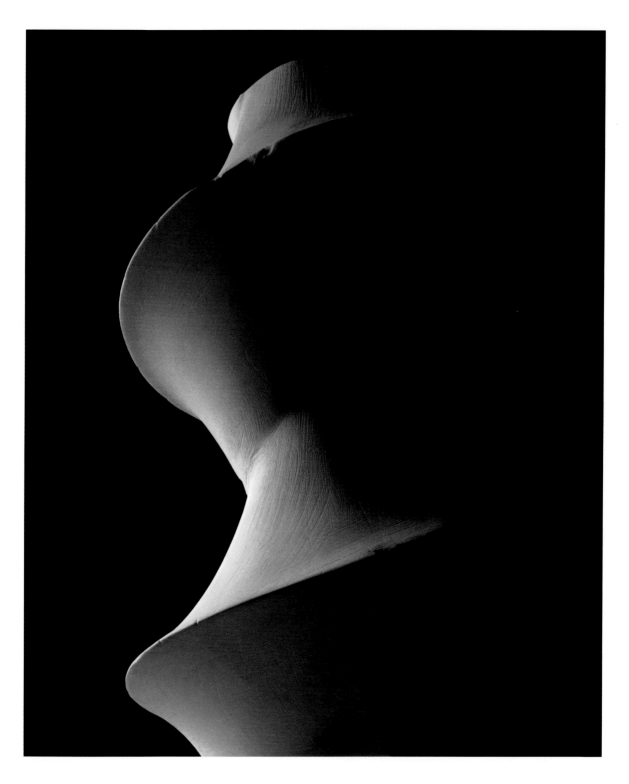

Superficie de Dini. Tiene una curvatura constante negativa que se obtiene retorciendo una seudoesfera.

Superficie de Kuen, con curvatura constante negativa.

S

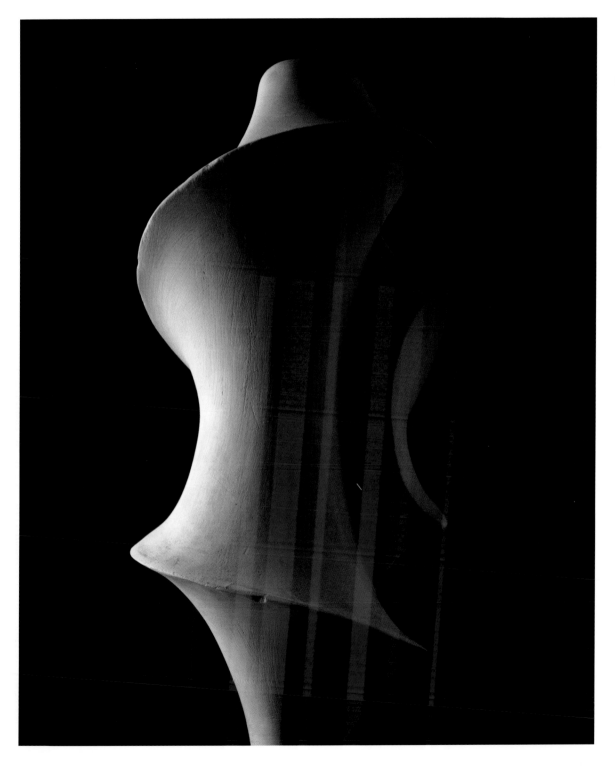

Miro Švolík

Miro Švolík (Zlaté Moravce, Eslovaquia, 1960) pertenece a una generación de fotógrafos que, en los años setenta y ochenta, adoptaron la fotografía escenificada como una de sus señas de identidad. Sus intervenciones en las imágenes –delante y detrás de la cámara– son una combinación de artesanía y poesía visual. Es difícil entender cómo se las arregla para crear auténticas obras de arte, llenas de emoción y sensibilidad, usando tan sólo la mecánica como instrumento. La razón es que tiene su propia manera de percibir las cosas y de capturar el mundo.

Su mirada se sirve del paisaje como un punto de partida –libre de excesos y elementos molestos– y lo utiliza como un componente más, un eslabón en la cadena para construir universos personales donde no falta la ironía. En la primera de sus series más conocidas, *My life as a human being*, toma fotos aéreas de espacios de aparcamientos en los que coloca a modelos tumbados en el suelo pero de tal manera que parece que están volando.

Como en el caso de Duane Michals, las fotografías de Švolík parecen salir del marco para narrar algo que va más allá de la pura imagen. Ha participado en numerosas exposiciones individuales y colectivas y su obra está presente en colecciones como la del MoMA de Nueva York, el Art Institute de Chicago (Estados Unidos) o el Museé d l'Elysee de Lausana (Suiza).

Miro Švolík (Zlaté Moravce, Slovakia, 1960) belongs to a generation of photographers who, in the seventies and eighties, chose the staged photograph as one of their trademarks. His interventions in his images – both in front of and behind the camera – are a combination of craftwork and visual poetry. It is hard to understand how he manages to create such true works of art, ones which are so full of feeling and sensitivity, with just a machine for a tool. But the reason for this is that he has his own way of perceiving things and of capturing the world.

He makes use of landscapes – which are free of excess and bothersome features – as the starting point for his way of looking at the world, and then uses them as just one more component, as links in a chain with which he builds personal universes that are not devoid of a sense of irony. In the first of his best-known series *My life as a human being*, he takes aerial photos of parking lots in which he places models lying on the ground so that they appear to be flying.

Just like Duane Michals, Švolík's photographs seem to leap out of the frame to tell a story that goes far beyond the image itself. He has held numerous solo exhibitions, participated in several group shows and his work is to be found in the collections of MoMA in New York, the Art Institute of Chicago or the Museé de l'Elysee in Lausanne, Switzerland, amongst others.

La ciudad de Mělník, 1995.

Vuelta a la naturaleza, 1997.

PHE99
Vuelta a la naturaleza
Hotel NH Nacional

Wolfgang Tillmans

La obra de Wolfgang Tillmans (Remscheid, Alemania, 1968) está ligada a diversas facetas de la cultura popular como la moda, las revistas juveniles, la cultura de club o la música *pop*. Sus fotografías se pueden encontrar tanto en prestigiosos museos como publicadas en revistas de tendencias o juveniles. Con esta estrategia Tillmans pone en cuestión el concepto de originalidad, la división entre alta y baja cultura o el valor objetual e icónico de sus fotografías.

Su obra captura detalles y situaciones breves y fugaces de extrema belleza que normalmente resultan inapreciables en la vida diaria. Un acercamiento directo al mundo de la vitalidad de una generación que habita en un mundo rico en posibilidades, donde la música, lo cotidiano, la moda y en general todo lo inmediato tienen una destacada importancia. Sus imágenes, la mayor parte de ellas en color, están cargadas de improvisación y libertad, sin ajustarse a una técnica o a una temática concretas. Todo es posible siempre que sea una imagen de la vida, la comida, la diversión, el dolor o el sexo; conformando todo ello un canto positivista. Otra constante en el trabajo de Tillmans ha sido su vocación por reflejar las reclamaciones sociales de los grupos jóvenes europeos como la lucha contra el racismo o contra la discriminación de los homosexuales. Todo ello mezclado con la propia memoria, y la pregunta de como serían las vivencias de cualquier ciudadano de su época.

Wolfgang Tillmans, que fue galardonado con el premio Turner en 2000, se fue a vivir a Londres en 1983 donde entró en contacto con todo el movimiento cultural espontáneo que recorre su obra. Ha expuesto en el P.S.1. de Nueva York (Estados Unidos), el Museo de Arte Contemporáneo de Chicago (Estados Unidos), la Tate Britain de Londres (Reino Unido), Palais de Tokyo de París (Francia) o en la Tokyo Opera City Art Gallery de Tokio (Japón). Su obra aparece en numerosos catálogos, libros y guías de arte.

The work of Wolfgang Tillmans (Remscheid, Germany, 1968), is linked to various aspects of popular culture, such as fashion, youth magazines, club culture or pop music. His photographs can be found in famous museums and trendy magazines alike. By using this strategy, Tillmans questions the concept of originality, the division between high-brow and low-brow culture, and the value of his photographs as objects or icons. His work captures brief, fleeting details and situations of extreme beauty which normally go unnoticed in everyday life. It is a direct look at the vital world of a generation, a world that is full of possibilities, in which music, daily life, fashion, and anything immediate, is hugely important. His pictures, most of which are in colour, are free and improvised, and do not conform to any particular technique or subject matter. Everything is possible, as long as it is an image of life: food, fun, pain or sex - but all with a positive side to them. Another constant feature of Tillmans' work is that he sets out to reflect the social protests of young Europeans on issues such as racism or homosexual discrimination. It is all blended with personal memories, and the desire to know about the experiences of the everyday citizens of our time.

Wolfgang Tillmans, who won the 2000 Turner Prize, went to live in London in 1983, where he came into contact with the spontaneous cultural movement that is a common feature of his work. His work has been shown P.S.1., New York, the Museum of Contemporary Art, Chicago, the Tate Britain, London, Palais de Tokyo in Paris and the Tokyo Opera City Art Gallery. His work has been the subject of a large number of catalogues, books and art guides.

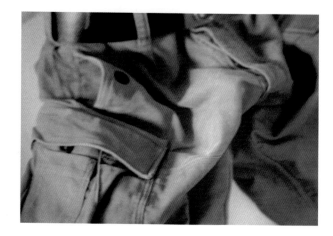

PHE98
MNCARS

BW-Hose, 1993.

Arkadia I, 1996.

(págs 556-557)
Kate sentada, 1996.
En el límite de la visibilidad, 1997.

Miguel Trillo

Miguel Trillo (Jimena de la Frontera, Cádiz, 1955) levanta actas de un tiempo y de unas determinadas maneras de vivirlo. Fotografía jóvenes en lugares de diversión a los que van para seducir y ser seducidos con su cuerpo de estreno. Con una mirada antropológica documenta la vida de la juventud del *rock*, del *pop*, del *heavy metal*, del *hip hop* o incluso de los pijos. Como si se tratara de un coleccionista de imágenes, recorre festivales, discotecas, bares, conciertos y la propia calle en busca de esa juventud que pone en escena su personal y colectiva búsqueda identitaria. "Si separáramos a los fotógrafos en dos grupos: cazadores y pescadores, yo sería pescador", dice Trillo, "no de almas, sino de cuerpos en crecimiento y vestidos a su antojo, cuyos dueños han convertido sus apariencias en formas de identidad". De esta forma recrea una imagen de la juventud muy distinta de la que normalmente se puede ver en los medios de comunicación. Fotogramas de lo que pudiera ser un documental de cine donde las vivencias callejeras de los fotografiados se entrecruzan.

Su obra ha sido publicada en numerosos libros como *Diez años de estéticas juveniles y rocanrol*, *Parejas* o *Retratos de una década*. Además ha participado en exposiciones individuales como *Similitudes* en el Centro Nacional de Fotografía de Torrelavega o *Geografía Moderna* en la Galería H2O de Barcelona.

Miguel Trillo (Jimena de la Frontera, Cádiz, 1955), takes notes on a time and the different ways of living it. He takes photos of youngsters in the places where they gather in their leisure time, to seduce with, and be seduced by, their brand-new bodies. Using an anthropological approach, he documents the life of the rock 'n' roll, pop, heavy metal, and hip-hop kids – and even posh kids. Like a collector of images, he goes around festivals, nightclubs, bars, concerts and the city streets, in search of the youngsters who are part of the *mis-en-scéne* of his personal and collective quest for an identity.

Trillo states: "If we divide photographers into two groups, hunters and fishermen, I would be a fisherman. I don't fish for souls, but for growing bodies, dressed any way they wish, whose owners have turned their personal appearance into a form of identity." In this way, he creates an image of youth that is very different from what we normally see in the media. These shots are like part of a documentary film, in which the streetlife of his subjects crosses paths.

Trillo's work has been published in a number of books, including *Diez años de estéticas juveniles y rocanrol*, (Ten Years of Youth Aesthetics and Rock 'n' Roll), *Parejas* (Couples), and *Retratos de una década* (Portraits of a Decade). His work has also featured in solo exhibitions such as *Similitudes* (Similarities) at the Centro Nacional de Fotografía in Torrelavega, or *Geografía Moderna* (Modern Geography) at Galería H2O in Barcelona.

PHE99
Veinte años y un día
La Fábrica

En un concierto de *Los Rebeldes* en el Parque de Atracciones, Madrid, 1990.
© Miguel Trillo.

En un festival Rockabilly en la discoteca *¡Oh Dios mío!*, Badalona.
© Miguel Trillo.

Juan Vacas

La obra de Juan Vacas (Jaén, 1923) gira en torno a la
búsqueda de los signos esenciales y definitorios del
Sur a través de formas y colores reinventados. Mediante métodos como la solarización, el *clisé vèrre*,
el *dripping* o la impresión múltiple crea fotogramas
iconoclastas de su época, que originan un nuevo discurso fotográfico a través del surrealismo, el neoex-
presionismo y la abstracción.
El autor actúa con sus propias manos sobre la materia y la luz, creando en cada una de sus obras un universo de desequilibrios formales y contrastes
cromáticos. En sus fotografías conviven el rechazo a
la belleza convencional, la deformidad intencional y la
confesión existencial del artista, que renuncia a elementos como la cámara, la película y la ampliadora.
Su obra está presente en colecciones como la del
MoMA de Nueva York (Estados Unidos), el Museo
Nacional de Breszia (Italia), o el Ministerio de Cultura.
Además ha participado en numerosísimas exposiciones individuales y colectivas y ha sido presidente de
la Federación Andaluza de Fotografía y presidente de
AFOCO.

The oeuvre of Juan Vacas (Jaén, 1923) revolves
around the search for the essential, defining signs of
the South through shapes and reinvented colours.
Using various methods, including solarisation, *clisé
vèrre*, dripping and multiple prints, he creates
iconoclastic photograms of his era, which originate a
new photographic discourse through their surrealism,
neo-expressionism and abstraction.
The artist uses his own hands to work on matter and
light, creating in each of his works a universe of
formal imbalances and chromatic contrasts. His
photographs mark the coexistence of a rejection of
conventional beauty, an intentional deformity and the
artist's existential confession, which renounces
elements such as cameras, film and enlargers.
His work is found in collections including those of the
MoMA in New York (United States), the National
Museum of Breszia (Italy) and the Ministry of Culture.
He has also participated in myriad solo and group
exhibitions and has been the president of both the
Andalusian Photography Federation and AFOCO.

PHE01
El Sur: una visión desesperada
EFTI

Homenaje a ET, 1988.

Dripping de las gotas, 1996.

V

Javier Vallhonrat

Javier Vallhonrat (Madrid, 1953), Premio Nacional de Fotografía en 1995, es conocido por sus continuos coqueteos con las fronteras interdisciplinares y una búsqueda constante en las formas y los conceptos. Por ello en su obra se conjugan de forma magistral experimentación, investigación del medio y sensibilidad creadora. El itinerario creativo de Javier Vallhonrat se ocupa a la vez de la pintura y la fotografía mediante la interacción de tomas de modelos y obras clásicas de las vanguardias, analizando el cuerpo, la geometría y el espacio.

A lo largo de su trayectoria ha trabajado en diversas series, primero en torno al cuerpo, interesándose especialmente por su relación con el espacio, y posteriormente, sobre la arquitectura, con maquetas de viviendas y reconstrucciones de paisajes románticos con obras de ingeniería. En sus obras más recientes se preocupa, fundamentalmente, de la forma y la luz. Vallhonrat, que empezó estudiando pintura, ha trabajado como asistente para la revista *Vogue* o para casas como Yves Saint Laurent o Lancôme y para diseñadores de moda como John Galliano, Sybilla o Christian Lacroix. Su obra se ha podido ver en exposiciones como *Casa de Humo* en la Fundación Telefónica o *Acaso* en el Centro Nacional de Fotografía de París.

Javier Vallhonrat (Madrid, 1953), winner of the Spain's 1995 National Photography Award, is known for his constant skirting of interdisciplinary frontiers, and his constant search for new forms and concepts. His work masterfully joins experimentation and exploration of the medium and creative sensibility. Javier Vallhonrat's career involves painting and photography simultaneously, through the interaction of shots of models and classic avant-garde artworks, analysing the body, geometry, and space. Over the years he has worked on different series: first, one focusing on the body, with a special interest in its relationship with space; and later, another on architecture, featuring models of houses and reconstructions of romantic landscapes with works of engineering. His most recent pieces are fundamentally concerned with form and light. Vallhonrat, who began by studying painting, has worked as an assistant on *Vogue* magazine, for such fashion houses as Yves Saint Laurent and Lancôme, and for fashion designers including John Galliano, Sybilla, and Christian Lacroix. His work has been shown in such shows as *Casa de Humo* (Smoke House) at Fundación Telefónica, and *Acaso* (In Case) at the National Photography Centre in Paris.

 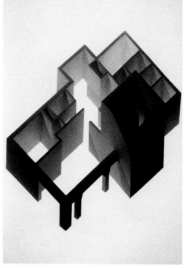

PHE99
La Fábrica

Chalet suizo, Axonométrica, 1999.
Casa tecnológica, Axonométrica, 1999.
Cortesía de la Galería Helga de Alvear.

Autogramas #8, 1991.

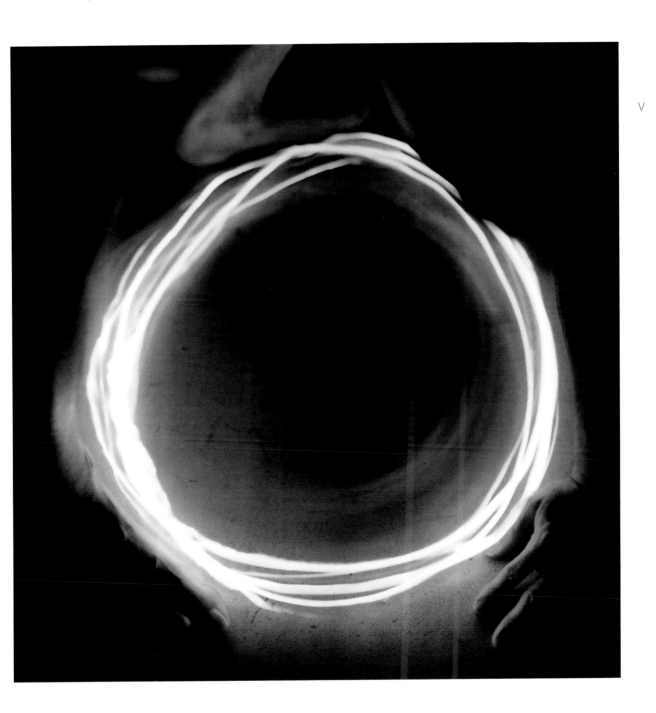

Autogramas #10, 1991.   Autogramas #20, 1991.

Yvonne Venegas

Yvonne Venegas (Long Beach, California, Estados Unidos, 1970) usa la fotografía como un método de crítica social y de autoexploración. La artista, que creció en Tijuana, vuelve periódicamente a esta ciudad para retratar la vida privada de su clase media, la que podría haber sido su propia vida. Establece así un diálogo consigo misma y con el trabajo de su padre, uno de los fotógrafos de sociedad más importantes de Tijuana: la autora retrata los mismos actos sociales que él, pero desde una perspectiva íntima –muchas de las retratadas son sus antiguas compañeras de colegio– y con un estilo documental no convencional.

La serie *Las novias más hermosas de Baja California* es, por tanto, una personal crítica social en la que la fotógrafa pone en evidencia la importancia de las apariencias en un contexto dominado por las desigualdades sociales. Centrándose en momentos equívocos, capta a sus personajes en ese lapsus que queda entre la ejecución de gestos reales y la producción de poses socialmente aceptables. Al mismo tiempo, Venegas señala el papel de la fotografía no sólo como registro, sino también como pauta de actitudes sociales universalmente aceptadas.

Yvonne Venegas ha colaborado con el periódico *The New York Times* y ha publicado su obra en *Sacbe, Luna Cornea* y en el catálogo *Visions: Contemporary Mexican Photography*, del Mexican Culture Institute de Nueva York (Estados Unidos). Galardonada en 2002 en la X Bienal de Fotografía del Instituto Nacional de Bellas Artes de México D.F., ha participado en exposiciones individuales en el Museum of Contemporary Art (San Diego, Estados Unidos) o en el Museo de Bellas Artes de Orleans.

Yvonne Venegas (Long Beach, California, USA, 1970) uses photography as a means of social criticism and self-exploration. The artist, who grew up in Tijuana, regularly goes back there to create portraits of the private life of its middle class – what could have been her own life. Thus, she strikes up a dialogue with herself and with the work of her father, one of Tijuana's leading society photographers: the artist creates portraits of the same kinds of social events as he does, but from an intimate perspective – many of the people appearing in her photographs are former schoolmates – and using an unconventional documentary style.

The series *Las novias más hermosas de Baja California* (The Most Beautiful Brides of Baja California) is, therefore, a kind of personal social criticism in which the photographer reveals the importance of appearances in a context dominated by social inequality. Focusing on awkward moments, she captures her characters in the moment when they leave off natural gestures to strike socially acceptable poses. At the same time, Venegas highlights the role of photography not only as a way of recording universally acceptable social attitudes, but also of setting standards for them.

Yvonne Venegas has contributed work to *The New York Times* and published her work in *Sacbe, Luna Cornea,* and the catalogue *Visions: Contemporary Mexican Photography*, produced by the Mexican Culture Institute of New York. An award-winner at the 10th Photography Biennale of Mexico City's Instituto Nacional de Bellas Artes, she has participated in solo shows at the Museum of Contemporary Art (San Diego, USA) and the Museum of Fine Arts in Orleans.

PHE04
Las novias más hermosas de Baja California
Casa de América

Baby Shower. Ana Laura, Lorena y Tita, tres amigas desde la infancia, hablan en el baby shower de otra amiga cercana a ellas, 2002.
© Yvonne Venegas.

Celina se prueba el traje de novia en una tienda de San Diego, 2002.
© Yvonne Venegas.

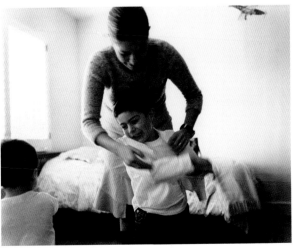

Beatriz viste a sus dos hijos para ir a
una reunión familiar, 2002.
Dos hermanas posan en la boda
de su madre, 2002.
© Yvonne Venegas.

Pierre Verger

Pierre Verger (París, Francia, 1902-1996) nació en un entorno socioeconómico privilegiado hasta que en el año 1932 aprende un oficio, la fotografía, y una pasión, viajar. Tras aprender las técnicas básicas y conseguir su primera Rolleiflex, se convierte en un viajero solitario que recorre el mundo sin parar durante catorce años consecutivos viviendo exclusivamente de sus fotografías. Negociando el precio de sus fotos con periódicos, agencias o centros de investigación, y fotografiando para empresas y ofreciendo sus servicios a cambio de transporte.

En *Perú: 1939-1942* se refleja un viaje del autor por Ecuador, Perú, Bolivia, Argentina y Brasil. En junio de 1942, Verger obtiene el puesto de fotógrafo en el Museo Nacional de Lima y reparte su vida entre Lima y Cuzco continuando con sus retratos del altiplano andino hasta que fallece en Brasil en 1996. La mayor parte de su obra pertenece a la Fundación Pierre Verger, que se ha dedicado a difundir su trabajo por todo el mundo.

Pierre Verger (Paris, 1902-1996) was from a well-to-do middle-class background, but in 1932 he decided to take up photography and indulge his passion for travel. After learning the basic techniques and acquiring his first Rolleiflex camera, he travelled the world on his own, non-stop, for fourteen years, living exclusively from what he earned as a photographer. He negotiated the price of his pictures with newspapers, agencies and research centres, taking photographs for companies and offering his services in exchange for travel tickets.

Peru: 1939-1942, is the result of his travels in Ecuador, Peru, Bolivia, Argentina and Brazil. In June 1942, Verger got a job as a photographer at the Museo Nacional de Lima and spent his time between Lima and Cuzco, continuing to produce portraits of the Andean Altiplano, or high plain, until his death in Brazil in 1996. Most of his work belongs to the Pierre Verger Foundation, which is devoted to the worldwide divulgation of his work.

PHE01
Perú: 1939-1942
Calcografía Nacional

Cuzco, Perú, 1942.
© Pierre Verger.

Keromarka, Cuzco, Perú, 1942.
© Pierre Verger.

Ogongate, Perú, 1942.
© Pierre Verger.

Ogongate, Perú, 1942.
© Pierre Verger.

Eustasio Villanueva

Eustasio Villanueva (Villegas, Burgos, 1875-1949) fue relojero en Burgos y fotógrafo aficionado. Hacia 1913 empezó a recorrer la provincia de Burgos con su cámara fotográfica estereoscópica. Tomó vistas del patrimonio monumental, especialmente del burgalés, hasta finales de los años veinte, obteniendo cerca de dos mil vistas aptas para ver en relieve, en tres dimensiones, con un visor apropiado.

La gran calidad técnica y estética de sus fotografías se suma a su carácter de documentos excepcionales sobre el estado de los monumentos y la vida rural a comienzos del siglo XX. El claustro de Santo Domingo de Silos, el monasterio de Bujedo de Juarros, las ruinas de San Pedro de Arlanza, la iglesia de Celada del Camino o las ruinas de Fresdelval son algunos de los monumentos y pueblos fotografiados. Junto a ellos, sus célebres vistas de la ciudad de Burgos, entre ellas la del campanero de la iglesia de San Gil, la del interior de la aguja norte de la catedral, o la serie de la clausura en la cartuja de Miraflores. El fondo Villanueva fue adquirido por el Estado en 1986 y se conserva en el Instituto del Patrimonio Histórico Español, del Ministerio de Educación, Cultura y Deporte.

Eustasio Villanueva (Villegas, Burgos, 1875-1949) was a clockmaker in Burgos and an amateur photographer. Around 1913 he began to tour the province of Burgos with his stereoscopic camera. He photographed views of Spain's monumental heritage, particularly that of Burgos, up until the end of the nineteen twenties, obtaining almost two thousand views that could be seen in three-dimensional relief with the appropriate viewer.

The great technical and aesthetic quality of Villanueva's photographs complements these exceptional documents on the state of monuments and rural life at the beginning of the twentieth century. The cloister at Santo Domingo de Silos, the Bujedo de Juarros monastery, the ruins of San Pedro de Arlanza, the church in Celada del Camino and the ruins of Fresdelval are just some of the monuments and villages photographed, together with his famous views of the city of Burgos, including the bell ringer at the San Gil church, the interior of the cathedral's northern spire and his series on the cloister in the Miraflores monastery. The Villanueva collection was acquired by the Spanish government in 1986 and is preserved in the Institute of Spanish Historical Heritage, which pertains to the Ministry of Education, Culture and Sport.

Ruinas del hospital de Valdefuentes, en el puerto de la Pedraja.

La catedral de Burgos. Campanero de la iglesia de San Gil de Burgos.

Hannah Villiger

Hannah Villiger (Cham, Canton, Suiza, 1951-1997)
crea una obra personal y excepcionalmente poderosa
describiendo la infinita variedad de "yoes" que com-
prende un único ego. Un híbrido singular entre escultura, fotografía y el cuerpo humano, lo que hacen que
Villiger se definiera como una escultora de imágenes.
En los años setenta produjo imágenes en blanco y negro y color, normalmente en series, que exploraban el
tema del movimiento en el espacio. Esas primeras
imágenes acusan un marcado dinamismo y basan su
efecto en la captura del acontecimiento de forma directa, sin efectos añadidos. A principios de los años
ochenta comienza a utilizar una cámara Polaroid para
explorar de muy cerca su propio cuerpo, al mismo
tiempo que fotografía la ciudad. Establece así un diálogo entre la visión del ojo humano y la lente de la cámara, así como entre las facetas cognitiva y
emocional de la identidad.
Villiger ha participado en exposiciones individuales
en espacios como el Kunsthalle Basel de Suiza, el
Centro Cultural Suizo de París (Fracia) o la Galería Zabriskie de Nueva York (Estados Unidos). Además su
obra está presente en numerosas publicaciones.

Hannah Villiger (Cham, Canton, Switzerland, 1951-
1997) created a personal and exceptionally powerful
oeuvre that describes the infinite variety of personas
comprising a single ego. Her work is a unique hybrid
of sculpture, photography and the human body,
which caused Villiger to define herself as a sculptor
of images.
In the nineteen seventies, she produced black-and-
white and colour images, usually in series, that
explored the theme of movement in space. These
initial images show a strong dynamism and base their
impact on capturing the event directly, with no added
effects. At the beginning of the eighties, Villiger began
to use a Polaroid camera for an in-depth exploration of
her own body while simultaneously photographing the
city. A dialogue is thus established between the
human eye's vision and the camera's lens, and
between the cognitive and emotional facets of identity.
Villiger has participated in solo exhibitions in spaces
such as the Kunsthalle Basel in Switzerland, the
Swiss Cultural Centre in Paris (France) and the
Zabriskie Gallery in New York (United States). Her
work is also included in numerous publications.

PHE03
El yo como otro
Centro Cultural Conde Duque

Trabajo, 1980.
Cortesía y © The Estate of Hannah
Villiger.

Trabajo, 1980/81.
Cortesía y © The Estate of Hannah
Villiger.

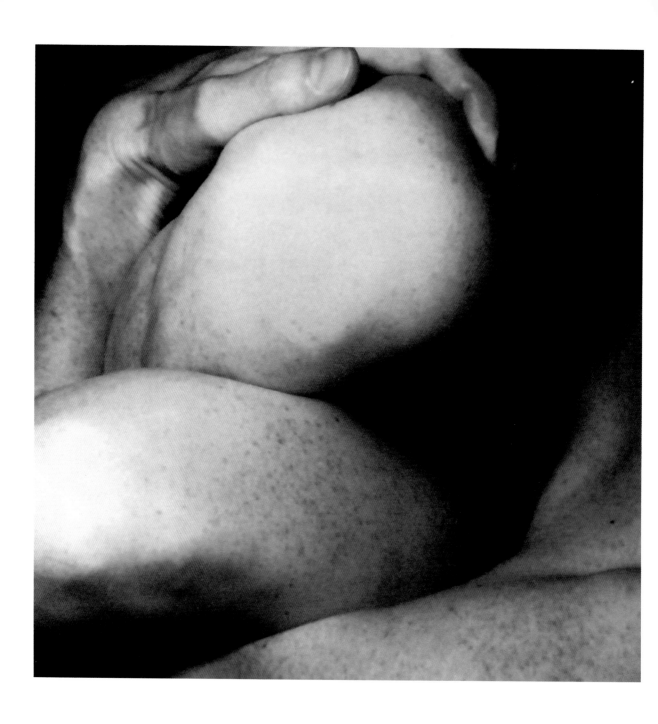

Escultural, 1993/94, Cat. 419. Cortesía
y © The Estate of Hannah Villiger.

Escultural, 1996, Cat. 430. Cortesía
y © The Estate of Hannah Villiger.

Martin Weber

El gran proyecto fotográfico que Martin Weber (Buenos Aires, Argentina, 1968) inició en 1991 es realizar una cartografía de los sueños de gran parte de Latinoamérica: Perú, Cuba, Nicaragua o Tijuana (México). Para ello, antes de fotografiar a sus protagonistas, Weber les hace una sencilla pregunta: "Si pudieras elegir hacer o ser cualquier cosa del mundo, ¿qué sería?"

"En un momento en el que los deseos de la gente están filtrados por los medios masivos de comunicación, utilizados como plataformas políticas, y reciclados para su venta, creo que es valioso reflejar las necesidades y sueños de cada uno, individualmente y sin degradación", afirma Weber.

Weber vive y trabaja entre Buenos Aires y Nueva York (Estados Unidos), estudió en la Universidad de Buenos Aires y el International Center of Photography de Nueva York. Ha obtenido dos becas Hasselblad y una beca de investigación en el Guggenheim de Nueva York. Ha protagonizado exposiciones individuales en The Project de Nueva York y en Side Gallery de New Castle, entre otras.

The major photographic project that was begun in 1991 by Martin Weber, (Buenos Aires, Argentina, 1968) involved mapping out the dreams of a large part of Latin America: Peru, Cuba, Nicaragua and Tijuana (Mexico). So, before taking pictures of his subjects, Weber would ask them a simple question: "if you could choose to do, or be, anything in the world, what would it be?"

"At a time when peoples' wishes are filtered by the mass media, used as political vehicles, and recycled for sale, I think it is worth showing what their needs and dreams are, in an individual, non-judgemental way," states Weber.

Weber lives and works in Buenos Aires and New York. He studied at the University of Buenos Aires and the International Centre of Photography in New York. He has been the recipient of two Hasselblad grants and a Guggenheim fellowship. He has had solo exhibitions at The Project in New York and the Side Gallery, Newcastle, amongst others

PHE01
Serie de Sueños
RENFE

Que las necesidades no perturben nuestros sueños.
© Martin Weber.

Quiero ir a Puerto Rico.
Tener felicidad para poder vivir.
© Martin Weber.

Weegee

"Un narrador de historias urbanas", esta podría ser la mejor definición de Weegee (Austria, 1899-1968), un fotógrafo *freelance* que documentó la vida y la muerte en el Nueva York de los años treinta y cuarenta. Nadie como él vivió con tanta intensidad las pulsaciones de la ciudad. Para no perderse ningún suceso dormía vestido, con una emisora de radio sintonizada en la frecuencia de la policía, dispuesto a meterse de lleno en acción tan pronto escuchaba el aviso de un accidente, un crimen o una catástrofe.

Su coche, donde a menudo pasaba la noche, era una oficina ambulante en la que disponía de máquina de escribir y laboratorio fotográfico. Tenía olfato para las noticias y un control total de sus instrumentos. Trabajaba sin descanso para crear imágenes que los periódicos no pudieran rechazar. De esta manera se ganaba la vida, pero su inquietud artística se basaba en una extraordinaria sensibilidad y un gran amor por la ciudad de Nueva York.

Hijo de inmigrantes de origen austriaco, Arthur Fellig era conocido como Weegee –siguiendo la pronunciación inglesa de *ouija*– por su sexto sentido para llegar al lugar del crimen antes que la policía. Se movía por la ciudad como un observador extranjero, omnipresente e irremplazable, pero su manera de fotografiar era un compromiso explícito con el ser humano. "Cuando ríes y lloras con ellos, entonces te das cuenta de que estás en el buen camino", diría en alguna ocasión. Su obra ha sido objeto de numerosas exposiciones como la del International Center of Photography o el Getty Museum que posee una amplia colección de obras del artista.

"An urban storyteller". This might be the best way to describe Weegee (Austria, 1899-1968), the freelance photographer who documented life and death in New York of the 1930s and 40s. Nobody felt the city's heartbeat as strongly as he did. So as not to miss an assignment, he would sleep fully dressed, with a radio hooked-in to the police radio frequency, ready to leap into action as soon as he heard news of an accident, crime or disaster.

His car, where he often spent the night, was a mobile office, equipped with a typewriter and a darkroom. He had a nose for news and was in total command of the tools at his disposal. He worked non-stop to create pictures that the papers just could not turn down. This was how he earned his living, but his artistic leanings were based on his extraordinary sensitivity and his immense love of New York.

The son of Austrian immigrants, Arthur Fellig was known as Weegee – as in "Ouija board" – because of his sixth sense when it came to finding a crime scene before the cops. He moved around the city like a foreign observer, omnipresent and irreplaceable, but his way of shooting pictures was the clear expression of his commitment to human beings. "When you laugh and cry with them, you realize that you're on the right track," he once said. His work has featured in a great many exhibitions at spaces such as the International Center of Photography, and the Getty Museum, which owns a large collection of his ouevre.

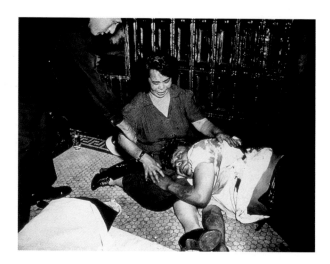

PHE99
El mundo de Weegee: vida, muerte y drama humano
Centro Cultural de la Villa

30 de julio de 1941.

La alegría de vivir.
© Weeggee/International Center
of Photography/Hulton Getty
for the Weegee photographs.

(págs 582-583)
Ataque de calor, 1941.
24 de agosto de 1943.
© Weeggee/International Center
of Photography/Hulton Getty
for the Weegee photographs.

Manfred Willmann

Manfred Willmann (Austria, 1952) ha estado desde los inicios de su carrera fuertemente vinculado a la fotografía en sus diversas facetas, como fotógrafo y como editor de la revista *Camera Austria*. Si bien sus series se basan en la fotografía documental, sus imágenes son más bien conceptuales yendo más allá del simple registro de fenómenos.

"Quiero mostrar las cosas más bonitas o más feas de lo que son", ha dicho el artista en alguna ocasión. Así, por un lado dota a lo cotidiano de un gran sentido estético y por otro, realiza unos retratos cargados de cinismo. El resultado es una lectura despreciativa del entorno que lo rodea, muy en la línea del documentalismo pesimista.

Las imágenes de *Das Land* (*El Campo*) fueron hechas en su mayoría en los alrededores de dos casas situadas en el ambiente rural de Grossbadl, en la frontera de Austria con Eslovenia. El fotógrafo bautizó esta serie con el apelativo con el que los habitantes de esta región se refieren a su tierra. Con ese término Willmann define todas las peculiaridades de una zona que empezó a estudiar en 1980 y de la que conoce a sus gentes y el trabajo que desempeñan, el terreno o las casas.

La obra de Manfred Willmann ha protagonizado exposiciones individuales en el Stedelijk Museum de Ámsterdam (Países Bajos) o colectivas en museos de todo el mundo, incluido el Museo Metropolitano de Fotografía de Tokio (Japón) o la Galería de Arte Moderno de Bolonia (Italia).

Manfred Willmann (Austria, 1952), has been closely involved in the various facets of photography since the early years of his career, both as a photographer and as editor of the magazine *Camera Austria*. While his series are based on documentary photography, his shots are mostly conceptual, and go beyond the mere recording of facts.

He once said "I want to show things more beautiful than they are, or uglier." So, on the one hand, he gives everyday things a strong aesthetic feel, while on the other, he takes pictures that are deeply cynical. The result is a disdainful portrayal of his surroundings, in the style of pessimistic photo-reportage.

The pictures in *Das Land* (The Land) were mostly taken around two houses located in rural surroundings near Grossbadl, on the border of Austria with Slovenia. The photographer christened the series with the name the local inhabitants use to describe their region. With this title, Willmann defines all the peculiarities of an area that he began to study in 1980. He is familiar with the people, their work, the land, and the houses.

Manfred Willmann's work has been seen at solo exhibitions at the Stedelijk Museum in Amsterdam and group exhibitions in museums worldwide, including the Tokyo Metropolitan Museum of Photography in Japan, or the Gallery of Modern Art in Bologna, Italy.

PHE06
El campo
Círculo de Bellas Artes

El campo 1981-1993.
Cortesía del artista.

Joel-Peter Witkin

Joel-Peter Witkin (Brooklyn, Nueva York, 1939) centra su interés en la espiritualidad y su impacto en el mundo físico en el que vivimos, encontrando la belleza en lo grotesco. Una cualidad que Witkin persigue a través de gente desechada en muchas ocasiones por la sociedad como hermafroditas, enanos, personas que han sufrido amputaciones, andróginos o cadáveres. Las fotografías resultantes son perturbadoras y hermosas, extrañas aunque valientes en su desafío de una belleza espantosa, que es tan apremiante como tabú. Pero no hay nada malsano ni escandaloso en su utilización de la muerte y de los minusválidos, sino compasión.
El mundo de Witkin es tan estremecedor como fascinante, pues busca desmantelar nuestras preconcebidas nociones sobre la sexualidad y la hermosura. Practica una constante revisión de las grandes páginas de la historia del arte incluyendo los trabajos de El Bosco, Goya, Velázquez, Miró, Botticelli, Giotto y Picasso, entre otros. De ellos extrae la fuerza expresiva y el equilibrio formal que caracterizan sus fotografías.
La obra fotográfica de Joel-Peter Witkin es conocida en el mundo entero. Sus primeras exposiciones datan de finales de los años setenta y se han producido sin interrupción hasta la actualidad. Las galerías, museos nacionales y centros de fotografía más importantes de todo el mundo han realizado exposiciones individuales de su obra, entre ellos el MNCARS de Madrid, que realizó su primera exposición en España en 1988.

Joel-Peter Witkin (Brooklyn, New York, 1939) focuses his interest on spirituality and its impact on the physical world in which we live. He finds beauty in the grotesque and seeks this quality in people who have often been discarded by society, such as hermaphrodites, dwarves, amputees, androgynous people or corpses. The resulting photographs are disturbing and beautiful, strange yet courageous, in their challenge of a terrifying beauty that is as compelling as it is taboo. But there is nothing unhealthy or scandalous in his use of death and the handicapped; instead there is compassion.
Witkin's world is as appalling as it is fascinating, because he tries to tear down our preconceived notions on sexuality and beauty. He performs a continuous revision of art history's greatest pages, including the works of Hieronymus Bosch, Goya, Velázquez, Miró, Botticelli, Giotto and Picasso, among others. He takes the expressive force and formal balance that characterise his photographs from them.
Joel-Peter Witkin's photography is well known all over the world. His first exhibitions date from the end of the nineteen seventies and they have continued without interruption through to the present time. The world's most important galleries, national museums and photography centres have offered solo exhibitions of his work, including Madrid's Reina Sofía Museum, which held his first exhibition in Spain in 1988.

Dioses de la Tierra y el Cielo, 1998.
© Baudoin Lebon.

Hombre con perro, 1990.
© Baudoin Lebon.

El Aleph, 2001.
© Baudoin Lebon.

Humor y miedo, 1998.
© Baudoin Lebon.

Francesca Woodman

La obra de Francesca Woodman (Denver, Estados Unidos 1958-1981) tiene mucho peso en la historia de la fotografía pese a que fue realizada cuando la artista era todavía muy joven: entre los trece y los veintidós años, fecha en la que Woodman se suicidó. Su trabajo da testimonio de unos tiempos en los que la experimentación y el juego eran frecuentes. Afirmaba su identidad,

como tantas otras mujeres artistas desde los años treinta, especialmente desde su admirado surrealismo, con una suerte de inocencia adolescente.

Pero aunque Woodman se retrata tantas veces a sí misma, se diluye también muchas veces en los objetos y en las texturas: su rostro aparece en pocas ocasiones, pero no así su subjetividad.

Uno de los grandes atractivos de su obra es el ver cómo, pese a las influencias palpables que aún muestra, como la del surrealismo y la del arte conceptual en el cual ella, generacionalmente, se formó, es capaz de superarlas para ofrecernos una visión nueva del cuerpo y del sujeto. Esta visión está tan llena de angustia como de sensualidad, y tan llena de espiritualidad como de humor.

La producción de Francesca Woodman es reflejo de su recorrido vital desde Providence, Rhode Island (Estados Unidos), a Roma, donde desarrolla el tema del ángel. En 1978 realiza una exposición individual y se suma a una colectiva de la transvanguardia; viaja desde la MacDowell Colony a Nueva York, donde participa en varias colectivas y publica en 1981 *Some Disordered Interior Geometries*. Su obra ha sido expuesta por todo el mundo y ha servido de inspiración para mujeres fotógrafas como Cindy Sherman o Sally Mann.

The work of Francesca Woodman (Denver, USA, 1958-1981) weighs heavily on the history of photography, despite the fact that it was created when the artist was still very young: from 13 to 22 years of age, when Woodman committed suicide. Her work testifies to a time when experimentation and play were very common. She affirmed her identity, like so may other women artists since the 1930s (especially through Surrealism, which she much admired), with a kind of adolescent innocence.

Even though Woodman took so many self portraits, she also often focused on objects and textures: her own face rarely appears, although her subjectivity does. One of the great attractions of her work is seeing how, in spite of the palpable influences which it still shows, such as Surrealism and conceptual art, part of her generation's training, she is able to go beyond them to offer us a new view of the body and the subject. This vision is as filled with anguish as it is with sensuality, and as filled with spirituality as it is with humour.

Francesca Woodman's oeuvre reflects her life's journey, from Providence, Rhode Island (USA) to Rome, where she developed the theme of the angel. In 1978, she had a solo show, and joined a group exhibition of the Transvanguardia; she then travelled from MacDowell Colony to New York, where she took part in various other group shows and published, in 1981, *Some Disordered Interior Geometries*. Her work has been shown around the world, and she was an inspiration to other women photographers, such as Cindy Sherman and Sally Mann.

Italia, mayo 1977-1978.

Providence, Rhode Island, 1975-1978.

Italia, mayo 1977, agosto 1978. Roma, mayo 1977, agosto 1978.

Donovan Wylie

Donovan Wylie (Belfast, Irlanda del Norte, 1971) dejó la escuela a los dieciséis años para embarcarse en un viaje alrededor de Irlanda. Este y otros viajes similares dieron como resultado la producción de sus dos primeros libros, *32 Counties* en 1989 y *The Dispossessed* en 1990, que fueron publicados cuando Wylie todavía era un adolescente.

Miembro de la agencia Magnum, se ha dedicado a producir proyectos a largo plazo como *Losing Ground*, una historia en profundidad de *travellers* del Reino Unido para la que pasó dos años en su compañía. Para la serie *The Maze,* Donovan realizó hasta catorce visitas a la prisión Maze de Irlanda del Norte experimentando el edificio por sí mismo. El resultado son una serie de imágenes que documentan un momento de la historia, además de la estructura física y psicológica de la arquitectura propia de las prisiones.

Junto a las publicaciones anteriormente mencionadas, Donovan Wylie ha expuesto en The Photographers Gallery y en la Open Eyes Gallery, ambas en Reino Unido.

Donovan Wylie (Belfast, Northern Ireland, 1971) left school at the age of sixteen to embark on a trip around Ireland. This and other similar journeys resulted in the production of his first two books, *32 Counties* in 1989 and *The Dispossessed* in 1990, both published while Wylie was still a teenager.

A member of Magnum Photos, Wylie has dedicated himself to the creation of long-term projects such as *Losing Ground*, an in-depth story of travellers in the United Kingdom. To do this, he spent two years in their company. For the series *The Maze,* Donovan made almost fourteen visits to the Maze Prison in Northern Ireland to get a first-hand experience of the building. The result is a series of images that document a moment in history as well as the physical and psychological makeup of prison architecture. Together with the publications mentioned previously, Donovan Wylie has shown his work at The Photographers Gallery and the Open Eyes Gallery, both located in the United Kingdom.

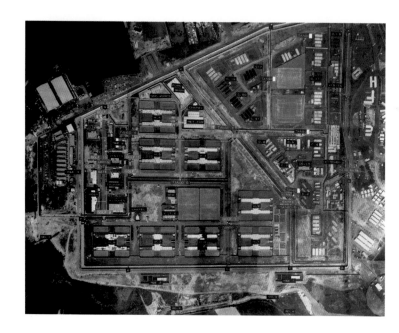

PHE05
The Maze
Museo de Santa Cruz, Toledo

La prisión Maze. Fotografía aérea, 2003, Irlanda del Norte.

La prisión Maze. Intertia Stage, 2003, Irlanda del Norte.
La prisión Maze. Celda. Bloque H 5. Ala B 16/25, 2003, Irlanda del Norte.
© Donovan Wylie / Magnum Photos / Contacto.

Takashi Yasumura

El fotógrafo Takashi Yasumura (Siga, Japón, 1972) parte de lo cotidiano, de lo que le rodea, y lo convierte, a través de su técnica y su imaginación, en escenas llenas de misterio e ironía. Tan bonitas que no parecen verdaderas. Escenarios que parecen alejados de la r ealidad de la que parten. En una de sus series más famosas, *Domestic Scandals (Escándalos domésticos)*, nos muestra un estudio realizado durante años en el interior de la casa de sus padres. Documentos con una estética de colores saturados que testifican la confrontación de los objetos modernos con los tradicionales japoneses.

En *Nature Tracing (Calco de la naturaleza)* el joven artista japonés ofrece una visión oriental de la representación del paisaje. Juega con la percepción del espectador y compone con gran sentido del humor sorprendentes paisajes construidos a partir de entornos habituales en la vida de los japoneses: el interior de sus hogares.

A pesar de su juventud, Takashi Yasumura ya tiene una notoria carrera como fotógrafo. Ha expuesto en solitario en el Parco Museum de Tokio y ha participado en muestras colectivas en el Suntory Museum de Osaka (Japón), en el Museo Metropolitano de Fotografía de Tokio, en el Miyagi Museum y en el Mori Art Museum. Asimismo, ha publicado el libro de fotografías *Domestic Scandals (Escándalos domésticos)*, y ha sido galardonado con el Gran Premio del Año en la octava edición de la competición New Cosmos of Photography.

The photographer Takashi Yasumura (Siga, Japan, 1972) uses as a starting point the everyday reality around him, and transforms it, through his technique and his imagination, into scenes imbued with mystery and irony. So pretty that they seem unreal, these are scenes seemingly far removed from the reality on which they are based. In one of his most famous series, *Domestic Scandals*, he shows us a study, created over the course of years, of the interior of his parents' house – documents with an aesthetic of saturated colours which testify to the confrontation between modern objects and traditionally Japanese ones.

In *Nature Tracing,* the young Japanese artist offers an Oriental vision of how to depict landscapes. He plays with the viewers' perceptions to compose, with a keen sense of humour, surprising scenes constructed out of an everyday setting in Japanese lives: the interiors of their homes.

In spite of his youth, Takashi Yasumura already has an illustrious career as a photographer under his belt. He has had a solo show at the Parco Museum in Tokyo, and taken part in group exhibitions at such Japanese venues as Osaka's Suntory Museum, and Tokyo's Metropolitan Museum of Photography, Miyagi Museum, and Mori Art Museum. Moreover, he has published a book of his photos *Domestic Scandals*, and won the Grand Prize of the Year at the eighth edition of the New Cosmos of Photography awards.

PHE06
Calco de la naturaleza
Real Jardín Botánico

Aso, 2003.
Un halcón y una televisión, 2000.
De la serie "Calco de la naturaleza".
Cortesía de Osiris, Tokio.
© Takashi Yasumura.

Vieja alacena de comida, 2001,
De la serie "Calco de la naturaleza".
Cortesía de Osiris, Tokio.
© Takashi Yasumura.

Zhang Huan

La obra de Zhang Huan (Anyang, China, 1965) conjuga el equilibrio creativo entre la *performance* y la fotografía. A partir de experiencias con su propio cuerpo el artista crea representaciones en las que reivindica distintas cuestiones políticas y sociales relacionadas con su tierra natal, China.

Las creaciones de Zhang Huan están construidas a partir de experimentos corporales dirigidos al sufrimiento y el tratamiento de lo escabroso. Instalaciones con carne de animales, *performances* sobre montañas de libros o series en las que se ve cómo su rostro se llena de tatuajes, son ingredientes habituales de su discurso artístico. Sin embargo, entre toda esta crueldad Zhang Huan no busca el placer, sino la redención y el camino hacia la espiritualidad.

Zhang Huan es uno de los artistas más cotizados del momento. Su fama se ha acrecentado, en parte, por el rechazo del gobierno chino a sus obras. Su trabajo se ha expuesto en centros de arte y galerías de todo el mundo como los museos de Arte Moderno de San Francisco y Florida (Estados Unidos), Artium de Vitoria, el MNCARS de Madrid o el Whitney Museum, además de haber participado en las bienales de Venecia y Lyon.

The work of Zhang Huan (Anyang, China, 1965) achieves a creative balance between performance and photography. Based on experiences with his own body, the artist conceives shows that take positions on various political and social issues related to his native land, China.

Zhang Huan's creations are based on body experiments that involve suffering and deal with the unpleasant. Installations with animal meat, performances on top of heaps of books or series in which the viewer sees how the artist's face is filled with tattoos are the usual ingredients of his artistic discourse. And yet, Zhang Huan does not seek pleasure in all this cruelty but redemption and the path toward spirituality.

Zhang Huan is one of today's most sought-after artists. His fame has increased partly due to the Chinese government's rejection of his oeuvre. His works have been shown in art centres and galleries throughout the world, including the San Francisco and Florida Museums of Modern Art (United States), the Artium in Vitoria, the Reina Sofía Museum in Madrid and the Whitney Museum, and he has also participated in the Venice and Lyon biennials.

PHE07
Fundación Telefónica

De la serie "Mi Boston", 2005.
© Zhang Huan.

(págs 599-601)
Tríptico Piel (mejillas, ojos, nariz), 1998.
Colección de Fotografía
Contemporánea de Telefónica.
© Zhang Huan.

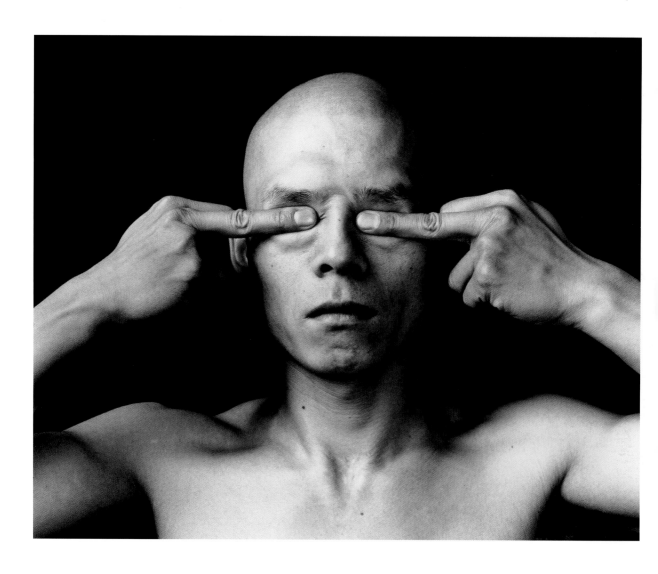

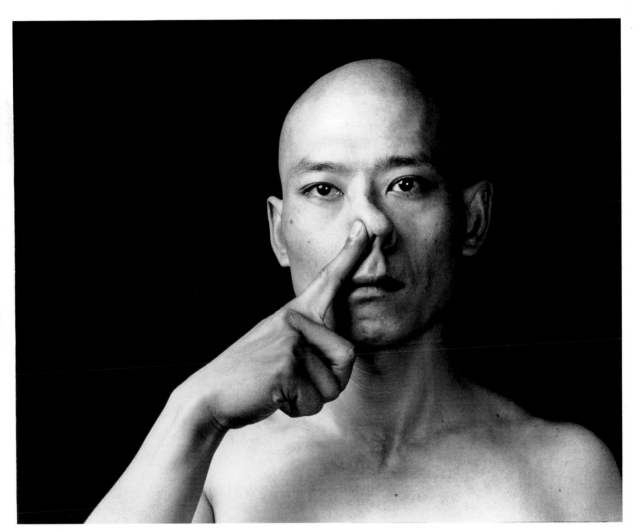

Hans Aarsman
Antoni Abad
Jesús Abad
Toni Abad
Abbas
Berenice Abbott
Myriam Abdelaziz
Michele Abeles
Marina Abramovic
Gabriel Acevedo
Michael Ackerman
Fred Adam
Ansel Adams
Bryan Adams
Dennis Adams
Shelby Adams
Thomas Adank
Ana Adarve
Rich Addicks
Rafael Agredano
Max Aguilera-Hellweg
César Aguirre
Mario Aguirre
Eija-Liisa Ahtila
Ana Laura Aláez
Shafiq Alam
Luis de las Alas
Alba
Elia Alba
Juan Miguel Alba
Pilar Albajar
Pilar Albarracín
Albin-Guillot
S. F. de Alburquerque
Jane Alexander
Enrique Algarra
Slim Allagui
Alexander Alland
Gabriel Allende
Patricia Allende
Helena Almeida
Paco Almengló
Pedro Almodóvar
Mayte Alonso
Diego Alquerache
Alfons Alt
Antonio Altarriba
Miguel Álvarez
Pedro Álvarez
César Álvarez
Jerónimo Álvarez
Pedro Álvarez
Manuel Álvarez Bravo
José-Félix Álvarez Prieto
Jorge Luis Álvarez Pupo
Julio Álvarez Yagüe
Chema Alvargonzález
Ana de Alvear
Augusto Alves da Silva
Pierre-Jean Amar
Duarte Amaral Netto
Michael Amendolia
Emilio Amero
Amer-Ventosa
Vicente del Amo
Eugenio Ampudia
Anavia
Guido Anderloni
Roy Andersson
Genín Andrada
Carlos de Andrés
Nancy Andrews
Claudia Andújar
Jalón Ángel
Antifafot
Graziella Antonini
Pasquale de Antonis
Alexander Apóstol
Nobuyoshi Araki
Ibon Aranberri
Borja de Araujo

Paul Arden
Paola Ardizzoni
Ardnt
Néstor Arenas
Juan José Arévalo
Javier Arias
Javier Ariza
Lucía Arjona
Manel Armengol
Pedro Armestre
David Armstrong
Eve Arnold
Patrick Arnold
Arque
Manu Arregui
Tamara Arroyo
Alejandro Arteche
Yann Arthus-Bertrand
Nobuo Asada
Nicolas Asfouri
Guillermo Asián
Luis Asín
Mónica van Asperen
Astfalck-Vietz
Walter Astrada
Andres Asturias
Kutlug Ataman
Eugéne Atget
Jane Evelyn Atwood
Etienne Audebrand
Francia Audebrand
Auerbach
Renaud Auguste-Dormeuil
Maryann Ausubel
Jim Avignon
Juan Antonio Avilés
Atín Aya
Santiago Ayán
Isabel Azcárate
Anthony Aziz
Javier Azurmendi

Bäckström
Txomin Badiola
Fernando Baena
Alejo Bagué
Tina Bagué
Nathan Baker
Sandra Baker
John Baldessari
Fred Baldwin
Federico Balell
Roger Ballen
Antonio Ballester
José Manuel Ballester
Juan Pablo Ballester
Sandra Balsells
Ángel Baltanás
Lewis Baltz
Carlos Bandrés
Diego Barajas
Lluis Barba
Bruno Barbey
Per Barclay
Sylvie Barco
Tina Barney
Joseph Barra
Dunia Barrera
Rita Barros
Uta Barth
M. Baruth
José Ramón Bas
Gabriele Basilico
Samantha Bass
Lillian Bassman
Anna Bauer
Günther Bauer
Catherine Baugrand
Javier Bauluz
Dorothèe Baumann
Lothar Baumgarten

Jean-François Bauret
Carlo Bavagnoli
Herbert Bayer
Luis Baylón
Guillem Bayo
Lionel Bayol-Thémines
Peter Beard
Cecil Beaton
Bernd Becher
Hilla Becher
Max Becher
B. Beckley
Jacopo Bedogni
Juan Enrique Bedoya
Luz M. Bedoya
Jonás Bel
Alessandro Belgiojoso
Jonás Belinchón
Raúl Belinchón
Sergio Belinchón
Adam B. Bell
Aldo Beltrame
Karina Beltrán
Didier Ben Loulou
Lidia Benavides
Marcos Benítez
Derek Bennett
Mark Bentley
Christophe Berdaguer
Gianni Berengo Gardin
Laura Berg
Cecilia Bergamín Serredi
Marlene Bergamo
Miguel Bergasa
Mira Bernabeu
Clemente Bernad
Jordi Bernadó
Patrick Bernard
Martin Bernetti
Suky Best
Joseph Beuys
Carlo Bevilacqua
Mario de Biasi
Jordi Bieber
Bae Bien-U
Aenne Biermann
Raquel Bigio
Ilse Bing
Olivier Binst
Cass Bird
Werner Bischof
Primož Bizjak
Blami
Ángel Blanco
Florencia Blanco
David Blandy
Isidro Blasco
Alessandro Blasetti
Jaume Blassi
Jorge Blassi
Daniel Blaufuks
Bleda y Rosa
Philip Blenkinsop
Karl Blossfeldt
Erwin Blumenfeld
Gao Bo
Ángel Bocalandro
Carlos Boch
Alighiero Boetti
Dariusz Bogdal
Florian Bolk
Christian Boltanski
Mario Bonnard
Herman van den Boom
Harry Bordem
Gianni Borghesan
Giuliano Borghesan
Botan
Botto & Bruno
Josep Bou
Édouard Boubat

Richard Bouhet
Margaret Bourke-White
Rebecca Bournigault
Gabriel Bouys
Anna Boyé
Juan Carlos Bracho
Slater Bradley
Constantin Brancusi
Bill Brandt
Branguli
Piergiorgio Branzi
Brassaï
Sergei Bratkov
Monika Bravo
Frank Breuer
Alfonso Brezmes
Stefano Bricarelli
Jeff Bridges
Brittain Bright
Fritz Brill
Yul Brinner
J. Antonio Briñas
Juan Britos
Marcelo Brodsky
Joachim Brohm
Enrique Brooking
Dudley M. Brooks
Adam Broomberg
Elina Brotherus
Elizabeth Brown
Frederic J. Brown
Richard Browse
Anton Bruehl
Francis Joseph Bruguière
Giuseppe Bruno
Simon Bruty
Vince Bucci
Rudy Buckhart
Antonio Bueno
Pepe Buitrago
Gonzalo Bullón
Tessa Bunney
Heath Bunting
Juan Luis Buñuel
Víctor Burgin
Jesse Burke
René Burri
Nancy Burson
Edward Burtynsky

Pablo Cabado
Helena Cabello
Isaías Cabezón
Pedro Cabral Santo
Juan Cabré Aguiló
Evaristo Cabrera
Mariela Cádiz
Claude Cahun
Adriana Calatayud
Miguel Calderón
Alfredo Cáliz
Harry Callahan
Sophie Calle
Nacho Calonge
Carmen Calvo
Blanca Camarero
Alfredo Camisa
Campanilla
Javier Campano
Campaña
Catarina Campino
Manolo Campoamor
Campua
Carlos Canal
Daniel Canogar
Carlos Cánovas
José Francisco Cañabate
Gonzalo Cao
Robert Capa
Biel Capllonch
Pasquale Caprile

Vari Caramés
Mario Carbone
Xavier Carbonell
Ana Carceller
Pilar Cardo
Gonzalo Careaga
Alberto Carneiro
José Antonio Carrera
Santos Carreto
Salvador del Carril
Mario Carrieri
José Cartagena
Héctor Alejandro Cartagena
Henri Cartier-Bresson
Lluis Casals
David Casanovas
Carlos Casariego
Manuel Casariego
Gabriel Casas
Ana Casas Broda
Javier Casaseca
Calogerp Cascio
Fredi Casco
James Casebere
Ricardo Cases
Tranquillo Casiraghi
Iván Caso
Alfa Castaldi
Mimmo Castellano
Chema Castelló
Gérard Castello
Luis Castelo
Moisés Castillo
Naia del Castillo
Eva Castringius
Eugenio Castro
Avelino Castro
Jota Castro
Rafael Castro Ordóñez
Juan Manuel Castro Prieto
Carma Casulá
Miguel Catalá
Pere Catalá Pic
Francesc Catalá-Roca
Toni Catany
Alexandra Catiere
Enrico Cattaneo
Mario Cattaneo
Giuseppe Cavalli
M.H. Caviedes
Agustí Centelles
Nuno Cera
Belén Cerezo
Eduardo Cervera
Luis Cerveró
Derrick Ceyrac
Thomas Chable
Helen Chadwick
Daniel Challe
Jesús Chamizo
Koldo Chamorro
Oliver Chanarín
Amy Chang
Leo Chang
Chien-Chi Chang
Art Chantry
Dean Chapman
Bruce Chatwin
Daniel Chauche
Natasha Cherkashin
Valery Cherkashin
Ivonne Chevalier
Chen Chieh Jen
Sung Chih-Hsiung
Renzo Chini
Heman Chong
Luc Choquer
Deshakalyan Chowdhury
A. Chraibi
Chris Chris
L. Chunsheng

Carlos Cid
Carlo Cisventi
Osvaldo Civirani
Claret
Robert Clark
Zachary Clark Swenson
Kevin Clarke
Kenneth Clelland
Anouk de Clercq
Charles Clifford
Gemma Clofent
Jean Cocteau
Allen Cohen
Gigi Cohen
Laura Cohen
Scarlett Cohen
Bernard Cole
Joaquín Collado
Anne Collier
Hannah Collins
Joan Colom
Ramón Colom
Cesare Colombo
Jordi Colomer
Octavi Comeron
Gabriela Como
Marula di Como
Compaire
Chema Conesa
Carles Congost
Matthew Connors
Luis Contreras
Ann Cooper
Thomas Joshua Cooper
Mitch Cope
Horacio Coppola
Miguel Coquis
Alberto Corazón
Anton Corbijn
Gabriel Corchero
Carlos Corcho
Soledad Córdoba
Jean-Yves Corre
Magdalena Correa
Yuri Cortez
Eduardo Cortils
Matías Costa
Carlo Cosulich
Scarlett Coton
François-Xavier Courrèges
Stéphane Couturier
Mario Cravo Neto
Lea Crespi
Alfredo Crespo
Juan Crisóstomo Méndez
Luigi Crocenzi
David Cronenberg
Abraham Cruzvillegas
Manuel Cuadrada
Gabriel Cualladó
Sammy Cucher
Ramón Cuervo
María José Cuevas
Donigan Cumming
Imogen Cunningham
Kate Cunningham
Félix Curto

Antoine D'Agata
Liborio D'Avino
Antoine D'Agata
Jonas Dahlberg
Dahl-Wolfe
Denis Dailleux
Frances dal Chele
Carlo Dalla Mura
Carl Damman
Denis Darzacq
Jirí David
Yaël Davids
Bruce Davidson

John Davies · Luis Davila · Ricky Dávila · Dan Davis · Lynn Davis · Tim Davis · Eduardo Dea · Stephen Dean · Didier Debusschére · Edgar Degas · Manoocher Deghati · Luc Delahaye · Frederic Delangle · Evaristo Delgado · Marianna Dellekamp · Alexandra Demenkova · Mitchell Denburg · Ad van Denderen · Raymond Depardon · Deschamps · Bertrand Desprez · Angela Detanico · Éric Dexheimer · Beatriz Díaz · Rivelino Díaz Bernal · Juan Manuel Díaz Burgos · Díaz Casariego · José María Díaz Maroto · Jan Dibbets · Philip-Lorca diCorcia · Vincent Dieutre · Rineke Dijstra · Elizabeth Diller · Cristian Dios · Jay Directo · Robert Disraeli · Willie Doherty · Bela Doka · Juan Dolcet · Pascal Dolémieux · Iñaki Domingo · Célia Domínguez · Mario Dondero · Tatiana Donoso · Pietro Donzelli · Alex Dorfsman · Stan Douglas · Claudine Doury · Viktor Drachev · Antonio Julio Duarte · Sophie Dubosc · Thys Dullart · Richard Dumas · Emmanuel Dunand · Stephen Dupont · Rafael Duran · Marcel Dzama · Jean-Peter E.R. Sonntag

Arnold Eagle · Juan Echevarría · Edinger · Don Edkins · William Eggleston · Atom Egoyan · Sven Ehmann · Myron Ehrenberg · El Lissitzky · Hashem El Madani · El Perro · Olafur Eliasson · Eliot Elisofon · Stephan Elleringman · Adam Benjamin Elliot · Rob Elliott · Tracey Emin · Amel Emric · Morris Engel · Mitch Epstein · Equipo Crónica · Eriksson · Leandro Erlich · Ibon Errázkin · Errell · Christian Erroi · William Erwing · Elliot Erwitt

José Luis Escarmena · Manel Esclusa · Luis Escobar · Isabelle Eshragi · Josep Esquirol · Patricia Esquivias · Barbara Ess · Elger Esser · Javier Esteban · Samuel Esteban · Alicia Estefanía · Eric Estrade · Javier Euba · Jon Mikel Euba · Ignacio Evangelista · Walker Evans

Jan Fabre · Sara Facio · Dominique Faget · Manuel Falces · Fernando Falero de Arrese · Ernesto Fantozzi · Tullio Farabola · Stanislao Farri · Bernard Faucon · Eric Feferberg · Cao Fei · Harold Feinstein · Carole Fékété · Leticia Felgueroso · Patrice Felix-Tchicaya · Federico Fellini · Félix Fernández · Jesse Fernández · Pepe Fernández · Pierre Fernández · Fernández Trujillo · Manuel Fernández-Valdés · Donna Ferrato · José Ferrero · Manuel Ferrol · Ramón Ferrol · Ferruccio Ferroni · Stephen Ferry · Mike Fiala · Aurora Fierro · Larry Fink · Mario Finocchiaro · Hans Finsler · Ernst Fischer · Roland Fischer · Hannes Flach · Fernando Flores · Isabel Flores · Marisa Flórez · Antonio Flórez Gutiérrez · Bárbara Fluxá · Natalie Fobes · Enric Folgosa · Oriol Font · François Fontaine · Joan Fontcuberta · Günther Förg · Pere Formiguera-Fontcuberta · Fornaciari-Nusca · Samuel Fosso · James A. Fox · William Henry Fox Talbot · Fernanda Fragateiro · Cristina Fraire · Alicia Framis · Alex Francés · Benito Francia · Antonio Franco · Fernell Franco · Robert Frank · Stuart Franklin · CH. Franzen · Eva Frapiccini · Therese Frare · Leonard Freed · Ferrán Freixa · John French · Walter Frerck · Jürgen Freund · Semion Fridlian

Rudolf Frieling · Simon Fröhlich · Y. Fudong · Mamen Fuertes · Nicolai Fuglsig · Julia Fullerton-Batten · Hamish Fulton · Walter Funkat · Jaromír Funke

Leo G. Enguita · Pedro G. Romero · Antonio Gabriel · Romeo Gacad · Manuel de los Galanes · Julio Galeote · Jorge Galindo · Rafa Gallar · Antonio Gálvez · Maurizio Gambarini · Mads Gamdrup · Flavia Gandolfo · Carlos Garaicoa · Charo Garaigorta · Antonio García · Carmela García · Dora García · Héctor García · Víctor García · Daniel García Andújar · García Arévalo · Julio García Cuadrado · García de Cubas · Martín García Pérez · Cristina García Rodero · Antonio Jesús García Sánchez · Alberto García-Alix · Chus García-Fraile · Gilbert Garcin · Gianni Berengo Gardin · Alejandro Garmendia · Amparo Garrido · Caio Garubba · Gaspar · Ramón Gato · Dirk Gebhardt · Bettina Geisselmann · Mónica Gener · Pablo Genovés · Richard Gere · Julian Germain · Ori Gersht · Shadi Ghadirian · Luigi Ghirri · Francis Giacobetti · Mario Giacomelli · Giancolombo · Christian Gieraths · Ando Gilardo · Stephen Gill · Christophe Gin · Allen Ginsberg · Peter Ginter · Christoph Girardet · Matei Glass · Robert Gligorov · Georges Gobet · Jean-Luc Godard · Claus Goedicke · Goicochea · Anthony Goicolea · Nicolás Goldberg · David Goldblatt · Alberto Goldenstein · Nan Goldin · Craig Golding · Michael Goldwater · Venancio Gomban · Germán Gómez · Paco Gómez · Roberto Gómez · Susy Gómez · Juan José Gómez Molina · Mª José Gómez Redondo · Joaquim Gomis · Pierre Gonnord · I. González

Ilian González · José González · Juan González · Marisa González · Roberto González · Saturio González · Isabel González Barba · Luis González Palma · J. C. González Santiago · Marta de Gonzalo · Francisco de Goñi · Dominic Goodman · Luis Gordillo · Douglas Gordon · Greg Gorman · Jaime Gorospe · Pasqual Gorriz · John Goto · Gosbert Gottmann · Elijah Gowin · Emmet Gowin · Germán Gracia · Antonio Graell · Dan Graham · Daniel Graham · Paul Graham · Rodney Graham · Peter Granser · Gabriela Grech · Stanley Greene · Pedro Grifol · Antonio Gritón · Lourdes Grobet · Marcelo Grosman · Sid Grossman · Harry Gruyaert · Xavier Guardans · Tomasz Gudzowaty · Pío Guerendiain · Carles Guerra · Jorge Guerra · Stanislas Guigui · José María Guijarro · Antonio G. Guillem · Jordi Guillumet · Enrique Guinea · Sunil Gupta · Martín Gurfein · Andreas Gursky · Andi Gut · Ciuco Gutiérrez · Ricardo Gutiérrez · Miguel de Guzmán · Rosalie Gwathmey · Juan Gyenes

Ernest Haas · Armin Haberle · Themba Hadebe · Joana Hadjithomas · Heinz Hajek-Halke · Philippe Halsman · Karie Hamilton · Richard Hamilton · Neil Hamon · Sungpil Han · David Hancock · Michel Hanique · Ali Hanoon · Cristóbal Hara · Bily Hare · Kelth Haring · Maiko Haruki · Sabine Haubitz · Jhon Havinden · Risk Hazekamp · John Heartfield · Andrea Heller · Andy Heller · S. Hempel · Florence Henri · Bill Henson · Guillaume Herbaut · Fran Herbello · Emilio Herbruger · José Heredia

Alberto Herencia · Hermes · Roc Herms · Javier Hernández · Daniel Hernández-Salazar · Ana Hernando · Juan Fernando Herrán · Juan Hidalgo · Marisa Hidalgo · John Hilliard · Kathryn Hillier · Steve Hilton-Barber · Masaki Hirano · Eberhard Hirsch · Carlos de Hita · Hannah Höch · Martha Hoepffner · Candida Höfer · Maarit Hohteri · Thomas Holton · A. Hong · Mike Hoolboom · Rip Hopkins · Emil Otto Hoppé · Dennis Hopper · Sacha Hormaechea · Horna · Jonathan Horowitz · Eikoh Hosoe · George Hoyningen-huene · Y. Huang · Roberto Huarcaya · Uschi Huber · Morris Huberland · Derek Hudson · Douglas Huebler · Michel Huelin · Víctor Hugo · Françoise Huguier · Danièle Huillet · Tom Hunter · Axel Hütte · Jean Baptiste Huynh

The Iban · Vicente Ibáñez · Esther Ibarrola · Boris Ignatovich · Kimura Ihei · Tomoki Imai · Imboden · Mario Ingrosso · Miguel Angel Invarato · María Iovino · S. Irouschek · Shaun Irving · Marcelo Isarrualde Brito · Runa Islam · Bay Ismoyo · Graciela Iturbide · Alfredo Jaar · Emily Jacir · V. Jack · Jacobi · Kim Jae-Hwan · Kim Jae-Young · Jay Jaffe · Ángel Jalón · Paolo Jannuzzi · I. Jansen · Jaime de la Jara · Juande Jarillo · Francisco Jarque · Luis Jaume · Lydie Jean-Dit-Pannel · Jetelon · Enrique Jezik · Zhang-Ke Jia · Zhu Jia · H. Jieming · David Jiménez · José Muñoz Jiménez · Antonio Jiménez AT · M. Jin · Sung Jin Park · Olivier Jobard · Francesco Jodice

Mimmo Jodice · Alexander Joe · Allen Jones · Chris Jordan · Khalil Joreige · Jorquera · Gonzalo Juanes · Gerard Julien · Isaac Julien · Alain Jullien · Juan del Junco · Paco Junquera

Yuri Kadobnov · Stratos Kalafatis · Grit Kallin · Nicholas Kamm · Nishani Kampfner · Consuelo Kanaga · Aino Kannisto · Anish Kapoor · Sylwia Kapuscinski · Kal Karman · Sibylle de Kaskel · Seymour Kattelson · Kaulak · Rinko Kawauchi · Seydou Keïta · Alain Keler · Domon Ken · Michael Kena · André Kertész · Mona Khun · Gerard Kiljan · Lina Kim · Yunghi Kim · Mark Kimber · Douglas Kirkland · Kimsooja · Hirosuke Kitamura · Toshifumi Kitamura · Jürgen Klauke · William Klein · Penny Klepuszewska · Gunilla Klingberg · Dimitri Klopmann · Doris Kloster · Gustav Klucis · Thomas Kneubühler · Karen Knorr · Hillary Knox · Naoto Kobayashi · Eva Koch · Sigfrido Kock · Willy Kock · Ola Kolehmainen · Tomoko Konoike · Bogdan Konopka · Josef Koudelka · Bernardo Krasniansky · Antonin Kratovichvil · Perla Krauze · Shai Kremer · Tony Kristensson · Germaine Krull · Jean-Philippe Ksiazek · Stanley Kubrick · Georg Kuettinger · Mona Kuhn · Liew Kung Yu · Justine Kurland

Olivier Laban-Mattei · Ricardo Labougle · David LaChapelle · Jean Lacoste · Jeffrey Ladd · Suzanne Lafont · Manolo Laguillo · Rafael Laín · Alexandre Lamarche-Ovize · Florentine Lamarche-Ovize · Alix Lambert · Wendy Sue Lamm · William Lamson · Ergy Landau · Alvin Langdom Coburn

Dorothea Lange
Aitor Lara Moreno
Éric Larrayadieu
Catherine Larré
Diana Larrea
Kalpesh Lathigra
Alberto Lattuada
Jean Laurent
Louise Lawler
Carlos Lázaro San Juan
Guy Le Querrec
Miki Leal
Floris Leeuwenberg
Toya Legido
Jouko Lehtola
Annie Leibobbitz
Arthur Leipzig
Ana Raquel Leiva
Nicolás de Lekuona
Denis Lelong
Annette Lemieux
Voav Lemmer
Fernando Lemos
Wei Leng
Jana Leo
Giuseppe Leone
Rebecca Lepkoff
Helmar Lerski
Jack Lessinger
Laura Letinsky
Sol LeWitt
Z. Liang
Rafael Liaño
Sol Libsohn
Jerome Liebling
Mauricio Lima
Peter Lindbergh
Pedro Linger Gasiglia
Anne Lislegaard
Edgar Lissel
Hebert List
Johnson Liu
Llanos
Mónica Lleó
Srdjan Llic
Teresa Llordés
Martí Llorens
Roger Lmoyne
Xurxo Lobato
Ignacio Lobo Altuna
Fernando Lomas
Marco Longari
Ceferino López
Ignasi López
Juan López
Maider López
Marcos López
Pedro López Cañas
Rogelio López Cuenca
Arturo López Illana
Juan López Mondéjar
Ramón López Quiroga
Adriana López Sanfeliu
Ángel López Soto
M. Lorente
Jorge Lorenzo
Juan Lorenzo
Félix Lorrio
Anna Löscher
Eli Lotar
D. Ben Loulou
Adam Lubroth
César Lucadamo
César Lucas
Cristina Lucas
Chema de Luelmo
Carlos Luján
Maria Lusitano Santos
Paula Luttringer
Loretta Lux
Janelle Lynch
Santiago Lyon

Somnuek M. Sakul
Dora Maar
José Maças de Carvalho
Jorge Macchi

Cova Macías
Valerie Macon
Guy Maddin
Chema Madoz
Luis Magán
Renè Magritte
Sam Mahl
Yamashita Mai
Vladimir Maiakovski
D. Maisel
Alex Majoli
Sameer Makarius
Christopher Makos
Duccio Malagamba
Anna Malagrida
Ettore Malanca
Luis Malibrán
Sante Vittorio Malli
Mallo
Vladislav Mamyshev
Man Ray
Melanie Manchot
Bertien van Manen
Cecilia Mangini
Larry Mangino
Sally Mann
Esko Männikö
Kim Manresa
Sonia Mansberger Lorda
Felipe Manterola
Robert Mapplethorpe
Fosco Maraini
Martino Marangoni
Ángel Marcos
Juan de Marcos
Pierre-Philippe Marcou
Isabel María
Pedro Marín Irurzun
Óscar Mariné
Angela Markul
Núria Marquès
Marsal
Michael Marten
Plinio de Martiis
Alicia Martín
C.M. Martín
Jacinto Martín
Basilio Martín Patino
Eniac Martínez
Óscar Martínez
Patricia Martínez
J.C. Martínez Bueno
Vicente Martínez Sanz
Fátima Martini
Adolf Mas
Horino Masao
Ramón Masats
Masbedo
Mireya Masó
Oriol Maspons
Mass Observation
Massana
Nicolò Massazza
Joan Masso
Francisco Mata
Din Matamoro
Mateo Maté
Cristina Mateus
Leo Matiz
Herbert Matter
Reinhard Matz
Lola Mazaruela
Rita McBride
Ana McCarthy
Paul McCarthy
McDermott
McGough
Brian Mckee
Alex McQuilkin
Amanda Means
Medcová
Mice Meek
Hellen van Meene
Juan de la Cruz Megías
Behrouz Mehri
Susan Meiselas
Alfredo Melgar

Félix Mena
Pedro Menchón
Gideon Mendel
Erich Mendelsohn
Paulo Mendes
Enrique Méndez de Hoyos
Cécile Menendez
Fiorenza Menini
Martín Valentin Menke
Sebastián Mera
Antonio Merinero
Antonio Merino
Merletti
Béatrice Mermet
Heintie van der Merwe
Paco Mesa
María Meseguer
Mesoneros Romanos
Enrique Metinides
Damien Meyer
Pedro Meyer
Juan Carlos Meza
Margaret Michaelis
Duane Michals
Jesús Micó
Dario Miditieri
Nino Migliori
Antonio Migliori
Ricardo Migliorisi
Nino Miglioro
José Miguel de Miguel
Daniel Mihailescu
Takashi Miike
Boris Mikhailov
Rafal Milach
Juan Millás
Norbert Millauer
Satoshi Minakawa
Beatrice Minda
Gian Paolo Minelli
Sarah Minter
Enric Mira
Fina Miralles
Margarita Miret
Rizwan Mirza
Igor Mischiyev
Xavier Miserach
Leonard Misonne
Richard Misrach
Mitsuo Miura
Tina Modotti
Tracey Moffat
Santu Mofokeng
Avi Mograbi
Fran Mohino
László Moholy-Nagy
Lin de Mol
Fernando Moleres
Óscar Molina
Luis Molina-Pantin
Roberto Molinos
Jordi Mollá
Eduardo Momeñe
Pablo L. Monasor
Riccardo Moncalvo
Regina Monfort
Priscila Monge
Esteban de la Monja Casar
Jonathan Monk
Andrés Monteagudo
Guillermo Montero
Santos Montes
Paolo Monti
Julia Montilla
Isaac Montoya
Julie Moos
Blanca Mora
Pedro Mora
Jean Moral
Jean-Marie del Moral
Eva Morales
Inge Morath
Daniel Mordzinski
Moreno
Joan Morey
Barbara Morgan
Fata Morgana

Yasumasa Morimura
Olivier Morin
Malcolm Morley
Sofía Moro
Luciano Morpurgo
Paul Morrison
Willian Mortensen
Keren Moscovitch
Beth Moysés
Zwelethu Mthethwa
Mario Muchnik
Indranil Mukherjee
Ugo Mulas
Ana Muller
Christopher Muller
Nicolás Muller
Matthias Müller
Andreas Müller-Phole
Vik Muniz
Salvador Munera
Begoña Muñoz
Isabel Muñoz
José Muñoz
Rosa Muñoz
William Murdoch
Saemus Murphy
Eadweard Muybridge

James Nachtwey
Sven Nackstrand
Paco Nadal
Yurie Nagashima
Andrés Nagel
Lamia Naji
Michael Najjar
Graham Nash
Zoran Naskovski
Timo Nasseri
Bruce Nauman
Íñigo Navarro
Mercedes Navarro
J.L. Navarro
Miquel Navarro
Rafael Navarro
Teo Navarro
Marcela Navascués
Eduardo Nave
José Manuel Navia
Malekeh Nayini
David Nebreda
Myriam Negre
Pablo Neustadt
Eustàquio Neves
Arnold Newman
Helmut Newton
Juda Ngwenya
Ricardo Nicolayevsky
Lola Nieto
Vesselina Nikolaeva
Leonard Nimoy
Naohiro Ninomiya
Kazuhiro Nogi
Rika Noguchi
Nompunga
Corinne Noordenbos
Nophoto
Simon Norfolk
Claude Nori
Paulo Nozolino
Jan van Nuenen
Fayez Nureldine

Antonio O. J.
Obie Oberholzer
Motohiko Odani
Yoshua Okon
Olaf
Jordi Olivé
Jordi Oliver
Jordi Olivier
Santiago Olmo
Francisco Ontañón
Diego Opazo
Catherine Opie
Ana de Orbegozo
Miguel Oriola
María Cristina Orive

Ruth Orkin
Orlan
Renato Ornelas
Aitor Ortiz
Diego Ortiz
Gonzalo Ortiz
José Ortiz Echagüe
Pablo Ortiz Monasterio
Pedro Ortuño
Julia Oschatz
Vyacheslav Oseledko
Selina Ou
Ouka Leele
Azzedine Oukbi
Bill Owens

Montserrat de Pablo
Jaime Pacheco
Joao Padua
Giuseppe Pagano
Jean Pagliuso
Mabel Palacín
Kike Palacio
Joaquín del Palacio
Fabio Paleari
Marion Palfi
Federica Palmarin
Harri Pälviranta
Max Pam
Juan Pando
Cecilio Paniagua
Paolo di Paolo
Jaume Parera
Trent Parke
Peter Parks
Martin Parr
Roger Parry
Mónica de Pascalis
Paulina del Paso
Enrico Pasquali
Esteban Pastorino
Federico Patellani
Hermes Pato
Seba Pavia
Mario Payeras
Carlos Pazos
Édouard de Pazzi
Juan José Pedraza Blanco
Juan Peiró
Marie Péjus
Paolo Pellegrin
Arthur Penn
Irving Penn
Javier Peñas
Pilar Pequeño
Verónica Perales
Perejaume
Gilles Peress
Carlos Pérez
Concha Pérez
Iván Pérez
Manuel Pérez Barriopedro
Pérez Bravo
Luis Pérez de León
Carlos Pérez de Rozas
Luis Pérez Mínguez
Pablo Pérez Mínguez
Publio Pérez Prieto
Carlos Pérez Siquier
Gabriel Pérez-Juana
Mathieu Pernot
Bruno Perramant
Walter Perhans
Anders Petersen
R. Petersen
Tino Petrelli
Valentina Petrova
George Petrusov
Photo League
Cecilia Piazza
Pablo Picasso
Jack Picone
Pierre et Gilles
Jack Pierson
Nino de Pietro
Mathew Pillsbury
Enrique Pimoulier

Olivier Pin Fat
Inês Pinheiro
Gueorgiu Pinkhassov
Franco Pinna
Adrian Piper
François Piron
Pla Janini
Sylvia Plachy
A. Plademunt
Aleix Plademunt
Tanit Plana
José R. Platón
Oriol Platz
Ben Plefka
Bernard Plossu
Leopoldo Pomes
Frederic Pompeani
Espe Pons
Eugeni Pons
Pons Frau
Denis Poroy
Jesús Portal
Matthew Porter
Cándida Portugués
Povo
Mark Power
Giacomo Pozzi-Bellini
Concha Prada
Chema Prado
Sergio Prego
M. Prieto
Mónica Prieto
Henry William Proudlove
Laure Provost
Gonzalo Puch
Juan Ramón Puyol

W. Qin Song
Francisco Queirós
Cristina Quicler
Marc Quinn
Wang Quinsong
Carlos Quintana
Àngel Quintanas
Quintas

Ana R. Leiva
Susana Raab
Walid Raad
Elly Rabinovich
Ragonese
Christophe Rameau
Rubén Ramos
William Rand
Alexandra Ranner
Espen Rasmussen
Marisa Rastellini
Palma Real
Miguel Àngel Rebollo
Eugenio Recuenco
Markel Redondo
Lou Reed
Arcangel Regis
Beatrix Reinhardt
Hughes Reip
Caio Reisewitz
Josep Renau
Marc Renaud
Gérard Renault
Fernando Renes
Albert Renger-Patzsch
Rosângela Rennó
Erich Retzlaff
Hans Retzlaff
Rebecca Reunaux
Walter Reuter
Jean-Philippe Reverdot
Mabi Revuelta
Marta Rey
Alex Reynolds
Jorge Ribalta
Carles Ribas
Xavier Ribas
Marcelo Correa Ribeiro
Jordi Ribes
Marc Ribout
Roger Richards

Gerhard Richter
Martin Richter
Misha de Ridder
Daniel Riera
Fabien Rigobert
Noguchi Rika
Rivka Rinn
Rax Rinnekangas
Miguel Rio Branco
Miguel Riopa
Miguel Ángel Ríos
Humberto Rivas
Mapi Rivera
Andres Robbins
David Robbins
Francesco de Robertis
Simon Roberts
Joel Robine
Stefano Robino
Juan Carlos Robles
Jose Luis Roca
Gabriela Rocco
George Rodger
Torbjorn Rodland
Juantxu Rodríguez
Marina del Mar Rodríguez
Plácido L. Rodríguez
Félix Rodríguez Cid
Alexandre Rodtchenko
Comenius Roethlisberger
Ursula Rogg
Raymond Roig
Roisin
Fulvio Roiter
Antonio Rojas
Javier Romero
José Ronco
Gérard Rondeau
Willy Ronis
Adalberto Roque
Bartolomé Ros
Mónica Roselló
Walter Rosenblum
Martin Rosenthal
Martha Rosler
Daniela Rossell
Roberto Rossellini
Jaroslav Rössler
Frank Rothe
Georges Rousse
Paolo Roversi
Pedro Rovira
Michal Rovner
Jake Rowland
Robert Royal
Íñigo Royo
Paula Rubio Infante
Eva Rueda
Jorge Rueda
María Isabel Rueda
Thomas Ruff
Troy Ruffels
Manuel Rufo
Ben Ruggiero
Beatriz Ruibal
Eva Ruiz
Carmen Ruiz Bernal
Jesús Ruiz Nestosa
Alexandra Runner
Edward Ruscha
John Russo
Malena Russo
Monica Ruzansky

Hermenegildo Sabat
Josephine Sacabo
E. Sáenz de San Pedro
Ivo Saglieti
José Sainz
Manuel Saiz
Simeón Sáiz
Ana Saiz de Murrieta
Avelino Sala
Eva Sala
Joseph Sala
Javier Salas
Lisbeth Salas

Osvaldo Salerno
Sebastião Salgado
Paco Salinas
Jesús Salinas Catalá
David Salle
Erich Salomon
Alberto Salván Zulueta
Txema Salvans
Sam Samore
Martín Sampedro
Chiara Samugheo
Ángeles San José
Unai San Martín
Enrique San Pedro
Carlos Sanchez
Jason Sanchez
A. Sánchez
Alfonso Sánchez
Amaranta Sánchez
América Sánchez
Belén Sánchez
Eduardo Sánchez
Gervasio Sánchez
Domingo Sánchez Blanco
Antonio Sánchez-Barriga
Fernando Sánchez-Castillo
Fernando Sancho
F. Sandback
Sandberg
August Sander
Juan de Sande
Ricardo Sans
Nicola Sansone
José Luis Santalla
Joaquín Santamaría
Pablo Santana
Giuseppe de Santis
Ricardo Santonja
Juan Santos
Santos Yubero
Carlos Sanva
Ángel Sanz
José Luis Sanz
Juan Manuel Sanz
Rafael Sanz Lobato
Enrique Sarabia
Dibyangshu Sarkar
Graça Sarsfield
Sarthou
Joan Sastre
Antonio Saura
Carlos Saura
Hiraki Sawa
Tomoko Sawada
Roger Schall
Alain Schenauer
A. Schidlowski
Hans Christian Schink
Joachim Schmid
Roberto Schmidt
Carolee Schneemann
Alberto Schommer
R. Schramm
Volker Schreiner
Annette Schreyer
Gotthard Schuh
Paul Schuitema
Michael Schüler
Ursula Schulz-Dornburg
Daniel Schwartz
Ferdinando Scianna
Ricardo Scodifio
Antonio Scorza
Sean Scully
Helen Sear
Berni Searle
Rebecca Sears
Paul Seawright
Tazio Secchiaroli
Zineb Sedira
Jesús Segura
Ulrich Seidl
Allan Sekula
Mark Seliger
Enzo Sellerio
Antonio Martín Sena da Silva
Pere Sender

Manuel Sendón
Kalil Senosi
Marta Sentís
Joao Paulo Serafim
Pilar Serra
Andres Serrano
Carlos Serrano
Eva Serrats
Sesia
Seve
Amit Shabi
Shirana Shahbazi
Arkadij Shaijet
J. Shan
Ann Shanks
P. Elaine Sharpe
Stephen Shaver
Charless Sheeler
Thobile Sheperd
Kate Shepherd
Cindy Sherman
Amber Shields
Shobha
Stephen Shore
Michael Show
Efrat Shvly
Matt Siber
Malick Sidibé
Oliver Sieber
Jeanloup Sieff
Natascha Siegert
Orlando Sierra
Lee Sievan
Carmen Sigler
Stephen Sigoloff
Hrafnkell Sigudsson
Javier Silva
Laurie Simmons
Francesc Simó
Christophe Simon
Digna Sinke
Massimo Siragusa
Aaron Siskind
Darren Siwes
Dayna Smith
Patti Smith
Seaton Smith
W. Eugene Smith
Smith de las Heras
Michael Snow
Antoni Socías
Enric Socías
Jordi Socías
Alexander Sokurov
Laia Solé
Soler
L. Songhua
Manuel Sonseca
Tino Soriano
Lamberti Sorrentino
Montserrat Soto
Marta Soul
André Soupart
Jem Southam
David Southwood
Roberto Spampinato
Albert Speer
Humphrey Spender
Christine Spengler
David Spero
Matthew Spiegelman
Pamela Spitz
Diego Spivacow
Manit Sriwanichpoom
Doug Starn
Mike Starn
Georgina Starr
Barbara Stauss
Steele-Perkins
Edward Steichen
Amy Stein
Ralph Steiner
Otto Steinert
Anoek Stekete
Grete Stern
Joel Sternfeld
Björn Sterri

Lou Stettner
Alfred Stieglitz
Martine Stig
Dennis Stock
Mike Stocker
Tom Stoddart
Sasha Stone
Paul Strand
Jean-Marie Straub
Beat Streuli
August Strindberg
Stringer
Thomas Struth
Katja Stuke
Jindrich Styrsky
José Suárez
Sandra Sue
Go Sugimoto
Hiroshi Sugimoto
Jens Sundheim
Nan-Hung Sung
Juha Suonpää
Sergei Supinsky
Eduardo Susana
Risaku Suzuki
Hisao Suzuki
Miro Švolik

Maurice Tabard
Joao Tabarra
Antonio Tabernero
Isabel Tallos
José Tamayo
Fiona Tan
X. Tan
Vibeke Tandberg
Fred Tanneau
Patrick Tato Wittig
Christopher Taylor
Sam Taylor-Wood
Valle Teba
Aloha Teija-Tuulia
Juergen Teller
Javier Teniente
Eva Teppe
Esteve Terradas
Ricard Terre
Miguel Tertre
Andrea Testoni
Frank Thiel
Li Tianbing
Guy Tillim
Wolfgang Tillmans
Nour Eddine Tilsaghani
Elizabeth Timbermann
José Tinoco
Cristina Toledo
Francisco Toledo
Sol Toledo
Giuseppe Tornatore
Laura Torrado
Ana Torralva
Milagros de la Torre
Nestor Torrens
Francesc Torres
Fabiola Torres-Alzaga
Fedele Toscani
Oliviero Toscani
Laurence Toussaint
Juan Travnik
Trevelyan
Miguel Trillo
Rafael Trobat
David Trullo
Koychi Tsuzuki
Lars Tunbjörk
Zdenek Tusěk
Michael Tweddle
S. Twins
Salla Tykkä
Adrian Tyler

Manuel Úbeda
Julio Ubiña
Juan Ugalde
Pedro Ugarte
Uglu

Umbo
Antonio Uriel
Juan Uslé
Soledad Uslé
Jorge Uzon

Juan Vacas
Michael Vacca
Sigismond de Vajay
Juan Valbuena
Isidoro Valcárcel Medina
Alberto Valdeavellano
Ana Valdeolivas
Eduardo Valderrey
Pedro Valdez
Pedro Valdez Cardoso
Eulalia Valldosera
Javier Vallhonrat
Valentín Vallhonrat
Hermenegildo Vallvé
Wilfried Vandenhove
Serge Vandercam
Agnes Varda
Ana Márcia Varela
Morgana Vargas Llosa
Minette Vari
Varo
José Carlos Veiga
  do Nascimiento
Veiga Roel
Yvonne Venegas
Ventosa
Eduardo Verdugo
Giovanni Verga
Pierre Verger
Luigi Veronesi
Joan Antoni Vicent
Luis Vidal
Virxilio Vieitez
Gerardo Vielba
Pedro Vikingo
M. Vilafrancos
Manuel Vilariño
Joan Vilatoba
Manuel Vilches
Lourdes Villa Gómez
Jaime Villalba
Eustasio Villanueva
Francisco Villar
Santiago Villarejo
Álvaro Villarrubia
Leonardo Villela
André Villiers
Hannah Villiger
Gabriel Villota
Valerio Vincenzo
Luis Vioque
Luchino Visconti
Alain Vitali
Massimo Vitali
Asume Vivid
Eugenio Vizueta
Giorgia Volpe
Pablo Volta
Von Groddeck

Alexis W.
Lewis W. Hine
Michael W. Williamson
Martin Walde
Richard Turner Walker
Byrt Wammack
Lakruwan Wanniarachchi
Eyal Warshavsky
John Waters
Jim Watson
Darryl Webb
Bruce Weber
Martin Weber
Wolfgang Weber
Catrin Wechler
Weegee
William Wegman
Alejandra Weil
Gisela Weimann
Karlheinz Weinberguer
Dan Weiner

Daniel Weinstock
D. Wen Shen
Wim Wenders
Michael Wesely
Edward Weston
Tim White
Rachel Whiteread
Tim White-Sobieski
Yann Bautista Wiberg
Sue Williamson
Manfred Willmann
Jane Wilson
Louise Wilson
Joel-Peter Witkin
Bill Witl
Paul Wolf
N. Wollnik
Francesca Woodman
Michael Wray
Wuiz
Donovan Wylie

C. Xiuwen

Julio A. Yagüe
Koji Yamamura
Manabu Yamanaka
Miwa Yanagi
Nojima Yasuko
Takashi Yasumura
Matthew Yates
Max Yavno
Jorge Yeregui Tejedor
Ylla
Shikuza Yokomizo
Tomoko Yoneda
M. Yongfen
Natori Yonosuke
Yoochel-Kaaj
Kimiko Yoshida
Yoye
L. Yue
Juan Ramón Yuste
Yva

Ramón Zabalza
Firooz Zahedi
Zambrana
Tomás Zanotti
María Zárraga
Tomás Zarza
Miguel Zavala
Arturo Zavattini
Zhang Huan
J. Zhe
X. Zhen
L. Zheng
Wubin Zhuang
Marcos Zimmermann
Jaime Zobel
Stefanie Zoche
Emile Zola
Ugo Zovetti
Alfonso Zubiaga
Gabriela Zuccolillo
Facundo de Zuviría
Facundo Zuvirric
Mariano Zuzunaga
Gaston Zvi Ichowicz
Piet Zwart

PHE07

PHOTOESPAÑA2007
X Festival Internacional de Fotografía
y Artes Visuales
Madrid. 30 de mayo-22 de julio
www.phedigital.com
info@phedigital.com

Directora
Claude Bussac

Coordinador General
Javier Martín-Jiménez

Promoción y Desarrollo
Sergio Mantilla

Coordinadora de Exposiciones
Marta García Haro

Exposiciones
Luis Posada Bueno
Gemma de los Mártires

Coordinadora de Actividades
Emily Adams

Producción
Ana Morales Gómez

Edición de imágenes
Antonio Riccio

Director de Comunicación
Álvaro Matías

Prensa España
Myriam González
Mariana Urquijo

Prensa Internacional
Catherine Philippot

Relaciones públicas
Ana González

Producción Editorial
Paloma Castellanos

Director Creativo
Quico Vidal

Administración
María José Alonso
Rosa Ureta

DISEÑO PHE07
gráfica futura

MONTAJE DE EXPOSICIONES
Intervento

EL FESTIVAL DIGITAL
www.phedigital.com

Director Técnico
Juan Rafael Ramírez

Diseño web
Biográfica

Coordinación
David Cano

Programación
Francisco Fernández

ORGANIZA

LA FABRICA

Verónica 13
28014 Madrid
Spain
T + 34 913 601 320
F + 34 913 601 322
info@lafabrica.com
www.phedigital.com

Socios de La Fábrica
Alberto Anaut
Alberto Fesser

Director General
Agustín García Benavente

Directora de Exposiciones
Oliva María Rubio

PUBLICACIÓN

Dirección
Claude Bussac

Coordinación
Javier Martín-Jiménez

Redacción
Manuela Villa

Diseño
gráfica futura

Producción
Paloma Castellanos

Edición
Paul Viejo
Susan Coombs

Traducción
Thisbe Burns
Susan Coombs
Delories Dunn
Harvey Holtom

Tratamiento de imágenes
Antonio Riccio

Fotomecánica
Cromotex

Impresión
Brizzolis

Encuadernación
Ramos

Edita
La Fábrica Editorial
Verónica 13
28014 Madrid
Spain
T + 34 913 601 320
F + 34 913 601 322
edicion@lafabrica.com
www.lafabricaeditorial.com